데일 카네기

인생의 힌트

이 도서의 국립중앙도서관 출판시도서목록(CIP)은 e-CIP 홈페이지(http://www.nl.go.kr/ecip)
에서 이용하실 수 있습니다.(CIP제어번호: CIP2008003258)

데일 카네기
인생의 힌트

데일 카네기 지음 | 박광순 옮김

40명의 에피소드에서 배우는 인생의 힌트

인생이라 해도 정말 가지각색이다. 예를 들어―가난의 밑바닥에서 수직 상승해 억만장자가 된 뒤 수많은 백만장자를 탄생시킨 사람이 있다.

자신의 단점을 맹렬한 노력으로 극복하고 어떠한 적이 나타나도 그에 단호히 맞선 사나이가 있다.

종이칼 하나를 주운 것이 계기가 되어 대문호가 된 사람이 있다.

일을 잘하지 못해 제대로 급료도 받지 못했지만 나중에 세계에서 가장 높은 초고층 빌딩을 지은 사람이 있다.

가난뱅이의 딸이라고 업신여김을 받고 분발하며 먹을 것도 제대로 먹지 않고 계속 노력해 노벨상을 두 번이나 받은 여성이 있다.

이런 예를 들다 보면 끝이 없을 것 같아 이쯤 해 두겠지만, 여하튼 같은 인생이라 해도 실로 각양각색이다.

"어떻습니까? 한번 이 놀랄 만한 인생의 갖가지 모습을 한 사람당

딱 5분씩 할애해 가며 단숨에 쭉 읽어 내려가 보고 싶지 않으십니까?'
―그것이 바로 이 책이다.

아무튼 '인생의 스승'으로까지 불리는 저 유명한 데일 카네기의 저서이다. '인물전'이라는 부제가 붙여져 있지만 이력서를 발췌해 놓은 것 같은 지루한 책이 아니다. 각 방면에서 큰 족적을 남긴 인물의 생애에서 이른바 하이라이트로 여겨지는 특징적인 부분이나 일화들을 선택한 뒤 그것을 5분 사이에 명확한 이미지를 얻을 수 있도록 간결하고 다이내믹하게 정리해 놓았다. 그 일화도 대부분 별로 알려지지 않은 것들이어서 신선한 매력이 있다. 나오는 인물도 기업가, 정치가, 학자, 사상가, 저널리스트, 스포츠맨, 탐험가, 사회 운동가, 작가, 작곡가, 영화 배우 등 실로 다양하기 짝이 없고, 살아 있는 인간의 숨결이 또렷이 전해지는 이야기뿐이다.

새삼스러운 느낌이 들지만 원저자인 데일 카네기(1888~1955)를 간략하게 소개하면, 특히 How to Win Friends and Influence People(1936) 〔직역하면 《친구를 만들어 사람을 움직이는 법》, 우리 나라에서는 《카네기 처세술》로 알려져 있음〕로 유명한 미국인이다. 이 책은 제목 그대로 가장 현실적인 일종의 처세술을 논한 것으로 발행과 동시에 곧 베스트셀러가 되고, 수십 개 국어로 번역되어 수천만 부가 팔려 나갔다. 카네기는 이런 면에서 인간 관계(human relation) 연구의 선구자라고도 볼 수 있다. 나중에는 '카네기 언어 능률·인간 관계 연구소'를 창립하고 미국, 캐나다, 유럽, 남아메리카의 각지에 300여 곳의 분소를 두었다.

일반적으로 사람에 따라 인생에서 추구하는 바가 다르다. 바꾸어 말하면 우리는 누구나 제각기 뭔가 독자적인 알을 품고 있다. 당신이 품고 있는 알이 장차 변해 무엇이 될까? 그것은 변하기 전까지는 알 수 없다. 그것이 인생의 묘미일 것이다.

이 책에 나오는 인물 중에는 일찍부터 자신이 품고 있는 알의 장래를 확실히 알고 그것을 향해 필사적으로 달리기 시작한 사람도 있다. 그 경우 인생은 극히 단순하다. 그러나 단순한만큼 그래도 인생인가 하는 느낌도 없지 않다. 역시 복잡하고 기괴한 운명에 맞서 악전고투하면서 살아가는 것이 참된 인생인 것 같다. 만약 직접 자신이 고를 수 있다면 역시 단순하지 않은 인생을 선택하게 되지 않을까?

예컨대 메리 픽포드로 말하면 왕년의 영화계의 대스타, 놀라울 정도로 오랫동안 할리우드에 군림한 여배우이다. 이 책 속에서 그 픽포드가 "재능 따윈 흔해 빠진 세상이에요. 아무리 재능이 있어도 운이 따르지 않으면……" 하고 말하고 있는데, 이것은 실로 감동적일 정도로 솔직한 말이다. 그 명배우도 역시 그랬나 하는 생각이 든다.

흔히 하는 말로 살다 보면 세 번쯤 기회가 찾아든다고 하지만, 그것을 잘 잡느냐 잡지 못하느냐에 인생의 성패가 달려 있다. 이런 것을 생각하게 해주는 것이 이 책이다.

여기에서 독자들에게 한 가지 부탁하고 싶은 것이 있다. 즉 이 이야기들을 이토록 간결하면서도 적절하게 정리한 데일 카네기의 훌륭한 화술에 주목해 주었으면 한다. 설사 같은 재료를 갖고 있다 하더라도 어느 누구도 이렇게 솜씨 좋게 다듬지 못했을 것이다. 간결하고 명쾌한 글로 독자들을 확 끌어들이고 이야기를 산뜻하게 마무리지으면서도 독자들에게 깊은 여운을 남기며 뭔가 생각하게 만든다.

또 베스트셀러 작가답게 일반 독자들이 편안히 읽을 수 있도록 적당히 구어체를 섞어 가며 쉽고 평이하고 친근하게 이야기를 풀어 나가고 있다. 게다가 책을 읽어 나가다 보면 자연스럽게 알게 되겠지만 대부분이 직접 인터뷰하고 발로 뛰어 가며 그러모은 자료를 바탕으로 씌어졌기 때문에 더욱더 실감이 나는 경우가 많다. 그러고 보면 이 책은 《카네기 처세술》이나 《카네기 인생론》의 예화집인 셈이고, 이런 자료와 연구에서 그런 대베스트셀러들이 탄생하게 되었던 것이다.

이 책은 데일 카네기의 《5분 인물전(Five Minute Biographies)》, 《전기 집성(Biographical Roundup)》, 《유명인의 비화(Little Known Facts About Well Known People)》 등 세 권의 저서에서 우리 나라의 독자들에게 적합한 것을 골라 엮은 것이다.

자신의 인생을 진지하게 생각하는 사람들에게 보다 훌륭하게, 보다 행복하게, 보다 성공적으로 살아갈 수 있는 인생의 힌트를 주는 책이라 확신한다.

마지막으로 마일이나 피트, 파운드 등은 쉽게 와 닿도록 킬로미터나 킬로그램 등으로 바꾸어 놓았지만, 그 시점에서 계산한 햇수나 달러 액수 등은 집필 당시의 생생한 느낌이 사라지지 않도록 환산하지 않고 그대로 두었음을 밝혀 둔다.

옮긴이

차례

■ 이 책을 읽는 분에게

'흐름'을 예리하게 간파하고 늘 선수를 친 '백전백승'의 인생!　　　15
| 앤드루 카네기 |

어떻게 하면 인생의 '우선 순위'를 이렇게까지 잘 정할 수 있을까?　21
| 존 D. 록펠러 |

이런 '단순한 철학'으로 인해 열등생에서 '사상 최고의 두뇌'로　　26
| 알버트 아인슈타인 |

'초고속 결단'으로 천재일우의 기회를 잡는다!　　　　　　　　31
| 에드워드 보크 |

이렇게까지 열성을 기울이면 '꿈'이 '현실'로 변한다　　　　　37
| 오빌 라이트(라이트 형제) |

인정받고 싶으면 후퇴하지 말라!　　　　　　　　　　　　42
| 글렌 L. 마틴 |

찬스를 잘 잡는 것도 실력이다!　　　　　　　　　　　　　50
| 메리 픽포드 |

불굴의 의지는 역경도 순경順境으로 바꾸어 간다　　　　　　56
| 윈스턴 처칠 |

무슨 일이든 최선을 다하며 투박하지만 기개 있게 살아간다　　64
| 마크 트웨인 |

인생의 고난을 두 배의 노력으로 극복한다　　　　　　　75
| 잭 뎀프시 |

스스로 무거운 짐을 지면 사람들이 따라오게 마련이다!　　84
| 시어도어 루스벨트 |

부나 명예보다 '자부심'으로 살아간다　　　　　　　　　89
| 마리 퀴리 |

이런 '꿈'이라면 누구라도 한몫 끼고 싶어진다　　　　　97
| 로웰 J. 토머스 |

이렇게까지 해야 비로소 사람들을 감동시킬 수 있다　　106
| 보브 호프 |

언제나 '미래'를 추구하는 자세가 성공하는 자신을 만든다　114
| 윌리엄 R. 허스트 |

'가정과 일, 어느 한쪽에만 몰두하면 인생이란 기차가 탈선한다　119
| 레프 톨스토이 |

최고의 천재이지만 역사상 가장 큰 기회 중 하나를 놓친 대실패자　124
| 우드로 윌슨 |

'단념하지 않는 한' 장애물의 높이는 문제가 되지 않는다　129
| 헬렌 켈러 |

인생의 무게는 '어떻게 종지부를 찍느냐'에 달려 있다　134
| 로버트 F. 스콧 |

사랑을 전하는, 빛이 되는 삶에 도전하다　　　　　　140
| 에반젤린 부스 |

때로는 빙 돌아서 가는 길도 큰 가치가 있다　　　　　146
| H. G. 웰스 |

그래서 노력을 중단할 수 없다 뜻밖의 성공 인생   152
| 서머셋 몸 |

인생의 밑바닥에서 자신의 천성에 눈뜨다   157
| 어빙 벌린 |

사람이 아니라 '살아가는 것'에 엄할 일이다   166
| 싱클레어 루이스 |

그런 과거가 있기 때문에 오늘의 내가 있는 것이다!   173
| 잭 런던 |

천재적인 위업 뒤에 가려져 있는 피땀 어린 노력을 간과하지 말라 178
| 엔리코 카루소 |

꿈을 이루는 사람에게는 이런 강점이 있다   184
| 클라크 게이블 |

자신의 약점을 역으로 최강의 무기로   193
| G. 버나드 쇼 |

'양심'에 따라 살아가는 사람은 반드시 보답을 받는다   202
| 올리버 W. 홈스 |

결코 물러서지 않는 것이 인생 최대의 재산   213
| 프랭크 W. 울워스 |

이해득실을 떠나 마음이 끌리는 일이라서 이렇게까지 할 수 있다 218
| 월트 디즈니 |

전력을 다한 삶에 후회는 없다   223
| 윌리엄 셰익스피어 |

다른 것은 모두 잊어버리고 지금 하고 있는 일에만 집중한다   228
| 토머스 에디슨 |

더없는 불운이 닥친다 해도 인생이 끝나는 것은 아니다   236
| 오 헨리 |

내가 원하는 것을 깨닫고 그것을 추구하고 마침내 이룬다   241
| 조지 거슈인 |

차디찬 현실의 벽 앞에서도 나는 아름다움과 사랑을 꿈꾸리라   246
| 에드거 앨런 포 |

10년 동안 뼈빠지게 일하면 10분 내에 유명해질 수 있다   251
| 로버트 L. 리플리 |

내 마음속은 적대하는 자들에 대한 투지로 넘쳐흐르고 있다   258
| 바이런 경 |

어디에서나 환영받는다면 그가 곧 성공한 사람이다   264
| 하워드 서스턴 |

사람은 재주가 없어서라기보다는 목적이 없어서 실패한다   270
| 빌리 선데이 |

데일 카네기
인생의 힌트

'흐름'을 예리하게 간파하고
늘 선수를 친 '백전백승'의 인생!

앤드루 카네기

교육을 받지 않아 교육받은 사람들을
교묘하게 잘 다루고, 누구보다 많이
백만 장자를 탄생시킨 강철왕

앤드루 카네기는 의사의 도움도 받지 못하고 산파가 돌보지도 않는 상태에서 태어났다. 그 정도로 가난한 일가였던 것이다. 처음 일하러 나갔을 때의 시급時給은 겨우 2센트, 이랬던 사람이 나중에 4억 달러의 재산을 모았다.

나는 언젠가 한번 스코틀랜드의 덤퍼블린에 있는 그의 생가에 가본 적이 있는데, 방이 두 칸밖에 없는 작은 농가였다. 직물공인 아버지는 아래층에서 일하고, 어둡고 좁은 다락방에서 전 가족이 잠을 자고 식사 준비를 해 그곳에서 먹기까지 했다.

카네기 일가가 미국으로 이주하자, 아버지는 직접 짠 천을 팔러 돌아다녔다. 어머니는 세탁물을 떠맡거나 구둣방에서 하청받은 일을 했다. 앤드루는 셔츠가 한 벌밖에 없었다. 그래서 밤마다 앤드루가

잠든 뒤에 어머니가 그의 셔츠를 빨고 다리미로 다렸다. 앤드루는 날마다 16~18시간이나 일하는 어머니를 몹시 사랑해 22세 때 "어머니가 계시는 한, 나는 언제까지고 결혼하지 않을 거예요" 하고 약속할 정도였다. 게다가 그는 이 약속을 확실히 지켰다. 그가 결혼한 것은 그 30년 뒤, 어머니가 세상을 떠나고 난 뒤의 일이었다. 그때의 그의 나이 52세, 자식을 낳은 것은 62세 때였다.

그는 어릴 적부터 어머니에게 수없이 이렇게 말했다. "어머니, 제가 언젠가는 부자가 되어 실크 드레스를 사 드릴게요. 고용인을 두거나 전용 마차를 타는 그런 신분으로 만들어 드릴게요."

실제로 그는 자신의 머리는 어머니에게서 물려받은 것이다, 이만큼 성공한 것도 어머니를 생각하는 마음이 있었기 때문이라고 늘 말했다. 그 어머니가 세상을 떠나자, 그는 슬픈 나머지 15년 동안 어머니의 이름을 입에 담지 못했다.

언젠가 한번 스코틀랜드의 어느 할머니를 위해 빚을 갚아 주고 저당권을 해제시켜 준 일이 있었다. 그 동기는 단지 "이 할머니, 돌아가신 어머니와 비슷하군" 하는 생각뿐이었다.

새끼 토끼로부터 힌트를 얻은 카네기식 '고객 심리학'

앤드루 카네기는 강철왕으로 알려져 있지만 강철의 제조 등에 대해서는 전혀 아는 바가 없었다. 하지만 그는 그런 것들에 대해 잘 알고 있는 사람들을 수백, 아니 수천 명을 고용하고, 게다가 그 많은 사람을 능숙하게 다루는 법을 잘 알고 있었다. 그것이 막대한 부를 쌓아

올린 비결이었다. 젊은 시절부터 조직력과 지도력이 뛰어나고 사람들을 잘 다루는 재능을 갖추고 있었다.

아직 스코틀랜드에서 살아가던 어린 시절의 일이다. 앤드루는 새끼를 배고 있는 토끼 한 마리를 잡았다. 곧 새끼를 몇 마리 낳았는데, 그 새끼들을 키울 먹이가 없었다. 이것 참 곤란한데 하고 생각하는 순간 좋은 아이디어가 떠올라, 그는 같이 노는 이웃의 친구들에게 이렇게 선언했다. "클로버나 민들레 잎을 따와 주지 않을래? 이 새끼들을 기르는 거야. 그 대신 따와 준 답례로 너희 이름을 이 새끼들에게 붙여 줄게."

이 계획이 마법처럼 주효했다고 한다.

뒷날 앤드루는 기업가로서도 이 심리학을 이용했다. 예컨대 펜실베이니아 철도에 강철제 레일을 팔고 싶었다. 그 무렵 펜실베이니아 철도의 사장은 J. 애드거 톰슨 씨였다. 그러자 앤드루 카네기는 피츠버그 시에 큰 공장을 짓고 J. 에드거 톰슨 제철소라는 이름을 붙였다. 톰슨 씨는 당연히 몹시 기뻐했다. 자신의 이름이 붙여진 제철소에서 레일을 팔러 오자 구입하는 데 별로 시간이 걸리지 않았다.

카네기는 젊은 시절에 피츠버그 시에서 전보 배달부로 일했다. 하루 일당은 겨우 50센트, 하지만 그에게는 큰돈이었다. 아무튼 잘 모르는 고장이었기 때문에 이 지역 형편을 잘 모르는 사람은 곤란하다고 생각되어 언제 목이 달아날지 몰랐다. 그래서 시의 상업 지역에 있는 회사 이름과 소재지를 닥치는 대로 모조리 암기했다. 게다가 어떻게든 전신 기사가 되고 싶었다. 그래서 날마다 밤늦게까지 전신 공부를 하면서 아침 일찍 전신국으로 달려가 키를 두드리며 연습했다.

어느 날 아침의 일이었다. 필라델피아에서 피츠버그로 쉴 새 없이 마구 전신이 날아왔다. 그러나 당직 기사가 아직 오지 않았다. 그래서 앤드루 카네기가 달려들어 수신하고는 직접 돌아다니며 그것을 배달했다. 그리하여 곧 전신 기사로 발탁되어 급료가 2배로 뛰어올랐다. 어쨌든 언제나 마음속에 큰 뜻을 품고 꾹 참으며 노력했기 때문에 곧 눈에 띄었던 것이다. 이윽고 펜실베이니아 철도가 독자적으로 전신선을 설치하게 되고, 카네기는 전신 기사로 채용되었다. 이어서 전신과 주임 전속 개인 비서로 발탁되었다.

손대는 일마다 계속 성공한 '연금술사'

어느 날 갑자기 대수롭지 않은 일 때문에 카네기는 억만장자로의 길을 걷기 시작한다. 기차 안에서 우연히 옆에 앉게 된 남자가 발명가였는데, 그가 "이것이 내가 발명한 신식 침대차 모형입니다" 하고 보여 주었다. 그 무렵의 침대차는 화차 양쪽에 조잡한 잠자리 선반을 박아 놓은 정도의 것이었지만, 그 발명가가 보여 준 모형은 현대의 침대차에 상당히 가까운 것이었다.

카네기는 스코틀랜드인의 피를 이어받아 예리한 선견지명이 있었다. 이 발명품이 히트하리라, 그것도 크게 히트하리라는 것을 본능처럼 알아차렸다. 그래서 돈을 빌려 신식 침대차를 제조하는 회사의 주식을 매입했는데, 배당액이 굉장히 많았다. 카네기가 25세일 때 이 투자로 손에 들어온 배당액이 연간 5천 달러에 이르렀다.

어느 날 철도가 지나가는 나무 다리가 불타 버려 며칠 동안 철도가 불통되었다. 그때 앤드루 카네기는 전신과의 총주임이었는데, '목조 다리는 이제는 쓸모 없다, 이제부터는 철교 시대이다'라고 장래를 예견했다. 그래서 돈을 빌려 회사를 세우고 철교를 제조하기 시작했다. 그러자 곧 눈이 핑핑 돌 정도로 수익금이 속속 굴러 들어왔다.

신화 속의 미다스 왕은 손에 닿는 것은 무엇이든 황금으로 변하는 힘을 신에게서 받았다고 하는데, 앤드루 카네기도 하는 일마다 계속 성공을 거두었다. 멋진 행운이 잇따라 찾아왔다. 친구 몇 명과 공동으로 펜실베이니아 주 서부의 유전 한가운데의 농장을 4만 달러에 사들였는데, 그것이 1년 사이에 100백만 달러가 되었다. 27세 때에는 1주일마다 1천 달러의 수입을 올렸다고 한다. 그는 바로 15년 전에는 일당 27센트를 받고 일하던 남자였다.

이윽고 1862년이 되었다. 대통령은 링컨, 남북 전쟁이 한창 벌어지고 있었다. 물가가 자꾸 올랐다. 대사건이 연달아 일어났다. 서부 개척이 진행되어 미시시피 강 저편까지 개발되기 시작했다. 이렇게 되자 대륙 횡단 철도가 절대적으로 필요했다. 각지에서 잇따라 도시가 갑자기 일어나며 번창했다. 놀라운 새로운 시대의 문턱에서 미국 전역이 흥분하고 있었다. 그리고 앤드루 카네기는 그 제강로에서 맹렬히 불꽃과 연기를 피워 올리면서 마침내 끝없이 번영의 물결을 타고 나아가며 인류 역사상 전례 없는 거대한 부를 쌓아 올렸다.

그런데 그는 끊임없이 계속 노력하는 타입이 아니라 반쯤은 빈둥 빈둥 놀며 지내는 편이었다. 그는 "내 주변에는 나보다 훨씬 머리가 좋은 조수들이 많이 있어서" 하고 자주 말했다. 그 유능한 조수들을 질책하거나 격려해 가며 자신을 위해 막대한 재산을 축적하게 했던 것이다. 그는 스코틀랜드인답게 인색한 면도 있었지만 결코 도가 넘는 일은 없었다. 협력자들도 잇따라 돈을 벌게 해주었다. 그만큼 많은 백만장자를 만들어 낸 인물도 없을 것이다.

그는 평생 모두 합해 4년밖에 학교에 다니지 못했지만 여행기·전기·수필·경제서 등 저서가 8권이나 된다. 공공 도서관에 기부한 돈은 총 6천만 달러, 교육 제도 개선을 위해 기부한 돈도 총 7800만 달러에 이르렀다. 어떤 교회의 신도도 아니었지만 각지의 교회에 기부한 파이프 오르간도 총 7천 대나 되었다.

그는 스코틀랜드의 민중 시인인 로버트 번즈(Robert Burns)의 시를 모두 암송하고 있었고, 셰익스피어의 〈맥베스〉나 〈햄릿〉, 그리고 〈리어왕〉과 〈로미오와 줄리엣〉, 〈베니스의 상인〉도 모두 외고 있었다. 그가 일생 동안 각 방면에 기부한 금액은 총 3억 6500만 달러, 즉 날마다 1백만 달러씩 1년간 계속 기부한 셈이다. 카네기가 그 거액의 부를 어떻게 쓰는 것이 가장 현명한 길인지, 상금을 내걸고 명안名案 컨테스트를 개최한 신문사가 한두 군데가 아니었다. 카네기 자신이 "돈을 남기고 죽는 것은 치욕이기 때문이다" 하고 공언하고 있었기 때문이다.

Andrew Carnegie. 1835. 11. 25~1919. 8. 11. 스코틀랜드에서 출생. 1848년 가족과 함께 미국으로 이주. 미국의 산업 자본가로 US스틸사의 모태인 카네기 철강 회사를 설립하였다. 이후 교육과 문화 사업에 헌신하였다. 미국의 강철업계를 세계 최고의 수준으로 끌어올린 것은 카네기라는 것이 정설이다. 1919년 매사추세츠 주에서 사망.

어떻게 하면 인생의 '우선 순위'를
이렇게까지 잘 정할 수 있을까?

존 D. 록펠러

극빈 상태에서 몸을 일으켜 보통
부호들이 도저히 미치지 못하는 업적을
쌓고, 게다가 97세까지 산 슈퍼맨

존 D. 록펠러는 평생 세 가지 깜짝 놀랄 만
한 일을 했다. 우선 먼저 그는 아마도 역사를 통틀어 가장 큰 부를 축
적했을 것이다. 인생에 첫발을 내디딜 때에는 1시간당 4센트의 급료
를 받으며 쨍쨍 내리쬐는 햇볕 아래에서 감자밭을 괭이로 갈았다. 그
무렵에는 백만 달러의 재산가조차 미국 전역에 너덧 명밖에 없었다.
하지만 존 D. 록펠러는 용케 10억 달러 내지 20억 달러로 추정되는 재
산을 모았다.

그런데도 그의 첫사랑의 여인이 그의 구혼을 거절했다. 그 이유는
무엇이었을까? 그녀의 어머니가 딸이 존 D. 록펠러와 같은 장래성이
없는 남자에게 "빠지지 못하게 하겠다"고 말했기 때문이다.

록펠러가 행한 두 번째로 놀라운 일은, 그가 역사를 통틀어 그 누

구보다 많은 돈을 각 방면에 기부한 것이다. 그 액수가 무려 7억 5천만 달러에 이르렀다. 이것을 환산해 보면 그리스도가 탄생했을 때부터 지금까지 1분마다 75센트씩 계속 기부해 온 것이 된다. 다른 식으로 표현하면 3500년 전에 모세가 이스라엘 백성을 이끌고 홍해를 건너오고 나서 오늘날까지 날이 샐 때마다 600달러씩 기부한 셈이다.

록펠러와 관련된 세 번째 놀라운 일은, 그가 97세까지 살았다는 것이다. 그는 한때는 미국에서 가장 미움을 받는 사람 중 하나였다. 그는 죽여 버리겠다고 위협하는 협박 편지를 수천 통이나 받았다. 그래서 그는 밤낮으로 무장한 보디가드들의 경호를 받지 않으면 안 되었다. 그는 엄청난 심신의 긴장감을 견뎌 내며 자신의 광범위한 사업들을 모두 개척하고 경영해 나갔다.

미국의 철도왕 에드워드 헨리 해리먼(Edward Henry Harriman)은 과로 끝에 61세로 세상을 떠났다. 여러 나라에 거대한 파이브앤텐 센트 스토어(fiveandtencent store) 체인망을 구축한 프랭크 W. 울워스(Frank Winfield Woolworth)는 67세 때 생을 마쳤다. 담배의 제조 및 판매로 1억 달러를 벌어들인 제임스 뷰캐넌 듀크(James Buchanan Duke)는 68세 때 사망했다.

그러나 존 D. 록펠러는 해리먼과 울워스, 듀크 등 세 사람을 합쳐도 발꿈치에 미치지 못하는 부를 축적했으면서도 놀랍게도 97세까지 살았다. 게다가 백인이 97세까지 사는 것이 100만 명당 겨우 30명 정도밖에 안 되는 것을 상기해 보라. 더군다나 의치를 사용하지 않고 97세까지 사는 사람은 아마도 100만 명 중 단 한 사람도 없을 것이다. 그런데 존 D. 록펠러는 의치 하나 없이 그 나이까지 살았다.

그의 장수 비결은 무엇이었을까? 아마도 오래 사는 소질을 부모에게서 물려받았을 것이다. 그리고 언제나 조용하고 차분한 기질이 이런 소질을 강화시켰다. 그는 흥분하거나 서두르는 일이 전혀 없었다.

스탠더드 오일 회사의 사장 시절에는 브로드웨이 26번지에 있는 회사에 침대 의자를 갖다 놓고 정오부터 30분간은 무슨 일이 있어도 반드시 낮잠을 잤다. 또한 그는 죽을 때까지 반드시 날마다 계속해서 다섯 번은 가볍게 선잠을 잤다.

존 D. 록펠러는 55세 때 처음으로 병으로 쓰러졌다. 이것은 의학사상 가장 운좋은 사건 중 하나였다. 자신이 병든 데 자극을 받아 의학 연구에 수백만 달러를 기부했기 때문이다. 그가 건강을 해친 결과, 록펠러 재단은 전 세계의 보건 위생을 위해 매달 100만 달러에 가까운 돈을 쓰고 있다.

나는 1932년에 끔찍한 콜레라가 대유행할 때 중국에 있었는데, 저 온갖 무지와 가난, 질병으로 뒤범벅이 되어 있는 곳 한가운데를 태연히 걸어 베이징 시에 있는 록펠러 의과 대학에 가서 콜레라 예방 백신을 접종받았다.

그때 비로소 나는 아시아와 그 밖의 세계 벽지에서 고통받고 있는 민중을 위해 록펠러가 얼마나 큰 공헌을 하고 있는지 깨달았다. 록펠러 재단은 십이지장충 근절을 위해 전 세계에 걸쳐 노력을 계속해 왔다. 말라리아의 근절을 위한 싸움에서도 착실히 성과를 거두고 있다. 그 의사들이 무서운 황열병 백신도 발견했다.

돈의 노예가 되지 않고 돈을 내 노예로 삼겠다!

존 D. 록펠러는 어머니가 칠면조 기르는 것을 도와 주고 난생 처음 돈을 벌었다. 그래서 그는 죽을 때까지 면적이 8천 에이커(979만 3천 평)에 이르는 대저택 안에서 한 떼의 멋진 칠면조를 길렀다. 어린 시절을 떠올리게 해주었기 때문이다.

칠면조를 돌보아 주고 받은 푼돈은 모두 저축했다. 파손된 찻잔 속에 넣고 벽난로 선반 위에 올려놓았다. 그는 농장에서 하루에 37센트를 받고 일했다. 이 돈도 모두 저축해 마침내 50달러를 모았다. 이 50달러를 연리 7퍼센트로 고용주에게 빌려 주었다. 그리고 이 50달러가 1년 사이에 놀랍게도 열흘 동안 기진맥진할 정도로 힘들게 일해서 손에 쥐는 임금에 해당되는 돈을 벌어 줄 수 있다는 것을 알게 되었다.

"그것으로 방침이 결정됐습니다" 하고 그는 말했다.

"나는 돈의 노예가 되지 않고 돈을 내 노예로 삼기로 그때 그 자리에서 결정했습니다."

록펠러는 자식에게 돈을 풍족하게 주며 응석받이로 키우지 않았다. 예를 들어 자식이 수선할 필요가 있는 저택 담장의 말뚝을 발견하면 한 개당 1센트씩 주었다. 즉 하루에 13개를 찾아내면 13센트를 주었다. 그 후 록펠러는 아들이 담장을 고치면 1시간당 15센트씩 주었다. 그리고 그의 어머니는 바이올린을 연습하면 그에게 1시간당 5센트씩 주었다.

록펠러는 대학을 나오지 않았다. 그는 고등학교를 졸업하고 몇 달동안 상업 학교를 다녔다. 학교를 다닌 것은 그것이 전부로 16세 이후

로는 공부와 담을 쌓았다. 하지만 그는 시카고 대학교에 1500만 달러를 기부했다.

그는 교회에는 언제나 깊은 관심을 기울였다. 젊은 시절에 그는 일요 학교의 교사로 일한 적도 있다. 그는 춤을 절대로 추지 않고 카드놀이도 하지 않았다. 또 극장에도 가지 않고 담배도 피지 않았으며 술도 마시지 않았다.

식사 때에는 반드시 식전 기도를 했다. 날마다 누군가에게 옆에서 성경을 읽게 했다. 그날그날 정신적으로 고양시켜 주는 메시지가 담겨 있는, 시집이나 기도서의 일부분을 골라 읽게 할 때도 있었다.

록펠러의 재산은 지금도 1분에 100만 달러에 가까운 놀라운 비율로 늘어나고 있는데, 그의 유일한 큰 소망은 1세기에 가까운 삶을 훌륭하게 마무리짓는 것이었다. 그는 "만약 백 번째 생일을 맞이하는 1939년 7월 8일까지 산다면, 나는 포컨티코 힐스에 있는 내 집에서 밴드를 지휘할 생각이다" 하고 말했다. 그리고 연주하고 싶은 곡은 〈매기의 추억〉이었다.

John Davison Rockefeller. 1839. 7. 8~1937 .5. 23. 미국의 실업가. 오하이오 스탠더드 석유 회사를 설립하여 미국 내 정유소의 95퍼센트를 지배하는 스탠더드 오일 트러스트를 조직했다. 서먼 독점 금지법(반트러스트법) 위반의 판결을 받은 후에도 지주 회사 뉴저지스탠더드 석유 회사를 설립해 실질적으로 계속 석유업계의 지배하며 거대한 회사로 성장시켰다. 그러나 미국 연방 대법원으로부터 반트러스트법 위반으로 해산 명령을 받고 해체되었다. 이후 자선 사업에 몰두했다.

이런 '단순한 철학'으로 인해
열등생에서 '사상 최고의 두뇌'로

알버트 아인슈타인
학교에서 가장 뒤처진 학생으로
돈 계산도 하지 못했던
세계에서 가장 유명한 대과학자

2, 3년 전의 일이다. 친구와 함께 남독일의 어느 작은 시골 도시의 거리를 걸어 내려가고 있을 때, 그 친구가 갑자기 발길을 멈추더니 식료품 가게 2층에 있는 창문을 가리키며 말했다.

"저기에 작은 방이 있는 게 보이지? 저곳이 아인슈타인이 태어난 곳이야."

그날 나는 나중에 아인슈타인의 숙부를 만나 이야기를 나누었다. 하지만 그는 어떤 비범한 능력을 지닌 인물로 보이지 않았는데, 이것은 이상한 일이 아니다. 알버트 아인슈타인 자신도 어릴 적에는 아무도 그가 위대한 인물이 되리라 생각지 않았기 때문이다. 그런 그가 지금은 이 시대의 뛰어난 지성의 거인으로 간주되고, 인류 역사상 최고의 사상가 중 한 사람이 되어 있다. 게다가 50년 전에는 아둔하고 내성적이며 발육이 뒤늦은 아이였다. 말하는 것을 배울 때조차 무척 어려움을 겪고, 너무 머리가 나빠 선생님들로부터 지겨운 녀석이라는 말까지 듣고, 부모조차 이 아이는 보통 이하일지 모른다고 걱정했다.

아인슈타인은 몇 년 전 어느 날 아침에 침대에서 눈을 뜨고는 깜짝 놀랐다. 자신이 세계에서 가장 유명한 사람 중 한 명이 되어 있었기 때문이다. 일개 수학 교수에 지나지 않는 자신이 5대륙에 걸쳐 신문의 머리 기사로 다루어지다니, 도저히 믿기지가 않고 있을 수 없는 이야기 같았다. 일개 과학자에 지나지 않는 아인슈타인이 권투 세계 헤비급 챔피언인 잭 뎀프시(Jack Dempsey) 못지 않은 유명 인사가 된 것이다. 아인슈타인 자신도 "어떻게 해서 이렇게 되었는지 이해할 수 없다"고 인정하고 있다. 이것은 인류 역사상 전례가 없는 일이었다.

이 아인슈타인이라는 사람은 그가 발견한 상대성 이론 못지 않게 실로 불가해한 인물이다. 명성이나 부, 사치품 등 대부분의 사람이 열망하는 것이 그에게는 경멸의 대상에 지나지 않았다.

예컨대 언젠가 배를 타고 대서양을 횡단할 때, 선장이 아인슈타인에게 스위트 룸을 사용할 것을 제안했다. 가장 비싼 선실이었다. 하지만 아인슈타인은 그 자리에서 거절했다. 특별 취급을 받기보다는 삼등 선실을 이용하며 여행하겠다고 말했다.

아인슈타인이 50번째 생일을 맞이했을 때, 독일 정부가 여러 가지 영예를 수여했다. 그리고 포츠담 시에 그의 흉상을 건립하고 전 독일 국민의 사랑과 끝없는 경탄의 표시로 집과 요트까지 제공했다. 하지만 2, 3년이 지나자 유대인 학자라는 이유로 나치스 정부에 전 재산을 몰수당하고 무슨 일을 당할지 몰라 조국으로 돌아갈 수 없는 처지에 놓였다. 벨기에에서 빗장으로 잠근 방에 틀어박혀 지내고, 경관 한 명이 밤마다 그의 침대 곁에서 자며 경계를 섰다.

이윽고 그는 미국으로 건너와 프린스턴 대학교 부속 고등 학술 연구원의 교수가 되었다. 그는 처음에 뉴욕에 도착할 때 신문 기자들의 질문 공세나 인터뷰 등과 같은 소란스런 일을 어떻게든 피하고 싶어, 친구들의 도움을 받아 배가 부두에 도착하기 전에 은밀히 하선한 뒤 서둘러 자동차를 타고 모습을 감추어 버렸다.

모르는 사이에 남편의 긴장을 풀어 주는 것이야말로 최고의 '내조'

아인슈타인은 이렇게 말하고 있다. "나의 상대성 이론을 이해할 수 있는 사람은 세계에 12명밖에 없다. 하지만 상대성 이론을 설명하려는 책이 900종 이상 씌어졌다."

그 자신은 상대성 이론을 아주 간단한 실례를 들어 설명하고 있다. "미녀 곁에는 1시간 동안 앉아 있어도 1분밖에 지나가지 않은 것처럼 느껴지지만, 뜨거운 난로 위에 앉아 있으면 1분이 1시간처럼 느껴진다."

자, 그래서 이것이 상대성 원리인 것이다. 내게는 아주 당연한 것처럼 생각되지만, 만약 의심스러워 시험해 보고 싶다면 난로 위에 앉아 보라. 나는 기꺼이 여성 곁에 앉겠다. 그리고 여성에 대해 말하면 아인슈타인은 두 번 결혼했다. 그는 첫 번째 결혼에서 2명의 사내 아이가 태어났다. 두 명 다 천재적인 소질을 지닌 영민한 아이였다.

세상을 떠난 아인슈타인 부인은 "나도 상대성 이론을 이해하지 못하고 있다"고 인정했다. 하지만 그녀는 아내로서 상대성 이론보다 훨씬 더 중요한 것을 알고 있었다. 즉 남편을 아주 잘 이해하고 있었다.

그녀는 종종 차를 마시러 오라고 친구들을 초대했는데, 이때 그녀가 아래층으로 내려와 함께 차를 마시라고 아인슈타인을 부르곤 했다. 그러면 그는 "안 돼!" 하고 격한 목소리로 외쳤다. "안 돼! 나는 안 갈 거야! 절대 안 가! 나는 집에서 나갈 거야. 여기에서는 공부할 수가 없어. 매번 이렇게 방해받으니, 이제는 더 이상 절대로 참을 수가 없어."

아인슈타인 부인은 한동안 완전히 침묵을 지키며 남편이 울분을 풀도록 내버려 두었다. 그러고는 곧 약간 외교 수완을 발휘해 유인하면 아인슈타인이 이층에서 내려와 차를 마시면서 긴장을 풀고 꼭 필요한 휴식을 취했다.

상대성 이론에 못지 않은 초일류 '행복 철학'

아인슈타인 부인의 말에 따르면 그녀의 남편은 생각할 때에는 질서를 존중하지만 생활에는 아무 질서도 없다고 한다. 그는 하고 싶은 것이 있으면 무엇이든 언제든지 하고 싶을 때 한다. 그리고 그에게는 단 두 가지의 행동 원칙밖에 없다. 하나는 어떤 규칙도 만들지 말라는 것이고, 다른 하나는 다른 사람의 의견에 좌우되지 말라는 것이다.

그는 매우 간소한 생활을 하고 있다. 다리미질이 필요한 낡은 옷을 입고 돌아다니고, 모자는 거의 쓰지 않는다. 욕실 안에서 휘파람을 불거나 노래를 부른다. 욕조 안에 앉아 있을 때 수염을 깎고 면도용 비누를 사용하지 않는다. 목욕할 때 사용하는 비누로 수염을 깎는다. 불가해한 우주의 수수께끼를 해결하려 하고 있는 사람이 두 종류의 비누를 사용하면 인생이 너무 복잡해 살아갈 수 없다고 말하고 있는 것이다.

아인슈타인은 대단히 행복한 사람으로서 내게 깊은 감명을 주고 있다. 내게는 그의 행복 철학이 상대성 이론보다 훨씬 더 큰 의미가 있다. 정말로 훌륭한 인생 철학이라고 생각한다. "나는 누구에게도 기대하는 것이 없기 때문에 행복하다"고 그는 말하고 있다.

그는 금전도 바라지 않고, 명예나 칭송도 욕심내지 않는다. 연구하는 것과 바이올린을 연주하는 것, 요트를 타는 것과 같은 단순한 것으로 행복을 만들어 낸다. 아인슈타인은 인생의 다른 무엇보다 바이올린을 연주하는 데서 기쁨을 느낀다. 그는 이렇게 말하고 있다. "나는 음악에 젖어 생각하고 음악을 들으면서 공상하는 일이 많다."

언젠가 베를린에서 전차에 올라탔을 때 차장에게 거스름돈이 부족하다고 투덜댔다. 차장이 다시 거스름돈을 계산해 보니 잘못된 것이 없었다. 그래서 다시 아인슈타인에게 건네 주면서 이렇게 말했다. "당신의 문제는 계산을 할 줄 모른다는 것이오."

Albert Einstein, 1879. 3. 14~1955. 4. 18. 미국의 이론 물리학자. 독일 울름에서 태어났다. 스위스 국립 공과 대학 물리학과를 졸업하고 베른 특허국의 관리 자리를 얻어 5년간 근무하였다. 광양자설, 브라운 운동의 이론, 특수 상대성 이론을 연구하여 1905년 발표하였으며, 1916년 일반 상대성 이론을 발표하였다. 1921년 노벨 물리학상을 받았다. 개인의 자유를 존중하는 평화주의자로 나중에는 핵병기에도 반대했다.

'초고속 결단'으로
천재일우의 기회를 잡는다!

에드워드 보크

'팔아야 할 때'를 결코 놓치지 않고,
겨우 14세 때 최고의 인맥을 구축하고 여러
분야에서 독자적인 지위를 쌓아올린 사나이

어느 날 배를 주리며 학교에서 돌아오던 한 소년이 빵집 앞에서 멈추어 서서 쇼 윈도에 장식되어 있는 갓 구운 빵과 커스터드 파이를 넋을 잃고 바라보고 있었다.

그때 빵집 주인이 밖으로 나와 말을 걸었다.

"어때, 맛있어 보이지?"

"맛있어 보여요" 하고 그 네덜란드계 소년이 대답했다.

"하지만 윈도가 더러워요."

"응, 정말로 네 말대로 더러워. 얘야, 어떠냐? 한번 청소해 주지 않겠니?"

이리하여 에드워드 보크는 태어나서 처음으로 일자리를 얻게 되었다. 주급은 50센트. 하지만 보크에게는 엄청난 수입이었다. 날마다 바구니를 들고 거리를 돌아다니며 석탄 배달부가 지나간 뒤 길가에서 석탄 부스러기를 주울 정도로 집안이 가난했기 때문이다.

보크 일가는 네덜란드에서 미국으로 이주해 왔다. 그래서 영어를 전혀 몰랐다. 선생님이 무엇을 물어도 한마디도 대답할 수 없었다. 게다가 학교도 단 6년밖에 다니지 않았다.

그 스스로도 말하고 있지만 미국의 여성들이 어떤 것을 즐겨 읽는지 전혀 몰랐다. 그래도 발행 부수가 세계 최고인 여성 잡지를 만들어 냈고, 게다가 부수가 계속 늘어나 그가 은퇴할 무렵에는 팔리는 부수가 200만, 광고료 수입이 매월 백만 달러에 이르렀다.

그는 《레디스 홈 저널》의 주필로 30년간 근무하고 은퇴하고 나서 자서전을 집필한 뒤 《에드워드 보크의 이민기》라는 제목을 붙였다.

14세 소년이 고안해 낸 전기의 '멋진 활용법'

빵집 쇼 윈도의 청소를 시작으로 보크는 잇따라 여러 가지 일을 했는데, 무슨 일을 하든 아무튼 열심히 몰두했다. 대부분의 아이들이 우표 수집에 열을 올리고 있을 때, 그는 일에 열중했다. 토요일 아침에는 신문을 배달하고, 토요일 오후와 일요일에는 그 무렵 있었던 철도 마차(철도 선로 위를 달리는 차량을 말이 끄는 수송 기관)의 승객을 상대로 얼음으로 차게 한 물과 레모네이드를 팔았다. 머잖아 평일 밤에는 지방 신문에 생일 파티나 여성 중심의 티 파티 기사를 쓰기 시작했다.

마침내 매주 평균 16달러에서 20달러를 벌게 되었다. 그것들은 모두 학교가 파한 뒤 여가 시간에 하는 일일 뿐이었다. 그때 그의 나이는 겨우 12세, 미국에 온 지 아직 채 6년도 되지 않았다.

13세가 되자 학교를 그만두고 웨스턴 유니온 전신 회사의 급사가 되었다. 하지만 변함없이 공부에 힘썼다. 독학과 자습으로 공부를 했던 것이다. 전차비를 절약하고 점심을 굶어 가며 모은 돈으로 《미국 저명 인사 전기 집성》을 구입했다. 그리고 좀처럼 전례를 찾아볼 수 없는 일을 하기 시작했다.

먼저 그 책으로 유명인의 전기를 읽게 되자 직접 그 본인에게 편지를 보내 책에 나와 있지 않은 유년 시대의 일을 이것저것 문의했다. 예컨대 마침 그 무렵 대통령직에 입후보한 제임스 A. 가필드 장군에게 편지를 보냈다. "장군께서 옛날에 운하의 예인선을 끄는 사람으로 일했다는 이야기가 있는데 사실입니까?" 하고 질문했다. 그랜트 장군에게도 편지를 보내 남북 전쟁 당시의 일을 문의했다. 그랜트 장군은 지도까지 그려 가며 가르쳐 주었고, 게다가 어느 날 밤에 이 14세의 소년을 자택으로 불러 대접하고 저녁 내내 마음 편히 오래 상대해 주었다.

겨우 6달러 25센트의 주급을 받고 전신 회사에서 근무하고 있던 보크는 이런 방법으로 각계의 일류 명사들과 가까워졌다. 대사상가 에머슨, 유명한 종교가 필립 브룩스, 시인이자 수필가이고 의학자이기도 한 올리버 웬들 홈스, 대시인 롱펠로, 링컨 대통령의 미망인, 《작은 아씨들》의 작가 루이저 메이 올코트 여사, 셔먼 장군, 명배우 조지프 제퍼슨 등이 그런 사람들이었다.

이런 유명한 사람들과 서로 알게 되자 보크 소년은 자신감을 갖고 이상을 꿈꾸었다. 큰 뜻을 품었다. 무릇 자신감과 이상, 큰 뜻, 이 세 가지만큼 중요한 것은 없다.

인간의 가치는 '자산을 어떻게 활용하느냐'에 달려 있다!

어느 날 거리에서 문득 그의 눈에 띄는 것이 있었다. 한 남자가 궐련을 한 상자 사고 그 상자를 열었다. 그 당시의 유행으로 상자 안에 담배 외에 경품 사진이 한 장 들어 있었다. 그 남자는 그 사진을 획 내던져 버렸다.

에드워드 보크는 언제나 누군가 편지를 보낼 수 있는 유명인이 없을까 하고 눈을 크게 뜨고 찾고 있었기 때문에 곧 사진을 주워 살펴보았다. 그것은 어느 유명한 정치가의 사진이었지만, 카드 뒤는 백지로 아무것도 적혀 있지 않았다. "만약 카드 뒤에 이 인물의 경력이라도 간단히 인쇄해 놓으면 곧 획 내던져 버리는 일이 없을 텐데" 하고 보크는 생각했다.

곧 묘안이 머릿속에 떠올랐다. 다음날 점심 시간에 그는 사진이 들어 있는 카드를 발행하고 있는 회사를 조사하기 시작했다. 그리고 직접 그 경영자를 찾아가 이야기를 꺼냈다.

"어떻습니까, 이 사진 뒤에 간단한 전기를 인쇄하는 것이 좋지 않겠습니까?"

옳거니 하는 생각이 드는 상담이었고, 무엇보다 보크의 열의가 상대방의 마음을 움직였다. 곧 유명인 100명의 약전略傳 원고를 한 사람당 10달러씩 주고 인수하기로 결정되었다. 요컨대 한 단어당 10센트짜리 일을 따낸 것이다. 이윽고 도저히 혼자서는 처리할 수 없을 정도로 주문이 쇄도했다. 그래서 조수를 5, 6명 고용해 열심히 약전을 쓰게 했다. 지불하는 원고료는 한 편에 5달러. 놀랍게도 50퍼센트를 자신의 몫으로 챙겼던 것이다.

이윽고 그는 전신 회사를 그만두고 오로지 출판업에만 열심히 매달렸다.

필라델피아로 옮겨 가서 잡지 《레디스 홈 저널》의 주필직을 맡은 것은 그가 아직 26세밖에 안 되었을 때의 일이었다. 이젠 끝 하고 주필직을 그만둔 것은 딱 56세 — 아직 한창 일할 나이였다.

그 30년 동안 그는 미국 출판계에서 독보적인 지위를 확립했다. 물론 큰 재산도 모았다. 그러나 인간의 가치는 자산의 크고 작음만으로 결정되는 것이 아니다. 딱 한 가지, 에드워드 보크가 그 자산을 사회를 위해 어떻게 썼는지 그것을 살펴보자.

우선 먼저 오늘날 우리의 입에 들어가는 식료품이 대체로 위생적이고 신선한 것은 에드워드 보크가 청정 식품법 제정을 촉구하며 노력한 덕분이다. 우리가 살고 있는 도시가 청결하고 위생적인 것도 에드워드 보크가 각 도시의 불결하고 추악한 쓰레기장에 주목하고 반대 운동을 사정없이 과감히 전개했기 때문이다.

우리가 살고 있는 집이 옛날보다 아름답고 가구나 설비도 고상해진 것도 아마도 빅토리아 시대 말기의 악취미에 반대하며 에드워드 보크가 끊임없이 공격을 퍼붓었기 때문일 것이다. 그 무렵의 가옥의 설계는 장식 과잉이고 난잡한데다가 돈이 굉장히 많이 들어갔다. 그래서 에드워드 보크는 미국의 일류 건축가를 많이 동원해 누구나 그리 어렵지 않게 돈을 마련해 지을 수 있는 가옥의 설계서를 저가로 팔기 시작했다. 그리고 그것은 대성공을 거두었다.

대통령 시어도어 루스벨트도 일찍이 이런 말을 했다. "미국 전역의 건축 개선에 공헌한 인물로 에드워드 보크 외에 달리 들어 본 사람이 없다."

출판계에서 은퇴하고 나서 세상을 떠날 때까지 10년 동안, 그는 환경 녹화 운동에도 손을 댔다. 태어난 고향인 네덜란드에서 구근류를 수만 개 수입해 길가에 심어 사람들의 눈을 즐겁게 만들고, 시골의 작은 역에 장미를 심어 구내를 글자 그대로 장미의 화단으로 바꾸어 놓은 일도 있다. 그러나 그가 남긴 가장 유명한 불후의 기념물은 플로리다 주에 지은 '노랫소리의 탑', 이른바 '싱잉 타워(The Singing Tower)'일 것이다. 플로리다 주에서 가장 높은 곳으로 본래는 그 일대가 온통 다 불모의 모래 벌판이었지만 지금은 크고 작은 나무가 무성한 푸른 숲으로 변하고, 언제나 새들이 끊임없이 지저귀는 성소가 되어 있다. 그 숲에 핑크색 대리석으로 지은, 높이가 60미터에 이르는 종탑이 우뚝 솟아 있다. 그것이 거울 같은 호수에 상쾌하게 그림자를 드리우고 있다.

Edward Bok, 1863. 10. 9~1930. 1. 9. 네덜란드 태생으로 미국에 이민 와서 잡지계의 거성으로 자리잡은 언론인. 《에드워드 보크의 미국 이민기》로 1921년 퓰리처 상을 수상. 보크가 건설한 '싱잉 타워'가 대서양과 멕시코 만 사이를 가로지르는 플로리다 반도 중앙에 있다. 무게가 약 5킬로그램에서 10톤에 이르는 크고 작은 71개의 종으로 이루어진 합명종(음정이 서로 다른 여러 개의 종으로 음악적 효과를 내는 종)이 설치되어 새와 식물의 대조수 보호 구역에서 음악 소리가 60미터의 높이에서 흘러나오게 되어 있다.

이렇게까지 열성을 기울이면
'꿈'이 '현실'로 변한다

오빌 라이트(라이트 형제)

인류의 큰 꿈에 '날개와 엔진'을
달고 사상 최초로 하늘을
비행한 사나이

40년도 채 되지 않은 일인데, 오하이오 주의 시골에서 아주 작은 사건이 벌어졌다. 적어도 그 당시는 극히 사소한 사건이었지만, 이제는 그것이 전 인류의 생활에 영향을 미치고 있고, 또 앞으로 영원히 미래의 인류에게도 큰 영향을 미치리라는 것을 알고 있다.

이 중대한 운명의 날, 오하이오 주 데이턴의 도서관으로 오빌 라이트가 들어가 한 권의 책을 뽑아 들었다. 이 책에는 릴리엔탈이라는 이름의 독일인이 글라이더, 즉 거대한 연을 타고 하늘을 비행한 이야기가 씌어 있었다. 물론 릴리엔탈은 엔진을 사용하지 않았지만 하늘을 날았다.

오빌 라이트는 그 뜻 깊은 성취 이야기에 매료되어 그날 밤 한밤중이 지날 때까지 잠들지 못하고 앉아 있었다. 그가 곧 형 윌버에게도 이야기를 해 윌버도 관심을 보이며 열중하게 만들었다. 그리하여 라이트 형제는 힘을 합쳐 연구에 착수하고, 이윽고 라이트식 비행기를 발명하고 그들의 이름을 영원히 후세에 남겼다.

크게 성공한 뒤에도 자신을 잃지 않은 '균형 감각'

형과 동생 모두 교육을 많이 받지 못했다. 그들은 고등학교도 마치지 못했다. 하지만 두 사람 다 대학 졸업장보다 훨씬 더 중요한 것을 지니고 있었다. 즉 그들에게는 풍부한 아이디어와 야망이 있었다. 그들은 여러 해 전, 즉 소년에 불과했을 때 교외에 가서 죽은 소와 말의 뼈를 주워 모아 비료 회사에 판 적이 있었다. 그 다음에는 쇳조각을 모아 고철상에 팔았다. 그 후 그들은 인쇄소를 설립하고 일간 신문을 내려 하다가 실패하고 말았다. 그래서 작은 가게를 내고 자전거를 팔기도 하고 수리하기도 했다.

그렇지만 먹고살기 위해 어떤 장사를 하고 있어도, 그들은 언제나 하늘을 나는 꿈을 꾸고 있었다. 그들은 일요일 오후가 되면 햇빛이 비치는 언덕 사면에 몇 시간 동안 똑바로 누워 대머리수리들이 머리 위에서 맴도는 것이나, 매가 상승 기류를 타고 높이 날아오르는 것을 지켜 보곤 했다.

이윽고 그들은 자전거 가게에 풍동風洞을 짓고 날개가 받는 풍력 실험을 시작했다. 그리고 늘 연을 갖고 놀았다. 마침내 그들은 거대한 연, 즉 글라이더를 만들고 그것을 노스캐롤라이나 주에 있는 키티호크의 킬 데빌 언덕으로 운반했다. 그곳을 선택한 이유는 끊임없이 바다에서 바람이 불어 오고, 또 지면이 기복이 있는 부드러운 모래땅이었기 때문이다.

그들은 몇 년 동안 글라이더로 실험을 하고 나서 수제手製 엔진을 글라이더에 달아 비행기를 만들었다. 1903년 12월 17일, 이날이 그들로 인해 인류 역사상 영원히 잊혀지지 않는 날이 되었다. 라이트 형제는 50센트 은화를 손가락으로 튀겨 누가 먼저 탈 것인지 순번을 결정했다. 그러자 은화의 겉면이 나와 오빌이 이겼다.

몹시 추운, 구름이 낀 날이었다. 살을 에는 듯한 바람이 키티호크의 해안 일대에서 유빙流氷 조각을 뿌려 댔다. 800미터쯤 떨어진 곳에서는 성난 파도가 해변에 부딪히며 울어 댔다. 5명이 비행 준비를 하고 있었는데, 추워 견딜 수가 없었다. 그래서 온기를 유지하려고 팔을 찰싹 때리거나 춤을 추거나 펄쩍펄쩍 뛰거나 했다. 하지만 아무리 추워도 오빌 라이트는 오버코트조차 입지 않고 비행기에 올라탔다. 입으면 그만큼 무거워지기 때문이었다.

오전 10시 35분 정각에 오빌이 벌써 폭음을 내고 있는 비행기로 기어 올라간 뒤 두 발을 뻗어 엎드리고는 레버를 잡아당겼다. 그러자 그 이상한 기계가 배기음 및 불연소음과 함께 활짝 열려 있는 배기관에서 불꽃을 토하면서 하늘로 두둥실 날아올랐다. 오르락내리락하면서 20초 정도 흔들흔들 날아가 이윽고 겨우 약 300미터 떨어진 모래땅에 착륙했다. 이것이 인류 최초의 역사적인 비행이었다.

이것은 엄청난 사건이었다. 문명사상의 일대 전환점 중 하나였다.

태고 때부터의 인류의 위대한 꿈이 마침내 실현되었다. 처음으로 인류가 대지의 구속에서 벗어나 하늘을 향해 날아오른 것이다.

그러나 오빌 라이트는 이렇게 말했다. "그 일로 조금도 감격하거나 흥분하지 않았습니다. 이 놀라운 것이 날으리라 생각했고 그대로 되었습니다. 그것뿐이었습니다."

"나는 나는 것을 그리 좋아하지 않습니다" 하고 말하기도 했다. 어릴 적에 밤중에 잠을 못 이룬 채 침대에 누워 확실히 날 수 있을 것이라고 생각하며 그 가능성을 꿈꾸었는데, 비행으로 흥분한 것은 그 시절뿐이었던 것 같다.

그리고 좀 이상한 것이 있다.

오빌 라이트는 처음으로 하늘을 난 사람이지만 비행 면허가 없고, 1918년 이후 비행기에 탄 적이 없으며, 1914년 이후 비행기를 조종한 적도 없다.

그 이유는 무엇일까? 일찍이 1908년에 버지니아 주의 포트마이어스에서 비행기를 조종했기 때문이다. 뭔가가 부러졌다. 비행기가 지상에 추락했다. 기상 정찰자는 죽었다. 하지만 오빌 라이트는 척추에만 부상을 입고 살아났다. 그러나 심하게 다치고 매우 고통스러워 그 후 여행을 할 때는 몹시 고생한다. 확실히 그는 걸을 수는 있지만 충격에 의한 아주 약간의 흔들림도 견뎌 낼 수 없다.

그는 부끄럼을 잘 타고, 널리 알려져 사람들이 자신을 보고 소리치며 야단법석을 떠는 것을 질색하며 달가워하지 않는다. 그는 자신의 인생 이야기를 쓰려 하지 않는다. 그는 사진도 찍으려 하지 않고, 기자들과 이야기를 나누는 것도 좋아하지 않는다. 1912년에 세상을 떠난 그의 형 월버가 언젠가 이런 말을 했다. "말을 하는 유일한 새는 앵무새이고, 그 새는 그리 높이 날지 않습니다."

라이트 형제는 두 사람 모두 온유하고 표면에 나서지 않는 인물이었다. 어느 날 형 월버가 호주머니에서 손수건을 꺼내려 하자 붉은 리본이 바닥에 떨어졌다. 누이동생이 "그게 뭐예요?" 하고 묻자, 그가 "아, 이거! 깜박 잊어버리고 이야기하지 못했는데, 오늘 프랑스 정부로부터 받은 레종도뇌르 훈장 리본이야" 하고 말했다.

라이트 형제는 보수적인 기독교의 가르침에 따라 양육되어 일요일에는 언제나 비행하는 것을 거절했다. 한번은 스페인 국왕이 일요일인데 비행기에 태워 달라고 부탁했다. 모처럼의 왕의 하명이지만 그들은 거절했다. 자신들의 양심에 어긋나는 일은 할 수 없었기 때문이다.

두 사람 모두 평생 독신으로 지냈다. 그들의 부친이 언젠가 아내와 비행기를 모두 가질 수는 없을 것이라고 말한 적이 있었다. 그래서 그들은 비행기를 선택했던 것이다.

Orville Wright, 1871. 8. 19~1948. 1. 30. Wilbur Wright, 1867. 4. 16일~1912. 5. 30. 라이트 형제는 실제로 날았다고 볼 수 있는 최초의 기계(비행기)를 만들었다고 인정받고 있으며, 기구가 아닌 공기보다 무거운 기계로 하늘을 난 사람들이다. 1900년에 미국 노스캐롤라이나 주의 키티호크에서 최초로 글라이더 비행을 시도했다. 1909년 미국 정부와 계약하고 최초의 군용 비행기를 제작하고 아메리칸 라이트 회사를 설립했다. 첫 비행에 성공한 실험기는 현재 수도 워싱턴의 국립 박물관에 보존되어 있다.

인정받고 싶으면
후퇴하지 말라!

글렌 L. 마틴

라이트 형제를 뛰어넘어
대항공 회사를
설립한 하늘의 아들

1886년 1월 15일, 아이오와 주 맥스버그의 주부인 민타 마틴 부인이 꿈을 꾸었다. 그녀는 꿈속에서 비행기를 타고 하늘을 날고 있었다. 고향 도시인 맥스버그 위로 날아가고 있었다. 그녀는 거리에서 올려다보고 있는 사람들에게 손을 흔들면서 그들도 날지 못하는 데 미안한 마음을 느꼈다. 이 일은 라이트 형제의 비행기가 처음으로 하늘을 날기 17년 전에 일어났다.

통상적인 상황이었다면 마틴 부인은 아마도 이 꿈에 주의를 기울이지 않았을 것이다. 하지만 이제 곧 어머니가 되려 하고 있었고, 사람들이 태몽 이야기를 하는 것도 종종 듣고 있었다. 그 이틀 뒤에 아들 글렌 마틴이 태어나자, 그녀는 자신의 아들이 언젠가는 그 꿈처럼 하늘을 날 것이라고 해석했다.

이 이야기의 기이한 부분은, 라이트 형제가 비행에 성공한 직후에 그녀의 아들도 하늘을 나는 법을 배웠다는 것이다. 실은 그는 미국에서 손수 제작한 비행기를 타고 하늘을 난 세 번째 사람이다.

마틴은 인류의 항공사에 큰 족적을 남긴 전설적인 인물이다. 메릴랜드 주의 볼티모어 인근에 있는 글렌 L. 마틴 회사는 세계의 3대 항공기 제작 회사 중 하나로 미 육군의 폭격기 머로더를 제조하고, 해군의 폭격기 매리너를 제조했으며, 또 영국을 위해 볼티모어 폭격기도 제조했다. 비행정 제조 부문은 세계 최고의 수준을 자랑했다. 하지만 어머니가 자식이 하늘을 날 운명이라는 것을 알려 주는 태몽으로 받아들이지 않았으면, 아마도 글렌 마틴은 항공기 산업에 발을 들여놓지 않았을지도 모른다. 이것은 충분히 있을 수 있는 일이다.

내가 이런 말을 하는 이유는 무엇인가? 그것은 자식이 자랄 때, 마틴 부인이 그 꿈 이야기를 들려 주며 자신감을 심어 주고 꿈을 갖게 하며 바람을 정복하겠다는 야심을 키워 주었기 때문이다. 게다가 글렌이 소년 시절을 보낸 캔자스 주 남서부의 평원에서는 거의 언제나 정복해야 하는 강풍이 불었다.

용기와 자신감을 심어 준 '심리학자 같은' 어머니의 가르침

글렌 마틴과 인터뷰할 때, 그는 어릴 적에 캔자스의 바람이 아주 중요한 역할을 했다고 내게 말했다. 그는 여섯 살 때 어머니의 침대 시트를 가져와 그것으로 돛을 만들고 이것을 자신의 작은 붉은 마차에 매달고는 바람의 힘으로 거리를 달렸다. 그 후에는 스케이트를 신고 손에 수제 돛을 들고는 바람의 힘으로 얼음 위를 달렸다. 심지어 자전거에 돛을 매달고 달려도 보았다. 마틴은 자신은 바람의 힘으로 지면 위를 달리는 일에 매료되지 않은 적이 없다고 말했다.

내 생각에는 민타(Minta) 마틴 부인은 오래 전에 캔자스 주 남서부에서 살 때에는 '심리학'이라는 말을 들어 보지도 못했을 것이다. 하지만 내가 인터뷰를 할 때, 그녀는 내게 어떻게 자식이 용기와 자신감을 갖도록 양육했는지 말해 주었다. 현대의 심리학자들도 확실히 그녀가 사용한 기법들을 들으면 고개를 끄덕일 것이다.

먼저 자식이 가능한 한 모든 일에 책임을 지게 하고, 게다가 아주 어릴 적부터 그렇게 하게 했다. 예컨대 스케이트 구두를 사고 싶지만 돈이 없을 경우, 그의 어머니는 대장간에 가서 직접 그것을 만들라고 권했다. 그러면 그는 그렇게 했다. 어머니에게 연을 사 달라고 조르면, 그녀는 직접 연을 만들라고 권했다. 그러면 그는 그렇게 했다. 실은 글렌 마틴은 소년 잡지에서 읽은 새로운 종류의 연, 즉 상자 모양의 연이나 복엽複葉 연을 만들었다. 그는 상자 모양의 연을 주방 바닥에서 만들었는데, 그것이 다른 어떤 연보다 캔자스의 하늘을 더 높이, 더 힘차게 나는 것을 보고 감격했다.

이 성취에 득의양양해진 그는 연날리기 콘테스트를 열고 상품을 독차지했다. 그 결과 어떻게 되었을까? 도시의 다른 소년들이 몰려와 상자 모양의 연을 만들어 달라고 재촉했다. 50년 뒤에 세계 제일의 대비행정 마스(Mars)를 제조하게 되어 있는 마틴 소년은 곧 주방에 연 공장을 설립했다. 하룻밤에 연 3개를 생산하고 1개에 25센트를 받고 팔았다. 계약금으로 10센트를 내고 매주 5센트씩 분할해 지불하는 방식이었다.

자신감이 부쩍 생겼다. 자신에게 뭔가를 만들 수 있는 재능이 있고, 다른 소년들이 할 수 없는 것을 할 수 있는 것을 알게 되었다.

30년 뒤에 클리블랜드의 어느 신문기자가 마틴에게 질문했다. 마틴은 그 당시 적의 군함을 격침시키는 폭격기를 제조하고 있었다. "비행기를 제조하기 시작한 최초의 계기는 무엇입니까?" 하고 묻자, 글렌 마틴은 이렇게 대답했다.

"가장 큰 것은 어머니의 영향입니다. 어머니께서 주방 바닥에서 연을 만들라고 권해 주셨습니다. 즉 자신을 믿도록 격려해 주셨습니다."

캔자스에 처음으로 자동차가 나타나자, 마틴은 말이 끌지 않는 그 이상한 마차를 마스터하고 싶었다. 그래서 그는 자동차 수리 공장에 취직했다. 그 후 가족이 캘리포니아의 산타아나로 이사하자, 그는 직접 자동차 수리 공장을 설립하고 또 그 지역의 포드 앤드 맥스웰사의 자동차 대리점도 겸했다. 20세 때 그는 이미 자동차 판매와 수리로 1년에 3천 달러에서 4천 달러를 벌었다. 그때 갑자기 그의 인생 행로를 완전히 바꾸는 사건이 일어났다.

전문 지식의 장벽을 노력과 상상력의 사다리로 넘는다

1905년 어느 날 글렌 마틴은 신문을 읽다가 한 기사를 보고 깜짝 놀라고 그에 매료되었다. 그것은 라이트 형제가 노스캐롤라이나 주의 키티호크에서 비행기를 타고 100초 동안 하늘을 날았다는 기사였다. 그는 이 보도 기사를 읽고는 몹시 흥분했다. 그 당시에 이미 비행기가 새로운 시대를 열고 있는 것을 알고 있었기 때문이다.

"그래, 라이트 형제가 100초 동안 하늘을 날았단 말이지?" 마틴은 시계를 꺼내 들고 100초를 헤아려 보았다.

"지금 100초 동안 하늘에 머무를 수 있다면, 글쎄, 1시간, 어쩌면 5시간, 혹은 10시간 동안 하늘에 머무르는 비행기를 만들 수 있을 때가 올지 누가 알겠어?" 하고 그는 중얼거렸다.

2, 3개월 뒤에 그는 또다시 흥분했다. 이번에는 기술 잡지에 라이트 형제의 비행기 사진이 실려 있었다. 그 사진을 꼼꼼히 살펴본 뒤에 그는 어머니에게 이렇게 말했다. "이것은 엔진을 단 커다란 연에 지나지 않아요. 나는 연도 만들 수 있고, 엔진도 만들 수 있어요. 그래서 직접 이런 비행기를 만들어 날아 볼 생각이에요."

"그래" 하고 어머니는 글렌이 태어나기 이틀 전에 꾼 꿈을 생각하며 대답했다.

"그래, 너는 해낼 수 있을 거야."

글렌 마틴의 그때의 나이는 20세였고, 비행기를 생각만 해도 마음이 설레어 거기에 모든 시간을 다 바치고 싶었다. 그러나 그럴 수 없었다. 생계를 꾸려 나가야 했기 때문이다. 그래서 낮에는 자동차 수리 공장을 운영하면서 포드 앤드 맥스웰사의 차를 팔았다. 그러나 밤이 되면 정말로 하고 싶은 일을 했다!

우선 먼저 그는 글라이더를 만들었다. 사람을 태우고 날아가는 일종의 거대한 연이었다. 그리고 엔진이 없는 이 글라이더를 타고 하늘을 나는 법을 배웠다. 몇 달 동안 이것을 갖고 실험한 뒤, 그는 이번에는 진짜 비행기, 가솔린 엔진으로 움직이는 비행기를 만들고 싶은 생각이 들었다. 그러나 어떻게 만들 수 있었겠는가? 그는 유체 역학에 대해 거의 혹은 전혀 몰랐고, 전문 기술도 배운 적이 없었다.

그는 지금 청사진도 한 장 없고, 가르쳐 주는 사람도 없는 상태에서 비행기를 만들려 하고 있었다. 그는 도움을 받고 싶은 나머지 마침내 공공 도서관에 가서 교량 공학 서적을 읽기까지 했다. 교량의 금속에 생기는 변형과 응력을 공부함으로써 사람과 엔진을 운반해야 하는 취약한 비행기의 변형과 응력의 문제를 해결하는 방법에 대해 알 수 있게 되길 간절히 바랐던 것이다.

1908년에 글렌 마틴은 캘리포니아 주 산타아나의 버려진 남부 감리교회에서 그의 최초의 비행기를 제작했다. 그는 이 버려진 교회를 한 달에 20달러씩 주기로 하고 빌렸던 것이다.

이런 지원군이 있으면 '휴일도 없이' 분발한다!

그의 아버지는 글렌 마틴이 이런 괴짜라는 사실을 부끄러워했다. 자식이 밖에 나가 자동차를 팔아 돈을 벌 수 있는데도 비행기를 제조하려 하면서 시간을 허비하는 것을 부끄러워했다. 도시의 다른 젊은 이들은 글렌 마틴을 비웃었다. 비행기를 만들면서 날마다 밤을 새고 공휴일에도 일을 했기 때문이다. 어느 나이 먹은 여성이 글렌 마틴의 어머니를 찾아와 이렇게 간청했다.

"아드님이 악마와 거래하는 것을 중단하게 해주세요. 하느님께서 하늘을 날게 할 생각이셨다면 인간에게 날개를 달아 주셨을 거예요."

어쨌든 간에 글렌을 격려해 주는 사람은 어머니 한 사람뿐이었다. 그녀는 언젠가 꾼 꿈을 잊지 않았다. 글렌이 하늘을 날 것이라고 확신하고 있었다. 그녀는 버려진 교회에서 밤마다 아들과 함께 일했다. 아들이 일하고 있는 것을 볼 수 있도록 석유 램프로 비추어 주었다. 사람들이 미친 바보가 무엇을 하고 있는지 보기 위해 창문으로 안을 엿보았다. 그래서 창문에 페인트칠을 했다. 문에는 자물쇠를 채웠다. 하지만 사람들이 여전히 찾아와 비웃었다. 그는 그들을 쫓아 버리기 위해 경비원을 고용해야 했다.

글렌 마틴과 그의 어머니는 13개월 동안 그 비행기 만드는 일을 했다. 밤마다 일하고 독립 기념일과 크리스마스, 신년 정초에도 일을 했다. 하지만 그를 딱하게 여겨서는 안 된다. 그것은 실은 일이 아니었다. 그것은 흥분시키는 것이었다. 그냥 비행기를 만드는 것이 아니었다. 그는 바람을 정복하고 있었다. 꿈을 실현시켜 가고 있었던 것이다. 그는 아마도 지상의 어느 부호나 왕보다 훨씬 더 큰 인생의 즐거움을 누리고 있었을 것이다. 글렌 마틴은 첫 비행기를 만들며 보낸 13개월이 인생에서 가장 즐거운 나날이었다고 내게 말했다.

그는 이 비행기에 12마력의 자동차 엔진을 달았다. 무게를 줄이기 위해 그는 철제 크랭크케이스를 떼어 내고 가벼운 구리 제품을 제작했다. 마침내 쓸 만한 것을 얻기 전에 프로펠러도 6개나 깎아야 했다.

마침내 비행기가 완성되었다. 교회 한쪽 끝을 뜯어 내고, 1909년 7

월 31일 자정에 글렌 마틴과 그의 2명의 조수는 취약한 기체를 교회 밖으로 끌어냈다. 그리고 밀고 잡아당기면서 길을 따라 5킬로미터를 이동해 다음날 아침에 시험 비행할 벌판까지 운반했다. 그 이상한 기계를 한밤중에 운반한 것은 지나가는 말들이 놀라지 않게 하기 위해서였다.

1909년 8월 1일 동이 틀 무렵, 글렌 마틴은 수제 비행기에 올라타고 엔진에 시동을 걸었다. 엔진이 탕탕거리며 불연소음을 냈다. 마력을 높이자, 취약한 기체가 흔들리며 진동하고 비틀대기 시작했다. 그러고는 기적이 일어났다. 기체가 지면을 떠났다! 저 캔자스의 주방 바닥에서 연을 만들곤 했던 소년 글렌 L. 마틴이 실제로 하늘을 날았다! 그것은 생애 최고의 황홀한 순간이었다.

글렌 마틴은 처음으로 거대한 태평양을 횡단한 비행정 차이나 클리퍼(China Clipper)를 제작했다. 미국 공군의 대비행정도 그 대부분은 그가 제작한 것이다. 글렌 마틴의 생애는 굳게 참고 버티며 흔들리지 않고 오로지 목표에만 마음을 쓰며 나아가는 것의 힘이 어떤 것인지 보여 주는 실례로서 깊은 감명을 준다. 그는 이렇게 말했다. "일단 나아갈 길을 결정하면 도중에 상황이 악화되더라도 목적을 잊어버리지 말라. 그러면 반드시 어딘가에 도달할 것이다."

Glenn Luther Martin. 1886. 1. 17~1955. 12. 5. 글렌 마틴은 1909년에 미국 최초의 비행기 제작 공장을 창립했다. 1909년부터 1916년까지 항공기의 속력, 고도, 내구력 등의 기록을 보유했다. 1917년 라이트 형제와 제휴하고 라이트 마틴 항공 회사를 설립했지만, 이윽고 독립해 글렌 L. 마틴 회사를 만들었다. 메릴랜드 대학의 글렌 L. 마틴 항공공학과의 창립자이기도 하다.

찬스를 잘 잡는 것도
실력이다!

메리 픽포드

인기가 절정에 이르렀을 때에도
냉정하게 자신을 바라다보고, 담담히
정상의 자리를 계속 지킨 대여배우

　　　　　　　　　　세계에서 가장 유명한 여성이라면 대체 누
구일까? 솔직히 말하면 나는 잘 모르겠다. 하지만 아마도 그 사람이
아닐까? 그 본명은 글래디스 마리 스미스, 캐나다 태생의 아일랜드계
이고, 체중은 겨우 45킬로그램밖에 안 되는 여성이다.

　미스 스미스는 어릴 적부터 무대에 출연했다. 운 좋게도 유명한 극
작가이자 극장 지배인인 데이비드 벨라스코의 지도를 받게 되었다.
글래디스 스미스는 평범한 이름이니 뭔가 음감이 좋은 우아한 이름
으로 바꾸자고 해서 메리 픽포드로 개명했다. 벨라스코가 지어 준 이
름이다.

　스웨덴의 이발소에서 그레타 가르보(Greta Garbo)가 손님 얼굴에
비누칠을 하고 있을 무렵, 메리 픽포드는 이미 스타가 되어 있었다.

메 웨스트(관능미 넘치는 우아한 자태로 섹시한 여성의 대명사였다)가 "놀러 오세요" 하고 손님을 부르고 있을 때, 메리 픽포드는 미국 전역에 모르는 사람이 없는 대스타였다.

아마도 메리 픽포드만큼 생명력이 긴 영화 스타도 없을 것이다. 더글러스 페어뱅크스가 처음 스크린에 나왔을 때, 그녀는 이미 세계적인 대스타가 되어 있었다. 채플린이 처음으로 할리우드의 땅을 밟기 훨씬 전부터 최고의 출연료를 받는 명우였다. 서부극 스타로 유명한 톰 믹스가 말을 타고 맨 처음 스튜디오로 갈 무렵에, 그녀의 인기로 인해 어느 영화관이든 길게 행렬이 늘어서 있었다.

야망을 쫓기보다는 정말로 하고 싶은 것을 해야 한다

어릴 적부터 무대에 출연했기 때문에 미성년자 노동법에 저촉되어 문제가 된 적도 있다. 뉴욕의 게리 협회라는 단체가 끈질기게 참견을 하며 무대에 서지 못하게 하려 했다. 아직 학교에서 산수를 배워야 할 나이인데 종종걸음으로 무대를 돌아다니다니 당치 않다는 것이었다. 그래서 메리 픽포드는 한바탕 연극을 했다. 다행히 한 살 더 먹은 사촌 언니가 있었다. 그 사촌 언니의 출생 증명서를 빌려 법망을 빠져나갔다. 지금도 각계 명사록 등에 실려 있는 나이가 실제보다 한 살 더 많은 것은 바로 이 때문이다.

그녀의 조부가 태어난 것은 4월 8일, 부친도 역시 4월 8일 태어났다. 메리 픽포드 자신은 1893년에 태어났는데, 그 무렵까지 그녀의 집안에는 갓난아기는 4월 8일에 태어나는 전통이 있었던 것 같다. 그래서 어머니는 남편의 생일 축하 선물로 역시 4월 8일에 아기를 낳으려 했다. 그렇지만 정말 유감스럽게도 메리의 데뷔는 스케줄대로 되지 않았다. 실제로는 4월 9일 오전 3시에 태어났다. 좋다, 그렇다면 달력도 시계도 무시해 버리자 하여, 그녀의 탄생일이 4월 8일로 엄숙하게 발표되었다.

그 후 3분의 1세기 남짓 되는 세월이 지나는 동안, 즉 어머니가 살아 있는 동안 이 환상이 무너지지 않도록 해마다 4월 8일에 생일을 축하했다. 그러나 어머니가 세상을 떠난 뒤에는 그녀는 해마다 4월 9일에 생일을 축하했다.

메리 픽포드만큼 일생 동안 부침이 심했던 인물도 별로 없을 것이다. 빨래를 직접 자기 손으로 하고 빤 손수건을 유리창에 붙여 말린 적도 있다. 그러다가 12, 3년쯤 지나자 시간당 1천 달러, 즉 1분당 15달러씩 벌어들이게 되었다.

일도 없고 살 집도 없던 그 옛날, 어머니가 어떻게든 잔돈을 마련해서는 언제나 해시(hash), 즉 잡탕을 끓여 주었다. "필레 미뇽(원통형으로 두껍게 자른 소 허리의 필레 고기)니 캐비어니 하는 그런 점잔 빼는 것보다는 옛날에 어머니께서 끓여 주셨던 해시가 나는 더 좋아요"— 이것은 메리 픽포드 본인으로부터 직접 들은 말이다.

그런데 세계에서 가장 유명한 이 여성은 대체 어떤 생활을 하고 무엇을 낙으로 삼고 있을까?

우선 그녀는 결코 식도락가는 아니었다. 어느 날 저녁 6시경에 나는 불쑥 그녀가 있는 곳에 들러 보았다. 그러자 "오늘 아침부터 지금까지 토스트 한 조각과 차 한 잔으로 때웠어요" 하고 말했다. "배고프지 않아요?" 하고 묻자, "아뇨, 괜찮아요" 하고 대답했다.

여러 해 전의 일인데, 그녀는 업턴 싱클레어의 《정글》을 읽었다. 이 소설은 1906년에 출판되었는데, 시카고 시의 도살장의 이면을 파헤쳐 결국 전국에 걸쳐 식품 청정법이 시행되게 만든 문제작이다. 그 후 그녀는 고기를 별로 먹지 않는다. 정육점의 쇼 윈도를 쓸쩍 보기만 해도 몇 시간 동안 속이 메슥거렸다. 그래서 정육점 앞은 눈을 감고 지나간다. 어릴 적에는 새끼 양 한 마리를 기르며 굉장히 애지중지했다. 그래서 지금도 어린 양의 고기인 로스트 램이 식탁에 나오면 그 시절이 떠올라 먹고 싶은 생각이 싹 달아나 버린다. 그녀는 돼지 고기도 절대로 먹지 않고, 직접 잡은 물고기도 먹지 않는다.

메리 픽포드의 말에 따르면 마음속에 야심을 지니고 큰 뜻을 품는 것이 재난의 원인인 것 같다. 그런 것을 품고 있으면 그에 사로잡히고 쫓겨 정말로 하고 싶은 것을 할 수 없게 된다는 것이다.

산책도 좋아하고 승마도 좋아하지만, 지금은 바빠 도저히 그럴 여유가 없다. 날마다 12시간에서 16시간씩 일을 한다. 고용하고 있는 매니저들을 두 조로 나누어 쉬게 해 주고 있다. "아무리 능력이 뛰어난 매니저도 나처럼 몇 시간이든 원기왕성하게 일을 할 수는 없으니까요." 이것이 그녀의 말이다.

그녀는 시간을 헛되어 보내는 것을 몹시 싫어한다. 여행을 떠날 때에는 프랑스인을 길벗으로 데려간다. 그리고 자동차를 몰고 가면서 프랑스어 동사 변화를 공부한다.

그녀만큼 우편물이 많은 사람도 드물 것이다. 읽는 데만 날마다 10시간이 걸릴 정도로 우편물이 오기 때문에 우편 배달부가 큰 자루에 담아 메고 온다. 기부금이나 뭔가를 보내 달라는 편지도 많다. 부탁받은 대로 다 보내면 수입의 10배나 될 정도이다.

찬스를 잡는 능력에 따라 인생이 크게 변한다!

메리 픽포드는 누구나 호감을 보이는 인물이다. 겸허하고 성실하며 자신의 비범함을 은근히 자랑하는 그런 면이 전혀 없다. "내가 죽은 뒤에 묘비가 세워지든 세워지지 않든 그런 것에는 전혀 신경을 쓰지 않아요" 하고 말하고 있다.

누구나 알고 있는 대로 그녀는 영화에서 아이 역을 여러 번 맡았다. 현실의 인생에서는 한 번도 그 혜택을 누려 보지 못한 여러 가지 어린 시절의 기쁜 일들을 애오라지 스크린 속에서나마 경험해 보고 싶었기 때문이다.

나는 메리 픽포드에게 이렇게 물어 보았다. "할리우드의 스타에 못지않게 아름답고 재능도 있는 여성이 미국에 몇천 명이나 있지 않습니까?"

그러자 그녀는 이렇게 대답했다.

"그렇구말구요. 하지만 성공이라는 것은 찬스를 잘 잡느냐 잡지 못하느냐, 이것이 중요해요. 그리고 찬스는 곧 행운이에요."

그러고 보면 할리우스의 스타들은 모두 행운을 잡는 능력이 있는 인물들이라는 결론이 나온다.

메리의 부친은 본래 캐나다의 토론토 시와 뉴욕 주의 버펄로 시 사이를 오가는 호상湖上 기선의 사무장이었는데, 메리가 네 살밖에 안 되었을 때 사고로 세상을 떠났다. 철제 활차에 머리가 부딪혀 사망했다. 만약 부친이 다시 이 세상에 돌아온다면 깜짝 놀랄 것이다. 귀여운 글래디스가 세계에서 가장 유명한 여성이 되어 있기 때문이다.

Mary Pickford. 1893. 4. 9~1979. 5. 28. 캐나다 토론토에서 출생. 5세 때 첫 무대에 섰고, 16세 때 영화계에 데뷔했다. 1912년 D. L. W. 그리피스 감독의 〈뉴욕 햇〉에서 인기를 얻고, 그 후 긴 금발 머리와 귀엽성 있게 웃는 얼굴의 청순미로 미국의 연인이라 불리며 1920년대 전후에 걸쳐 최고의 인기 스타가 되었다. 1919년에는 유나이티드아티스츠 영화사 창립에 참가하고, 1920년 배우 D. 페어뱅크스와 결혼하였다(1963년 이혼). 대표작으로 무성 영화 〈소공자(Little Lord Fauntleroy)〉, 〈농장의 레베카(Rebecca of Sunny Brook Farm)〉 등이 있고, 유성 영화로 〈코케트(Coquette)〉(1929년, 아카데미 여우주연상 수상), 〈말괄량이 길들이기(The Taming of the Shrew)〉 등이 있다. 1932년 은퇴한 후 프로덕션을 설립하여 〈비 오는 날의 오후〉 등을 제작, 영화 활동을 계속하였다.

불굴의 의지는 역경도
순경順境으로 바꾸어 간다

윈스턴 처칠

맹렬한 노력으로 자신의 단점을
극복하고, 어떤 적에게도 단호히
맞선 영국의 국민적 영웅

일어날 때에는 중요한 것 같지 않은 사소한 사건이 때때로 역사의 전환점이 된다는 사실에, 나는 항상 감명을 받는다. 예를 들어 미국에서 남북 전쟁이 일어나기 4년 전인 1857년의 대불황 때, 레너드 제롬이라는 남자가 뉴욕 시의 월 스트리트에서 주식 투기로 600만 달러를 벌었다. 이 사건은 그 당시에는 레너드 제롬을 제외하고는 그 누구에게도 중요하지 않은 것처럼 보였다. 그러나 지금 그것을 돌아보면 그것이 오늘날의 역사에 엄청난 영향을 미쳤다는 것을 알 수 있다. 만약 그 사람, 즉 레너드 제롬이 월 스트리트에서 주식으로 한 재산을 모으지 않았으면 윈스턴 처칠이 태어나지 않았을지도 모르기 때문이다. 윈스턴 처칠은 월 스트리트의 투기가인 레너드 제롬의 외손자였다.

윈스턴 처칠의 미국측 조부인 레너드 제롬은 600만 달러로 《뉴욕 타임스》의 주식 일부를 사고, 미국 최초의 대경마장을 2개나 창설했다. 그리고 전 세계를 여행하고 영국의 귀족들을 대접했다. 그 결과 그의 딸인, 제니 제롬이라는 아름답고 매력적인 미국 여성이 랜돌프 처칠 경을 만나 결혼을 하게 되고, 그에 따라 1874년 11월 30일에 영국에서 가장 유명한 성 중 하나인 블레넘 성에서 윈스턴 처칠이 태어났다.

윈스턴 처칠은 미국인의 피도 이어받고 있지만, 아마도 지금 살아 있는 영국인 가운데서 가장 생기 넘치는 놀라운 인물일 것이다.

그가 어떠한 삶을 살아왔던가!

그만큼 인생을 그토록 많은 자극과 모험, 그토록 많은 삶의 재미와 즐거움으로 가득 채운 사람이 이 자전하는 지구에 또 있을까? 내가 아는 한은 없다. 그는 3분의 1세기 이상 동안 거대한 권력과 영향력을 행사했다. 1911년에 그는 문관으로서 영국 해군의 우두머리, 즉 해군 장관이 되었다. 3분의 1세기 이상 동안 그는 사람들과 여러 사건을 만들어 내고, 그 일을 하면서 떠들썩한 즐거운 시간을 가졌다.

처칠은 어릴 때부터 군인이 되고 싶어했다. 그래서 하루 종일 많은 장난감 병정들과 놀 때가 많았다. 그 후 그는 영국의 샌드허스트에 있는 유명한 육군 사관학교를 졸업했다. 그는 직업 군인으로서 몇 년 동안 영국 육군에서 근무하며 인도에서 벵골 창기병들과 함께 싸우고, 수단 사막에서 키치너 장군과 함께 싸우고, 수단 지방의 주민들과 싸웠다.

도망치지 않고 위험에 맞서며 자신의 '그릇'을 키워 간 남자

윈스턴 처칠은 1900년에 이미 그 대담함과 용기로 유명해졌다. 실은 그는 용감성과 대담함으로 유명해져 26세밖에 안 되었을 때 의원으로 선출될 정도였다.

그 경위는 다음과 같다. 옛날 1899년에 남아프리카에서 보어 전쟁이 일어나자, 그는 런던에 있는 《모닝 포스트》의 종군 기자로 그 전쟁을 보도하기 위해 그곳으로 달려갔다. 월급은 1250달러로 하루에 40달러꼴이었다. 당시로서는 고액의 급료였지만, 그는 그 정도의 돈을 받을 만한 자격이 있었다. 윈스턴 처칠이 곧 영국 역사상 가장 유명한 종군 기자가 되었기 때문이다. 그는 뉴스를 보도했을 뿐만 아니라, 포탄의 공격을 받고 있는 장갑 열차를 타고 적 지역을 돌파함으로써 뉴스를 만들어 내기도 하고, 보어인들에게 사로잡혀 투옥됨으로써 뉴스를 만들어 내기고 하고, 포로 수용소에서 극적으로 탈출함으로써 뉴스를 만들어 내기도 했다. 보어인들은 그의 탈출에 격분했다. 영국 귀족의 자식인 윈스턴 처칠이라는 가장 유명한 포로를 놓쳤기 때문이다.

거액의 현상금이 내걸렸다. 탈주한 포로 윈스턴 처칠을 잡는 사람에게는 그 생사를 불문하고 거액의 포상금을 주겠다는 것이었다. 탈출한 뒤에 그는 보어군이 철로나 다리에서 경계를 서고 있는 적 지역을 몇백 킬로미터나 통과했다. 그는 도보로 걷거나 화물 열차를 타고, 숲이나 들, 석탄 광산에서 잠을 자고, 소택지에 뛰어들어 그곳을 뚫고 지나가거나 강을 헤엄쳐 건넜다. 그가 터벅터벅 아프리카의 평원을 가로지를 때에는 굶주린 독수리들이 머리 위에서 원을 그리며 그가 기진맥진해 쓰러지길 기다렸다.

그의 탈출 이야기는 멋지고 환상적이었다. 게다가 윈스턴 처칠은 그것을 스릴 넘치는 숨막힐 듯한 것으로 포장하는 방법을 알고 있었다. 그는 런던의 《모닝 포스트》를 위해 그 이야기, 드라마와 서스펜스가 넘치는 이야기를 썼다. 그리고 이 이야기는 1900년의 신문계의 큰 화젯거리가 되고, 모든 영국인이 열광하고 흥분하며 이 이야기를 읽었다. 영국은 귀향하는 윈스턴 처칠을 국민적 영웅으로 환영했다. 그의 위업에 관한 노래가 작곡되고, 엄청난 숫자의 군중이 그가 말하는 것을 듣기 위해 모였다. 그는 행동과 위업에 고무된 일반 국민의 열정에 의해 의원으로 선출되었다.

처칠은 오래 전부터 "절대로 위험으로부터 도망치지 말라"는 말을 모토로 삼아 왔다. 1921년에 그는 미국에 가서 하룻밤에 1100달러씩 받아 가며 45회에 걸쳐 강연을 했다. 그런데 런던 경찰국이 그가 미국에서 암살당할 위험이 높다는 것을 알게 되었다. 그래서 런던 경찰국이 대영 제국의 몇몇 지역 출신의, 일단의 가증스런 자들이 런던 경찰국이 '암살 협회'라 부르는 것을 미국에서 조직했고, 또 윈스턴 처칠이 영국의 권위를 상징하고 있기 때문에 미국에서 강연하며 돌아다니다가 저격당할지도 모른다고 그에게 경고했다.

그러나 이런 경고에도 불구하고 처칠은 순회 강연을 강행했다. 서부의 어느 도시에 도착했을 때, 그는 이 도시의 '암살 협회' 멤버 몇 명이 이미 그날 밤의 강연 입장권을 구입했다는 것을 알게 되었다. 그

도시의 경찰서장이 깜짝 놀라 곧 강연을 취소하라고 명했지만, 처칠의 매니저인 루이스 J. 앨버가 취소하길 거부했다. 그러자 처칠도 이렇게 말했다.

"잘했어, 앨버. 사람은 다가오는 위험에 등을 돌리고 도망치려 해서는 안 돼. 그러면 두 배로 위험해질 거야. 하지만 꽁무니를 빼지 않고 신속히 맞서면 위험이 절반으로 줄어들 거야. 무엇이든 그것으로부터 절대로 도망쳐선 안 돼. 절대로!"

위험으로부터 도망치는 대신, 윈스턴 처칠은 때때로 위험을 향해 돌진했다. 그가 해군 장관이 되었을 때, 영국 해군에는 비행기가 5, 6대, 파일럿도 5, 6명밖에 없었다. 그것은 인간이 처음으로 하늘을 날기 시작한 지 겨우 8년밖에 안 된 1911년의 일이었다. 그러나 비행할 때마다 목숨을 걸고 죽음과 도박을 벌여야 했던 그 무렵에도, 윈스턴 처칠은 스스로 직접 조종하겠다고 고집을 부렸다. 그는 자신의 비행기를 조종하다가 여러 번 추락해 가까스로 죽음을 모면했다. 정부가 그에게 비행을 중단할 것을 강력히 권했지만, 그는 거부하며 따르지 않았다. 그는 스릴과 그 위험을 좋아했고, 비행 지식을 직접 체득하기로 결심했다. 그는 그 무렵에 이미 비행기가 앞으로의 전쟁에 대변화를 일으키리라는 것을 예견하고 있었기 때문이다. 영국 해군의 항공대가 창설된 것은 거의 오로지 윈스턴 처칠 한 사람 덕분이다.

자신의 단점을 모두 장점으로 바꾼 불굴의 의지
윈스턴 처칠의 또 다른 탁월한 자질은 불도그 같은 불굴의 의지와 결단력이었다. 그가 자신을 교육시킨 방법이 그 좋은 실례이다. 청소년 시절에 그는 대단히 공부를 못하는 학생이었다. 그는 라틴어와 그리스어, 수학, 프랑스어를 몹시 싫어했다. 그는 외국어를 공부하며 시간을 낭비하기 전에 먼저 영어를 마스터해야 한다고 굳게 믿고 있었다. 물론 그것은 옳은 말이었다. 하지만 퍼블릭스쿨에 다니던 그는 외국어와 수학을 싫어했기 때문에 학급에서 맨 밑바닥권이었다. 그리고 여기에 기묘한 사실이 있다. 수학을 몹시 싫어하는 이 소년이 나중에 재무 장관이 되어 4년 동안 대영 제국의 재정 문제를 다루었다.

그는 샌드허스트의 왕립 사관학교에 들어가려고 세 번 입학 시험을 보았지만 세 번 다 실패했다. 그는 네 번째 입학 시험을 보고 가까스로 합격했다.

그는 모두 영국의 최고 명문 학교인 해로 스쿨과 샌드허스트의 사관학교를 졸업한 뒤 어느 날 많은 대학 졸업생이 발견하는 것을 발견했다. 즉 자신이 실제로는 아무것도 모르는 것을 알게 되었다. 윈스턴 처칠은 그때 22세로 인도에 주둔하고 있는 영국 육군의 장교였다. 그 후 곧 그는 독학으로 공부하겠다는 숭고하고 고결한 결심을 했다. 그래서 영국에 있는 어머니에게 편지를 보내 여러 사람의 전기傳記와 역사, 철학, 경제학 책을 보내 달라고 부탁했다.

그 후 물집이 생길 정도로 뜨거운 무더운 오후에 동료 사관들이 자고 있는 동안, 그는 플라톤의 철학에서 기본의 《로마 제국 쇠망사》, 셰익스피어의 희곡에 이르기까지 갖가지 책을 열심히 탐독했다. 여러 해를 투자해 가며 그의 연설이나 책을 관통하고 있는, 명쾌하고 이해하기 쉬운 문장, 즉 노래를 부르며 행진하는 듯한 문장을 쓰는 법을 독학으로 익혔다. 목소리에 장애가 있는 두드러지게 형편없는 연설가였는데, 그는 그런 자신을 역사상 가장 사람들을 감동시키는 연설가 중 한 명으로 변모시켰다.

윈스턴 처칠은 하루에 14시간에서 17시간씩 일을 하고, 일 주일 내내 일을 할 때도 종종 있다. 그는 6명의 비서를 늘 바쁘게 만들면서 아주 정력적으로 원기왕성하게 일을 하고 있다. 그가 아직도 이렇게 할 수 있는 것은 일을 하는 동안 긴장을 풀고 피로해지기 전에 휴식을 취하기 때문이다. 그는 아침에 10시 반이 되어야 일어나는데, 일어나기 전에 3시간 동안 굵은 시가를 물고 상반신을 기댄 채 침대에 누워 전화를 하거나 편지를 구술하거나 신문이나 보고서, 해외 전보를 읽는다. 그 후 그는 일어나 구식 면도기로 수염을 깎는다.

그는 1시에 점심을 먹고 1시간 동안 잠을 잔 뒤에 오후 스케줄을 시작한다. 5시에 그는 다시 침대에 들어가 이번에는 30분 동안 낮잠을 잔다. 저녁 식사 뒤에는 때때로 한밤중까지 일을 계속한다.

윈스턴 처칠의 연설집이 《영국이 잠자는 동안에》라는 제목의 책으로 출간되었다. 몇 년 동안 대부분의 영국 정치가들은 전 세계를 삼켜 버릴, 다가오는 전쟁을 전혀 알아차리지 못하고 잠자고 있었지만, 처칠은 히틀러가 매우 위험한 인물이라는 것을 알아차리고 있었다. 1933년부터 1939년까지 6년 동안 그는 거의 날마다 독일이 재무장하고 있고, 히틀러가 탱크와 소총, 비행기를 만들고 있으며, 그가 영국을 폭격하고 영국 함대를 침몰시키며 세계를 정복할 계획을 세우고 있다고 외쳤다. 그는 이 모든 것을 예견하고 있었다. 만약 영국이 그의 예언적인 목소리에 귀를 기울이고 그 위협에 맞서기 위해 무장을 했다면, 제2차 세계대전은 단지 어느 미친 자의 몽상으로 끝났을지도 모른다.

Winston Leonard Spencer Churchill, 1874. 11. 30~1965. 1. 24. 아버지 랜돌프 처칠은 재무 장관을 역임할 정도로 유명한 정치인이었고, 어머니는 미국 여성이었다. 4수 끝에 샌드허스트 사관학교에 입학했다. 졸업 후 소위로 보어 전쟁에 참전했다가 포로로 잡혀서 수용소 생활을 한 적이 있다. 수용소에서 겨우 탈출한 처칠은 로마 가톨릭 신부로 변장하여 돌아다니다가 영국인의 도움으로 숨어 지낼 수 있었다. 영국 자유당 국회의원으로 활동하다가 보수당에 입당하였으며, 제2차 세계대전 발발 이듬해부터 1945년까지 영국의 총리로서 대전을 승리로 이끌었다. 전후 총선거에서 그가 이끄는 보수당이 노동당에 패해 수상의 자리를 떠났지만, 1961년에 다시 수상이 되었다. 학생 시절부터 문학에 소질을 보여 온 처칠은 1953년에는 노벨 문학상을 수상하기도 했다.

무슨 일이든 최선을 다하며
투박하지만 기개 있게 살아간다

마크 트웨인

타고난 낙천적인 유머 정신으로
병도, 부채도 정면으로 극복해
사람들에게 감동을 준 대문호

할리우드가 200만 달러를 들여 미국이 낳은 가장 비범한 인물 중 한 명의 생애를 영화화했다. 그는 당대의 가장 유명한 문학가였고, 역사상 가장 널리 읽히는 유머 작가가 되었다.

그는 12살 때까지 통나무로 지은 오두막 학교에 다녔다. 그리고 이것이 그가 받은 제도 교육의 전부였다. 그래도 옥스퍼드 대학교와 예일 대학교가 그에게 명예 박사 학위를 수여하고, 세계에서 가장 학식이 깊은 사람들이 그와 교제하려 했다. 그는 책을 써서 엄청난 돈을 벌었다. 실은 아마도 펜 하나로 이만큼 돈을 많이 번 작가는 이제까지 없었을 것이다. 그가 세상을 떠난 지 수십 년이 지났지만 책 인세나 영화 판권, 라디오 방송권으로 인해 달러가 황금빛 홍수처럼 그의 재원 속으로 쏟아져 들어가고 있다.

64

이 작가의 진짜 이름은 새뮤얼 랭그혼 클레멘스이지만, 그는 마크 트웨인으로 세계에 알려져 있다.

마크 트웨인의 전 생애는 글자 그대로 하나의 대모험이었다. 그가 살아간 시대는 미국 역사상 가장 그림같이 아름답고 화려한 시대 중 하나였다. 그는 1835년에 미시시피 강에서 멀리 떨어지지 않은, 미주리 주의 어느 조용한 작은 마을에서 태어났다. 미국 최초의 철도가 부설된 지 7년밖에 안 되고, 에이브러햄 링컨이 아직 맨발의 농장 노동자로 황소들이 끄는 나무 쟁기를 잡고 일하던 시절이었다.

마크 트웨인은 75년간 스릴 만점의 삶을 살고 1910년에 코네티컷 주에서 세상을 떠났다. 그는 23권의 책을 썼다. 그 중 일부는 이미 잊혀졌지만, 그의 책 중 2권, 즉 《허클베리 핀》과 《톰 소여의 모험》은 아마도 불후의 명작으로서 앞으로 수백 년 동안 아이들이 존재하는 한 계속 읽히며 소중하게 여겨질 것이다. 이 2권의 책은 그 자신의 경험을 바탕으로 씌어졌다. 아니, 씌어졌다기보다는 그에게서 뛰쳐나왔다.

대자연의 '열린 학교'에서 쌓은 소중한 경험

마크 트웨인은 미주리 주의 플로리다에 있는, 방이 2개밖에 없는 작은 오두막에서 태어났다. 오늘날에는 현대적인 농부는 마크 트웨인이 어릴 적에 살았던 그런 유의 오두막에서는 소나 병아리도 키우지 않을 것이다. 여덟 식구가 그 어두운 2개의 방에서 살았다. 가족은 7명이고, 여자 노예가 1명 있었다. 마크 트웨인은 첫 겨울을 넘기지 못하리라 생각될 정도로 병약한 아기였다. 점차 나이가 들자 마크 트웨인은 문제아가 되었다. 그의 어머니는 그가 다른 식구 6명을 합친 것보다 더 많은 골칫거리를 안겨 준다고 말했다. 그는 늘 못된 장난을 쳤다. 그는 학교에 다니는 것이 몹시 지겨워 종종 집에서 달아나 늘 미시시피 강으로 달려갔다. 그는 신비로운 섬들과 천천히 움직이는 뗏목들이 있고, 장엄하게 몸을 좌우로 흔들며 바다로 흘러 들어가는 광대한 미시시피 강에 매혹되었다. 그는 강가에 몇 시간이고 앉아 공상을 하곤 했다. 그는 아홉 번이나 물에 빠졌다가 가까스로 살아났다. 하지만 그는 인디언 놀이나 해적 놀이를 하거나 동굴을 탐험하거나, 거북이 알을 먹거나 뗏목을 타고 강을 내려가는 동안 귀중한 경험을 쌓아 나중에 그의 2권의 가장 유명한 책을 불후의 명작으로 만드는 여러 장면과 주인공들을 창조하게 된다.

마크 트웨인은 유머 재능을 어머니에게서 물려받았다. 그는 전에 자신은 아버지가 미소를 짓는 것을 한 번도 보지 못했다고 언명했다. 하지만 어머니에 대해 언급할 때에는 그는 이렇게 말했다.

"그분은 남성들에게서는 보기 힘들고 여성들에게서는 거의 발견되지 않는 그런 유의 재능, 즉 유머인지 전혀 모르는 듯한 표정으로 유머러스한 말을 할 수 있는 능력을 지니고 계셨습니다."

어머니에게서 물려받은 이 능력으로 인해 마크 트웨인은 역사상 가장 유머러스한 연사 중 한 명이 되었다. 그 덕분에 강연료로 한 재산을 모았다. 말이 났으니 말인데, 그의 어머니는 글자 그대로 파리를 죽이는 것도 거부하고, 심지어 쥐를 죽였다고 고양이를 혼내 줄 정도로 다정다감한 여성이었다. 그녀는 예전에 불필요한 새끼 고양이 몇 마리를 물에 익사시키지 않으면 안 되었다. 하지만 그녀는 그 새끼 고양이들이 안락하게 세상을 떠날 수 있도록 물을 따뜻하게 데워 주었다.

소년 마크 트웨인은 언제나 학교를 경멸했다. 그에게서 자유를 빼앗아 가고, 숲 속을 돌아다니고 싶고 신비로운 미시시피 강의 둑을 탐험하고 싶은 마음이 맹렬히 솟구칠 때 사방이 벽으로 에워싸인 통나무 오두막 안에 그를 가두어 놓았다.

12세가 되자, 아버지가 세상을 떠나 혐오하는 학교의 감금 상태로부터 탈출할 수 있는 기회가 주어졌다.

아버지가 영원히 돌아오지 못하리라는 것을 깨닫게 되자, 그는 그때까지의 자유분방한 생활과 아버지에 대한 반항, 아버지가 바라는 것을 할 때 하기 싫어했던 것 등을 후회하는 마음으로 가득 차게 되었다. 이 감성이 풍부한 소년은 이제 참회하고 자책하며 울었다.

그의 어머니는 그를 위로하려 애쓰며 이렇게 말했다. "지나간 일은 어쩔 수 없어. 이제는 네 아버지에겐 아무래도 상관이 없어. 그보다는 내게 약속해 주기 바란다. 이제부터는 절대로……."

"뭐든지 약속할게요" 하고 말하며 소년은 흐느껴 울었다. "학교로 돌아가게 하지만 않으면 뭐든지요."

2, 3일 뒤에 마크 트웨인은, 그의 가족이 생활비도 벌고 교육도 받으리라 생각한 어느 인쇄공의 도제가 되었다. 그가 처음 2년 동안 도제로 일하며 받은 대가는 먹여 주고 입혀 주는 것뿐이었다.

지성을 개발시켜 준 '첫사랑의 연인' ― 잔다르크

2년 뒤에 그는 인쇄공이 되었다. 마크 트웨인이 어느 날 오후에 미주리 주 한니발의 거리를 걷다가 바람에 불려 보도를 따라 날아가고 있는 종이 한 장을 집어 들었다. 그것은 어느 책에서 찢겨 나간 것이었다.

사소한 것이었지만 이 작은 사건은 아마도 마크 트웨인의 인생의 다른 어떤 개별 행동보다 그의 생애에 큰 영향을 미쳤을 것이다. 그 길 잃은 종잇조각은 잔다르크의 전기에서 찢겨 나간 것이었기 때문이다. 그 페이지에는 그녀가 사로잡혀 루앙의 요새에서 유폐되는 장면이 그려져 있었다. 이 모든 부당한 처사에 이 어린 14세 소년은 분개하고 흥분했다. 잔다르크가 누구인지 그는 몰랐다. 그는 그녀에 대해 들어 본 적도 없었다. 하지만 그때부터 그는 그녀에 대해 씌어진 것은 닥치는 대로 무엇이든 다 탐독했다. 그녀의 삶의 이야기에 대한 그의 흥미가 그의 인생의 절반 이상 동안 이글거리며 불타올랐다.

46년 뒤에 그는 《잔다르크에 대한 개인적 회상》이라는 제목의, 그녀에 대한 책을 썼다. 비평가들은 이 책은 결코 그의 최고의 작품이 아니라고 느꼈지만, 그는 이것이 자신의 최고 걸작이라고 생각했다. 그는 이 책이 자신의 이름으로 출판되면 사람들이 유머 책으로 간주하리라는 것을 알고 있었다. 그래서 그는 이 책을 진지하게 받아들여 주길 간절히 바란 나머지 자신의 저서라는 것을 밝히지도 않았다.

작가 앨버트 비겔로 페인은 4권에 이르는 마크 트웨인의 전기에서 이렇게 말하고 있다. "마크 트웨인은 우연히 잔다르크에 대해 씌어진 페이지를 발견하자 역사에 관심을 갖게 되었고, 그의 지적인 삶의 가장 큰 특징으로 이 세상에서의 마지막 날까지 그에게서 사라지지 않았던 열정으로 불타오르게 되었다. 바람에 휠휠 날아가는 그 책의 낱장을 손에 넣은 순간, 지적으로 선택받은 사람으로서의 그의 앞날이 확립되었다."

그러나 마크 트웨인은 사업 능력은 캔자스 주의 산토끼만도 못했다. 그는 현실과 너무나 동떨어진 사업 계획에 아주 쉽게 빠져 들었다. 예컨대 그는 어느 책을 읽고 한때 아마존 강 상류의 찌는 듯한 정글에서 코코아를 사 모아 팔면 큰돈을 벌 수 있을 것이라는 생각에 사로잡혔다. 그는 코코아에 대해 아는 것이 하나도 없고, 남아메리카까지 오랫동안 여행하는 데 필요한 돈도 없었으며, 설사 용케 아마존 강의 상류에 도착한다 하더라도 원주민들과 대화를 나눌 수 없었을 것이고, 아마도 열병에 걸려 죽었을 것이다. 그러나 거짓말처럼 들리겠지만 그가 어느 날 거리에서 바람에 날아다니는 50달러짜리 지폐를 발견했다. 그는 이 50달러짜리 지폐를 집어 들고 아마존 강을 향해 출발했다. 하지만 그는 신시내티까지 간 뒤에 돈이 떨어져 여행을 포기하지 않으면 안 되었다.

최고의 인생의 동반자

훗날 그는 책의 인세와 강연료로 엄청난 돈을 벌었지만 언제나 돈을 투자하려 했다. 자, 몇 가지 구체적인 예를 들어 보자. 그는 특허를 받은 증기식 발전기에 투자했지만 그것이 전기를 발생시키지 못했다. 또 시계 회사에 투자했지만 첫 배당금을 받기도 전에 문을 닫고 말았다. 증기식 도르래에도 투자했지만 그것이 잘 작동되지 않았다. 출판사를 시작했지만 16만 달러의 빚을 지고 문을 닫았다. 그는 활자를 짤 것으로 기대되는 기계에도 거액의 돈을 투자했다. 하지만 그 기계가 해낸 일은 마크 트웨인이 약 20만 달러를 손해보게 한 것뿐이었다. 그 후 어느 날 마크 트웨인은 알렉산더 그레이엄 벨이라는 청년 발명가를 만났다. 벨은 마크 트웨인을 설득해 전화라 불리는 최신식 발명품에 투자하게 하려 했다. 이 벨은 실제로 자기 집에 앉아서 그의 발명품으로 다섯 블록 떨어진 곳에 있는 사람과 선을 통해 이야기를 나눌 수 있다고 주장했다. 마크 트웨인은 그냥 웃어넘겼다. "나는 바보일지 모르지만 백치는 아냐. 다섯 블록 떨어져 있는 곳에 있는 사람과 선을 통해 이야기를 나눌 수 있다고? 말도 안 돼!"

만약 마크 트웨인이 그때 500달러어치의 전화 회사 주식을 샀으면, 그것이 오늘날에는 수천만 달러의 가치를 지니게 되었을 것이다. 하지만 그는 전화 회사의 주식에 500달러를 투자하는 대신 그것을 친구에게 빌려 주었고, 그 친구는 사흘 뒤에 파산해 버렸다.

58세가 되는 1893년에 마크 트웨인은 문득 깨닫고 보니 거액의 부채에 짓눌려 옴짝달싹하지 못하는 신세가 되어 있었다. 국가는 경제 불황의 영향으로 위기에 처해 있었고, 마크 트웨인 자신은 병에 시달리고 있었다. 그는 파산이라는 수단을 사용하면 부채에서 벗어날 수 있었을 것이다. 하지만 그는 그렇게 하지 않았다. 그 대신 빚진 것을 1센트도 남기지 않고 모두 갚기로 결심했다. 그는 어떻게 빚을 갚았을까? 그는 글을 쓰고 세계 각지를 돌아다니며 강연을 해 빚을 갚았다. 병든데다가 강연하는 것도 싫어했지만, 그는 5년 동안 빚을 갚기 위해 강연 여행을 하며 돌아다녔다. 이 여행은 엄청난 성공을 거두었다. 그의 강연을 듣기 위해 몰려드는 군중을 수용할 수 있는 큰 홀을 발견하기가 거의 불가능할 정도였다. 돈을 다 갚았을 때, 마크 트웨인은 이렇게 썼다.

"나는 다시 마음이 무척 평화로워졌다. 무거운 짐을 벗어던진 듯하다. 일하는 것이 즐거워졌다. 이제는 더 이상 노동이 아니다."

그러나 마크 트웨인은 사업이 아닌 사랑에서는 비교할 수도 없이 훨씬 더 운이 좋았다. 이윽고 결혼하게 되는 여성을 만나기 전에 먼저 그녀의 초상을 보고 한눈에 반해 버렸다. 그것은 그가 배를 타고 성지 팔레스타인으로 여행을 떠났을 때의 일이었다(이 여행의 결과물로 《시골뜨기들의 해외 여행기》가 출간되었다).

그 운명의 날, 마크 트웨인은 젊은 친구인 찰스 랭던의 선실을 찾아갔다가 그곳에서 랭던의 여동생인 아름다운 올리비아 랭던의 초상을 보았다. 그는 대번에 그녀가 자신이 결혼하고 싶어하는 여성이라는 것을 알게 되었다. 그래서 선상 여행이 계속되는 동안 몇 번이고 젊은 랭던의 선실을 다시 찾아가 세밀 초상화를 경건히 바라보았다. 그리고 그때마다 자기 여자라는 확신이 깊어져만 갔다.

두세 달 뒤에 마크 트웨인은 뉴욕의 어느 만찬회에서 올리비아 랭던을 만났다. 그는 만년에 이렇게 썼다. "처음 만난 날부터 지금까지 그녀는 내 마음에서 떠난 적이 없다." 마크 트웨인은 곧 뉴욕 주의 엘

미라에 있는 그녀 아버지 집을 방문해 달라는 초대를 받았다.

이윽고 집으로 돌아갈 시간이 되었을 때, 그는 떠나고 싶지 않았다. 그는 랭던 가의 마부에게 손을 써서 마차의 좌석이 뒤집혀 그가 땅바닥에 내동댕이쳐지도록 그 좌석을 조정해 놓게 했다. 그러고는 출발 준비를 하고 악수를 하고 스프링 왜건에 오른 다음 손을 흔들며 작별 인사를 했다. 마부가 채찍을 울리자 말들이 앞으로 돌진했다. 그 순간 뒷좌석이 뒤집히더니 눈 깜짝할 사이에 마크 트웨인이 땅바닥에 내동댕이쳐졌다. 그는 두 눈을 감고 있었다. 마치 반쯤 죽은 것 같았다. 물론 큰 소동이 벌어졌다. 가족들이 그를 안아 올려 집 안으로 옮긴 다음 침대에 눕혔다. 그리고 지루하게 2주일 간이나 침대에 누워 지냈다. 실은 탈이 난 곳은 한 군데도 없었다. 그는 어릴 적에 미주리 주의 한니발에서 살 때 이 마차에서 떨어지는 요령을 배웠던 것이다.

하지만 그는 침대에 누운 채 연인의 간호와 시중, 애무를 받았다. 그녀는 그를 '사랑하는 유스(Youth)'라고 부르고, 그는 그녀를 '사랑하는 리비(Livy)'라고 불렀다. 그리고 34년 뒤에 그녀가 세상을 떠날 때까지 그들은 언제나 '사랑하는 리비', '사랑하는 유스'였다. 그녀는 그에게서 받은 러브 레터들을 상자 속에 넣고 자물쇠를 채운 상태로 보관하고 있었다. 그리고 해마다 휴가를 떠날 때에는 그녀는 안전하게 보관하기 위해 그것을 은행으로 보냈다.

마크 트웨인의 아내는 그의 모든 원고를 읽고 교정을 보았다. 그녀가 잠들기 전에 읽을 수 있도록, 그는 밤중에 그날 쓴 원고를 가져다가 그녀의 침대맡에 있는 작은 탁자 위에 놓아 두었다. 그녀는 남편의 원고에서 악담이나 욕설을 모두 삭제하고, 모든 것이 다 더할 나위 없이 적절하도록 손을 보았다. 그녀가 그의 작품에서 어떤 것을 바꾸든, 그는 아무 이의도 제기하지 않고 그것을 받아들였다.

그는 원고를 잃어버리거나 어디에 두고 잊어버리지 않을까 몹시 두려워했다. 그래서 하녀에게 책상 위의 먼지를 털지 못하게 했다. 그는 바닥에 분필로 선을 긋고 하녀가 그 선을 넘어오는 것을 금지시키곤 했다.

마크 트웨인은 70세가 되자 이제는 하고 싶은 대로 해도 될 나이가 되었다는 결론을 내렸다. 그래서 그는 흰 양복 14벌과 흰 넥타이 100개를 주문하고 죽을 때까지 머리끝에서 발끝까지 모조리 흰색으로만 치장했다. 그는 예복까지 흰색으로 만든 것만 입었다.

마크 트웨인이 태어난 1835년에는 밤하늘에서 유명한 핼리 혜성을 볼 수 있었다. 그 혜성은 76년마다 돌아오는데, 그것이 다시 나타날 때까지 사는 것이 그의 목표였다. 그는 이 목표를 달성했다. 핼리 혜성이 1910년 그가 세상을 떠나는 날 밤에 다시 하늘에서 빛나고 있었다. 그의 마지막 소망은 딸 수지가 그가 무척 좋아하는 옛 스코틀랜드 민요를 불러 주는 것이었다.

그러나 불행히도 이 소망은 이루어지지 못했다. 딸 수지가 먼저 세상을 떠났기 때문이다. 마크 트웨인은 수지의 묘비에 다음과 같은 4행의 시구를 새기게 했는데, 그것은 그를 사랑하는 미국 국민이 그 자신의 묘비에 새기게 했을지도 모를 시구였다.

따뜻한 여름의 빛이여, 다정하게 이 묘를 비추라.

따뜻한 남쪽 바람이여, 부드럽게 이 묘에 불어라.

묘 위에 덮여 있는 푸른 잔디여, 가볍게, 가볍게 자라거라!

안녕, 사랑스런 내 아가, 안녕, 안녕.

Mark Twain, 1835. 11. 30~1910. 4. 21. 《톰소여의 모험》을 쓴 미국 소설가. 미주리 주에서 가난한 개척민의 아들로 태어났다. 사회 풍자가로서 남북 전쟁 후의 사회 상황을 풍자한 《도금 시대》와 에드워드 6세 시대를 배경으로 한 《왕자와 거지》 등을 썼다. 또 미국의 제국주의적 침략을 비판하고 반제국주의, 반전 활동에 열성적으로 참여했다.

인생의 고난을 두 배의
노력으로 극복한다

잭 뎀프시

돈 때문에 어머니가 다른 사람 앞에서
굴욕의 눈물을 흘리자, 분발해
세계 헤비급 챔피언이 된 남자

나는 전에 이따금 일을 하는 대가로 1초에
2천 달러 이상 — 237초 동안 1초에 2천 달러 이상, 혹은 4분도 채 일
을 안 하고 총 50만 달러 — 을 버는 사나이와 저녁 식사를 함께 한 적
이 있다. 그의 이름은 잭 뎀프시였다. 잭 뎀프시는 단순한 한 개인이
아니다. 그는 미국의 전설이다.

내가 그와 식사를 한 곳은 뉴욕 시 브루클린 구의 맨해턴 비치에 있
는 미합중국 연안 경비대의 훈련 본부였다. 당시 뎀프시는 연안 경비
대의 해군 소령으로 수천 명에게 복싱과 레슬링, 유술柔術의 기술을
가르치고 있었다.

제2차 세계대전 초기에 뎀프시가 연안 경비대에서 이런 임무를 맡
고 있다는 기사가 미국 중서부의 어느 신문에 실리자 곧 그의 높은 인

기가 증명되었다. 토요일 오후에 그 지방의 징병 사무소가 문을 닫고 나서 그 신문이 배포되었는데, 그 신문 기사로 인해 다음날 아침, 즉 일요일 아침에 집에서 쉬고 있는 신문사 편집장에게 250명의 이상의 청장년이 문이 닫혀 있는 징병 사무소로 몰려들고 있다는 전화가 걸려 올 정도로 큰 소동이 벌어졌다. 편집장이 곧 당국에 전화를 걸어, 잭 뎀프시의 지도 아래 훈련을 받을 수 있는 연안 경비대에 입대하기를 원하는 이 청장년들의 응모를 받아들이기 위해 징병 사무소가 문을 열었다.

꿈이 이루어진 뒤에 겪은 고통과 절망의 역설

잭 뎀프시는 그의 인생에서 가장 괴롭고 절망적이었던 시절은 제스 월러드를 격파하고 세계 헤비급 챔피언이 된 직후였다고 내게 털어놓았다. 그는 그때 비로소 다른 수많은 사람이 발견한 것, 즉 성공했을 때보다 목표를 향해 나아갈 때 더 즐거운 경우가 많다는 것을 알게 되었다.

챔피언이 된 그날, 갑자기 그의 삶 전체가 바뀌어 버렸다. 그는 아주 눈 깜짝할 사이에 준비가 안 된 낯선 세계로 빠져들게 되었다. 신문 기자나 카메라맨, 사인을 받으려는 사람, 세일즈맨, 돈을 빌리고 싶어하는 옛 친구 등이 늘 따라다니며 괴롭혔다. 그에게 신문이나 잡지에 원고를 써 달라거나 무대에 서 달라거나, 강연을 해 달라거나 특허를 받은 약을 선전하는 데 이름을 빌려 달라거나, 자선 사업을 위해 돈을 모금하는 것을 도와 달라는 등의 의뢰가 몰려들었다. 할리우드로부터 이야기가 있어 영화 계약도 맺었다. 미국과 영국 두 나라의 상류층의 초대를 받아 대접도 받았다. 그를 초대한 교양이 있는 사람들은 그가 이해할 수 없는 말을 사용하거나 당황스럽기만 한 질문을 던져 그를 난처하게 만들었다.

잭 뎀프시는 내게 이야기를 하면서 이렇게 말했다. "나는 어릴 적에 늘 노새를 타고 시골 학교에 다녔어요. 또 공부에 거의 흥미가 없어 별로 교육을 받지 못했죠. 그래서 그런 교양 있는 사람들이 어떤 것에 대해 말하고 있는지 알 수가 없었어요."

잭 뎀프시가 마음 편히 식사도 할 수 없을 정도로 사람들이 따라다녔다. 그가 호텔 방으로 식사를 올려 보내 달라고 해도 1명이 아니라 6명의 웨이터가 식사를 가져오고, 그러고는 모두 옆에 서서 그가 식사를 하는 것을 지켜 보았다.

영국에 도착했을 때에는 메리 왕비가 버밍엄 궁전에 와서 자신을 알현하라는 명을 내렸다. 하지만 잭 뎀프시는 몹시 거북해 몸이 아파 갈 수 없다고 답변했다. 그는 아마도 역사를 통틀어 유일하게 버밍엄 궁전으로의 출두 명령을 거부한 사람일 것이다. 실제로도 그는 몸 상태가 좋지 않았다. 어찌해야 좋을지 몰라 당황스럽기도 하고 속도 타고 책임감도 느끼고 혼란스럽기도 해 몸이 불편했다.

잭 뎀프시는 1919년 7월 4일 제스 윌러드에게서 헤비급 챔피언 벨트를 빼앗았다. 그는 승리한 뒤에 벌어진 축하연으로 녹초가 되어 그날 밤 늦게 잠자리에 들었다. 그리고 끔찍한 악몽을 꾸었다. 윌러드에게 패하는 꿈이었다. 그 꿈이 아주 생생하고 너무나 현실적이어서 그는 벌떡 일어나 옷을 입고 새벽 3시에 신문을 사기 위해 아래층으로 달려 내려갔다. 잭은 이렇게 말했다. "어느 신문팔이 소년에게 누가 이겼느냐고 물었죠."

그러자 그 소년이 "뎀프시가 이겼어요. 그런데 저어, 혹시 뎀프시 씨 아니세요?" 하고 대답했다.

잭은 당혹스런 표정으로 빙긋 웃으며 뎀프시임을 시인했다.

그러자 "그렇다면 누가 이겼는지 확실히 아시겠군요" 하고 그 소년이 말했다.

하지만 그 신문팔이 소년은 일의 진상을 알게 되었으면 깜짝 놀랐을 것이다. 잭 뎀프시는 악몽으로 혼동되어 자신이 정말로 세계 챔피언이 되었는지 확신할 필요가 있어 온 것이었기 때문이다.

'헝그리 정신'만 있으면 무엇이든 이겨 낼 수 있다

뎀프시는 가난한 것이 그토록 부끄럽지 않았으면 자신은 결코 프로 권투 선수가 되지 않았을 것이라고 내게 말했다. 그의 아버지는 태평스러운 사람으로 피들(바이올린류의 현악기)을 연주하길 좋아하고, 모험이나 무지개 끝에 있는 금 항아리를 기대하며 늘 여기저기 떠돌아 다녔다.

어느 날 그가 가족, 즉 아내와 11명의 자식을 포장 마차에 태우고, 또 자신의 피들을 실은 다음 콜로라도의 산지를 가로지르기 시작했다. 해발 1천 피트 이상 되는 높은 골짜기에 이르자 공기가 희박해지고 말들이 기진맥진해 그 중 한 마리가 사망했다. 잭의 어머니도 세상을 떠날 위험성이 있었다. 그녀는 여러 차례 실신을 하고 격렬한 고통에 시달렸다. 그녀의 남편은 그 고도가 높은 곳에서 낮은 곳으로 그녀를 곧 옮겨야 한다는 것을 알고 있었다. 그는 철도 승차권을 산 뒤 그녀를 덴버에 있는 그녀의 여동생 집으로 보냈다. 그녀는 열차 차장이 무료로 태워 주리라 생각하고 잭을 데리고 열차에 올라탔다. 하지만 잭은 당시 8세였기 때문에 차장이 잭의 어머니가 반값을 내지 않으면 열차에서 내리게 하겠다고 선언했다. 뎀프시 부인은 자신은 몹시 아프고 돈도 없다며 애원했다. 그러나 차장은 거절했다. 돈이 없으면 타지 말라는 것이었다. 당황한 어머니가 울기 시작했다.

통로 건너편에 앉아 있던 한 카우보이가 잭을 부르고는 낮은 목소리로 말했다.

"애야, 어머니께 걱정하지 마시라고 말씀 드리거라. 여차직하면 내가 요금을 내줄 테니까"

뎀프시는 내게 이야기하면서 이렇게 말했다. "나는 가난한 게 무척 부끄러웠어요. 나는 크면 절대로 다른 사람들이 나를 모욕하지 못하게 하고, 또 내게 기차에서 내리라고 명령하지 못하게 하겠다고 굳게 결심했습니다. 나는 모든 사람이 보는 앞에서 어머니를 울게 만든 것이 굉장히 부끄웠습니다. 나는 바로 그때 그곳에서 위대한 프로 권투선수가 되어 돈을 벌고, 언젠가 그 카우보이처럼 부자가 되겠다고 결심했습니다."

잭 뎀프시는 또한 자신이 기르고 있는 개와 같은 투지 넘치는 권투선수가 되겠다고 결심하기도 했다. 잭에게는 덴버라 불리는 얼룩진

불독이 있었다. 그 불독은 절대로 수세를 취하며 싸우지 않았다. 다른 개가 자신의 가죽을 잡아 찢고 있는 사실에도 주의를 기울이지 않았다. 잭은 이렇게 말했다.

"그 녀석은 공격적인 파이터였어요. 그리고 나는 언제나 그 녀석을 닮으려고 노력했지요. 나는 입 있는 데를 강타당한 적도 있고, 눈이 찢어진 적도 있고, 갈비뼈가 부러진 적도 있습니다. 하지만 진짜로 아팠던 것은 딱 한 번, 존 레스터 존슨에게 맞아 갈비뼈 세 대가 부러졌을 때뿐입니다. 그 외에는 아무리 맞아도 아프지 않아 전혀 신경쓰지 않았습니다. 나는 링에 올라가면 계속 마음속으로 이렇게 되뇌입니다. '아무도 나를 막지 못할 거야. 아무도 나를 진짜로 아프게 할 수 없어. 나는 무슨 일이 있어도 계속 상대방에게 펀치를 날릴 거야.'"

자신을 하나의 기계로 만드는 놀라운 집중력

뎀프시는 '초원의 들소' 루이스 피르포와 관련된 몇 가지 놀라운 사실도 내게 말해 주었다.

아마도 미국의 스포츠 역사상 이토록 흥분을 불러일으키는, 손에 땀을 쥐게 하는 스릴 만점의 시합은 없었을 것이다. 꽉 들어찬 대군중이 미친 듯이 펄펄 뛰며 고함을 질렀다. 7만 명에 이르는 사람이 이 권투 시합을 보기 위해 100만 달러 이상을 지불했지만, 이 관중은 237초로 압축된 시합만 보았을 뿐이다. 1라운드에만 7번의 녹다운이 있었다. 링사이드의 스포츠 기자들조차 어느 쪽이 몇 번 녹다운당했는지 의견이 일치하지 않았다.

뎀프시는 그 유명한 시합에서 무슨 일이 일어났는지 전혀 모른다고 내게 말했다. 그는 자신이 피르포를 여러 번 녹다운시킨 것을 기억하지 못했다. 심지어는 자신이 얻어맞고 로프 사이로 해서 링 바깥으로 튕겨 나간 것도, 링 바깥에 굴러 떨어질 때 타이프라이터 한 대를 박살내고, 관중 틈에 있던 스포츠 기자 2명도 거의 결딴낸 것도 기억하지 못했다.

그 시합은 2라운드에 끝났다. 그러나 뎀프시는 탈의실로 돌아왔을 때에도 여전히 시합이 2라운드로 끝났는지, 10라운드로 끝났는지, 20라운드로 끝났는지 알지 못했다고 한다.

이것이 그가 237초 동안 1초당 2천 달러 이상을 받고 싸운 바로 그 시합이었다.

위대한 운동 선수들은 모두 다음과 같은 두 가지 자질을 놀랄 정도로 발전시킨다. 즉 집중하는 능력과 거의 자동적으로 움직이는 능력이다. 뎀프시는 권투 시합을 할 때에는 관중들의 고함 소리가 전혀 들리지 않을 정도로 시합에 열심히 집중했고, 또 때때로 자신이 무엇을 하고 있는지 모를 정도로 빠르게 자동적으로 반응했다고 말하고 있다. "멈추어 서서 앞으로 무엇을 할 것인지 생각해야 한다면, 그때는 너무 늦어요."

그는 계속해서 이렇게 말했다. "나는 시합 중에 무슨 일이 일어났는지 알기 위해 늘 신문을 읽었어요. 어떤 사람을 녹다운시켰을 경우, 이따금 내가 그에게 어떤 펀치를 날렸는지 모를 때가 있었어요. 실은 나는 때때로 심판이 녹아웃을 선언하는 소리를 들을 때까지 상대방을 쓰러뜨린 것을 모르는 일조차 있었어요. 그리고 나 자신이 녹아웃 되었을 경우에도 어떻게 해서 그런 일이 일어났는지 모를 때가 많았 어요."

잭 뎀프시는 12세밖에 안 되었을 때부터 권투 시합에 뛰어들 준비 를 하기 시작했다. 그는 오래된 버려진 닭장을 손질하여 체육관을 만 들었다. 텀블링을 할 수 있도록 바닥에 낡은 메트리스를 깔고, 모래와 톱밥을 넣어 샌드백을 만들었다. 그는 턱에 강한 펀치를 맞아도 다치 지 않도록 턱의 근육을 강화시키기 위해 언제나 송진 껌을 씹었다.

1910년 7월 4일에 짐 제프리스와 잭 존슨이 세계 헤비급 챔피언 벨 트를 놓고 시합을 벌일 예정이라고 발표되었을 때, 잭 뎀프시는 15세 밖에 되지 않았다. 그러나 그는 속으로 이렇게 중얼거렸다. "언젠가 내가 그 시합에서 이기는 사람을 때려눕힐 거야."

그는 분필을 가져와 손수 만든 샌드백 한쪽에 짐 제프리스의 그림 을 그렸다. 그리고 다른 한쪽에는 흑인 권투 선수인 잭 존슨의 그림을 그렸다. 며칠 동안 그는 그 두 사람을 주먹으로 쳤다. 잭 존슨이 시합 에서 이기자, 뎀프시는 샌드백 양쪽에 잭슨의 그림을 그려 놓고 후려 쳤다.

그날로부터 정확하게 9년이 지난 뒤에, 당시 닭장에서 손수 만든 샌드백을 치고 있던 어린 소년이 잭 존슨을 녹아웃시킨 남자를 케이 오시키고 세계 헤비급 챔피언이 되었다.

잭 뎀프시는 1919년 7월 4일에 헤비급 챔피언 벨트를 손에 넣었다. 그의 아버지는 당시 유타 주의 솔트레이크시티에 살고 있었는데, 그 지역의 한 신문이 그에게 신문사로 와서 따끈한 속보로 시합의 소식을 들어 보라고 권유했다. 대군중이 속보를 듣기 위해 신문사 밖에 모였다. 이때 군중이 뎀프시의 아버지에게 한마디 해 달라고 요청했다. 그는 발코니에 모습을 나타내고는 자기 아들은 아마도 4라운드 이상을 버텨 내지 못할 것이고, 제스 윌러드는 잭에게 너무 벅찬 상대라서 이길 가망성이 없다고 군중에게 말했다.

잭이 이겼다는 소식이 순식간에 전신으로 전해지자, 잭의 아버지는 발코니로 달려 나가 군중에게 소리쳤다. "내 아들이 이길 거라고 말했죠! 그 애가 이길 것이라고 말했잖아요!"

잭 뎀프시는 시합에 대비해 훈련을 할 때 하루에 여러 번 기도를 했다. 시합 개시를 알리는 벨 소리가 울리기 직전에도 언제나 기도를 했다. 그것이 그가 확신과 용기를 갖고 시합을 하는 데 도움이 되었다.

"나는 평생 한 번도 기도하지 않고 잠자리에 들거나 식사를 한 적이 없어요" 하고 그는 말했다. "나는 내 기도가 수천 번이나 응답을 받은 것을 알고 있습니다. 기도를 하고 뭔가 좋은 일이 벌어지지 않은 적이 없다는 것도 알고 있어요."

Jack Dempsey. 1895. 6. 24~1983. 5. 31. 콜로라도 주 메너사 출생. 광부의 아들로 태어나 매니저 잭 칸스에게 발탁되어 1914년 프로 권투 선수 생활을 시작했다. 1919년 7월 4일, 오하이오 주 톨레도에서 J. 윌러드를 3라운드에서 KO로 물리치고 세계 헤비급 챔피언이 되었다. 그때부터 1926년 9월 23일 필라델피아에서 G. 터니에게 판정으로 패할 때까지 100만 달러 경기의 주역으로서 세계적인 인기를 모았다. 그의 전적은 84전 62승 51 KO 7패 8무승부 6무판정 등의 정규 기록 이외에도 무수한 시범 경기를 벌였다. 하룻밤 동안에 3명이나 KO시킨 적도 있어 '메너사의 살인자' 또는 '주먹의 영웅'이라 불렸다.

스스로 무거운 짐을 지면
사람들이 따라오게 마련이다!

시어도어 루스벨트

위험이나 고난에 과감히 맞선다
— 가슴을 저격당했어도 연설을 멈추지 않은,
'테디'라는 애칭으로 불렸던 남자

1919년 1월에 내가 결코 잊지 못할 사건이 벌어졌다. 나는 그 무렵에 뉴욕 주의 롱아일랜드 섬의 캠프 업턴에 주둔해 있는 군대에 배치되어 있었다. 어느 날 오후에 분견대 규모의 병사들이 언덕 위로 행군해 올라가 소총을 하늘을 향해 들어올리고는 일제 사격을 했다. 예포였다. 루스벨트가 사망했던 것이다! 권력을 행사하며 이 나라에 큰 영향력을 미친 미국의 역대 대통령 가운데서 가장 사람들의 시선을 집중시키는 화려한 존재였던 시어도어 루스벨트가! 그가 60세라는 비교적 젊은 나이에 세상을 떠났다.

테디 루스벨트는 거의 모든 점에서 비범한 인물이었다. 예컨대 그는 안경을 쓰지 않으면 3미터 정도 떨어져 있는 가장 친한 친구도 알아보지 못할 정도로 지독한 근시였지만, 라이플총 사격의 명인이 되어 아프리카에서 돌진해 오는 사자들을 쏘아 넘어뜨렸다. 그는 역사상 가장 유명한 맹수 사냥꾼이었지만, 낚시는 일절 하지 않고 새도 쏘지 않았다.

어릴 때에는 그는 얼굴도 창백하고 병약한데다가 천식으로 몹시 고생했다. 그래서 그는 건강을 위해 서부로 가서 카우보이가 되고 밤에는 옥외의 별빛 아래에서 잠을 잤다. 그 결과 당시 유명한 수영 선수였던 마이크 도노번과 권투를 할 정도로 체격이 아주 늠름하게 발달되었다. 그는 남아메리카의 황야를 탐험하거나, 알프스의 연봉인 융프라우나 마터호른 같은 산을 오르거나, 쿠바 전쟁에서 지휘관으로서 부하들을 이끌고 빗발치듯 날아오는 총탄도 아랑곳하지 않고 산후안 언덕을 향해 맹렬히 돌격을 감행했다.

루스벨트는 어릴 적에 겁이 많고 소심하며 다치지 않을까 두려워했다고 자서전에서 말하고 있다. 하지만 그는 팔목이나 팔, 코, 갈비뼈, 어깨가 부러져도 모험을 멈추지 않았다. 그는 다코타 주에서 카우보이로 일할 때 말 위에서 내동댕이쳐져 뼈가 부러졌지만 안장에 다시 올라간 뒤 계속 가축을 모아들였다.

그는 무서워하지 못하는 일들을 해냄으로써, 즉 무척 두렵지만 용감한 체함으로써 용기를 길렀다고 말하고 있다. 그는 마침내 포효하는 사자나 불을 뿜는 대포를 두려워하지 않을 정도로 용감해졌다.

1912년의 대통령 선거에서 공화당을 탈당한 뒤 진보당을 결성하고 그 당의 후보로 선거 운동을 하고 있을 때, 루스벨트는 연설을 하러 가는 도중에 반미치광이에게 저격을 당했지만 자신이 총탄에 맞은 사실을 누구도 모르게 했다. 그는 계속 공회당으로 가서 연설하기 시작했다. 그리고 출혈 다과로 거의 쓰러질 때까지 연설을 계속했다. 그러고 나서 그는 병원으로 달려갔다.

백악관에 있을 때, 그는 베개 옆에 장전된 회전식 연발 권총을 두고 잤다. 그리고 산책하러 나갈 때마다 소형 권총을 소지했다.

호걸이라는 말로 부족한 '큰 그릇'의 소유자

대통령일 때, 그는 어느 장교와 권투 시합을 했다. 그 군인이 그의 왼쪽 눈을 정면으로 강타해 혈관이 터지는 바람에 시력에 영구히 손상을 입게 되었다. 루스벨트는 그 젊은이가 자신이 무슨 짓을 했는지 알게 하고 싶지 않았다. 그래서 그 장교가 다시 권투 시합을 할 것을 요청하자, 대통령은 이젠 안 되겠다, 권투 시합을 하기에는 너무 늙은 것 같다고 말했다. 몇 년 뒤에 그는 그 눈의 시력을 완전히 잃었다. 하지만 그는 그 포병 대위가 무슨 일이 일어났는지 모르게 했다.

그는 롱아일랜드 섬의 오이스터 만에 있는 광대한 부지의 저택에 머무를 때에는 그곳에서 사용되는 장작을 모두 직접 패고, 농장 노동자들과 함께 들판에서 건초를 베어 내고는 정원사에게 자신이 다른 노동자들에게 지불하는 것과 같은 금액의 임금을 달라고 졸라 댔다.

그는 담배도 피우지 않고, 욕도 하지 않았다. 또 드물게 취침 전에 밀크쉐이크에 타서 마시는 한 스푼의 브랜디가 거의 유일하게 마시는 술이었다. 그는 시중드는 하인이 이에 대해 말해 줄 때까지는 밀크쉐이크에 브랜디가 들어 있는지도 몰랐다. 하지만 그는 마침내 중상

모략을 중단시키기 위해 명예 훼손 소송을 제기하지 않으면 안 될 정도로 종종 술고래로 소문이 났다.

그는 백악관에 있을 때 바빴지만 짬을 내어 몇백 권의 책을 읽었다. 그는 오전 시간 전체가 일인당 5분으로 제한해 면회하는 스케줄로 꽉차 있는 경우가 많았다. 하지만 그는 늘 옆에 책을 놓아 두고 방문객이 들어오고 나가는 사이에 비게 되는 몇 초 동안의 시간조차 허비하지 않고 독서에 이용했다. 여행을 갈 때에는 대개 셰익스피어나 로버트 번스(영국의 시인)의 포켓판 책을 가져갔다. 전에 다코다 주에서 가축을 몰고 있을 때, 그는 깜박이는 모닥불 옆에 앉아 어느 카우보이에게 〈햄릿〉 전편을 큰소리로 읽어 주었다. 브라질의 정글을 여행할 때에는 저녁때마다 기본의 《로마 제국 쇠망사》를 읽었다. 그는 음악을 사랑했지만 음치로 노래 한 곡도 제대로 못 불렀다. 혼자 일을 할 때에는 종종 찬송가인 〈내 주를 가까이하려 함은〉을 부르려고 애썼다. 전에 어느 서부 도시의 거리를 말을 타고 지나갈 때, 그는 환성을 지르며 갈채를 보내는 군중에게 모자에 가볍게 손을 대고 인사를 하면서 줄곧 마음속으로 〈내 주를 가까이하려 함은〉을 불렀다.

그는 많은 취미가 있었다. 언젠가 백악관에 있을 때, 그는 워싱턴 시의 어느 유명한 신문 기자에게 즉시 대통령 관저로 와 달라고 전화를 했다. 그 요청에 흥분한 이 신문 기자는 자신이 어떤 국정에 대한 독점 인터뷰를 하게 될 것이라고 생각했다. 그래서 그는 신문사에 즉시 서둘러 호외를 발행할 준비를 하라는 내용의 전신을 보냈다.

그 기자가 백악관에 도착하자, 루스벨트는 정치에 대해서는 한 마디도 언급하지 않고, 그 대신 그를 백악관 안뜰에 있는, 공동空洞이 있는 고목 쪽으로 데리고 나가 자신이 발견한 젊은 올빼미들의 둥지를 보여 주었다.

언젠가 기차로 여행하며 서부의 대평원을 지나갈 때, 그가 전용 객차에서 몇 명의 고관과 이야기를 나누고 있었다. 그런데 갑자기 철로 곁에 있는 옥수수밭에 한 농부가 모자를 벗은 채 서 있는 것이 보였다. 루스벨트는 그 사람이 미국 대통령에게 경의를 표하고 있는 것을 알았다. 그래서 그 자리에서 벌떡 일어난 뒤 맨 뒤에 있는 객차 승강구로 달려가 맹렬히 모자를 흔들었다. 그는 주목을 끌기 위한 정치적인 행위로 그렇게 한 것이 아니었다. 그는 마음속 깊이 국민을 사랑하기 때문에 그렇게 했던 것이다.

생애 마지막 해에 그의 건강이 나빠지기 시작했다. 예순 살밖에 되지 않았는데, 그는 여러 번 자신이 늙어 가고 있다고 말했다. 그는 어느 나이 든 친구에게 이런 편지를 썼다. "자네나 나는 함정의 범위 안에 있네. 어느 순간에 어둠 속으로 굴러 떨어질지 몰라."

1919년 1월 6일, 그는 잠을 자다가 평화롭게 세상을 떠났다. 그가 한 마지막 말은 이런 것이었다. "불 좀 꺼 주게."

Theodoer Roosevelt, 1858. 10. 27~1919. 1. 6. 17세기 중엽부터 뉴욕에 자리잡은 네덜란드계의 오랜 가문에서 태어났다. 가계에 영국인, 웨일스인, 스코틀랜드인, 아일랜드인, 프랑스인, 독일인, 네덜란드인의 피가 흐르는 전형적인 합중국인이었다. 윌리엄 매킨리 대통령이 임기 중 암살되어 대통령 자리를 물려받았다. 역사상 가장 젊은 나이에 제26대 대통령이 된 루스벨트는 취임 당시의 나이가 42세였다. 미국 최초의 국립공원을 세우고, 러일 전쟁을 종식시킨 공로로 미국인 최초이자 미국 대통령 최초의 노벨상인 노벨 평화상을 탔다. 일반적인 미국인이 위인으로 느끼는 인물은 우선 첫째로 그라는 설도 있다. 개인으로서도 가장 고결한 인물이었다.

부나 명예보다
'자부심'으로 살아간다

마리 퀴리

고학 끝에 과학사에 길이 남을 위대한
발견을 한데다가, 약속받은 거대한 부를
학문의 이상을 위해 포기한 위대한 여성

아마도 그 이름이 천 년 동안 기억될 극소
수의 여성 중 한 명인 퀴리 부인은, 수줍음을 타는 내성적인 폴란드
소녀였지만 위대한 과학자들이 불가능하다고 생각했던 것을 발견했
다. 그녀는 과학계에 알려진 다른 원소들과 크게 다른 새로운 원소,
즉 끊임없이 에너지를 방사하는 원소를 발견했다. 그녀는 이 원소에
라듐이라는 이름을 붙였다.

라듐은 우리가 암을 상대로 벌이는 싸움에서 가장 크게 공헌하고
있다. 헤아릴 수 없이 많은 암 환자가 라듐 덕분에 완치되거나, 그들
의 끔찍한 고통이 경감되었다. 또한 그들의 목숨이 몇 년씩 연장되는
경우도 많다.

미래의 퀴리 부인은 파리 대학교에서 물리학과 수학을 공부할 때

실제로 굶주려 실신할 정도로 형편이 어려웠다. 만일 그녀가 52년 뒤에 한 영화 회사가 100만 달러 이상을 투자해 자신의 생애를 영화화하리라는 것을 알 수 있었다면 그 당시 깜짝 놀라지 않았을까! 또 만약 그녀가 자신이 과학상의 업적으로 유일하게 노벨상을 두 번 수상하는 사람이 되리라는 것을 예측할 수 있었어도 깜짝 놀라지 않았을까? 첫 번째 노벨상은 1903년에 물리학 분야에서 세운 탁월한 업적으로 수상하고, 두 번째 노벨상은 1911년에 화학 분야에서 거둔 뛰어난 성과로 수상했다.

자신도, 상대도 발전해 가는 '최상의 파트너'

그러나 퀴리 부인은 젊은 시절에 고국 폴란드에서 어느 부잣집에서 가정 교사로 일할 때 그 오만한 가족에게 모욕당하지 않았으면, 아마도 결코 과학자도 되지 못하고, 또 라듐도 발견하지 못했을 것이다.

그 경위는 다음과 같다.

미래의 퀴리 부인은 19세의 아가씨일 때 폴란드의 어느 부유한 집에 가정 교사로 고용되어 10살짜리 딸을 돌보고 보살피며 공부를 도와 주었다. 대학에 다니던 그 부잣집의 장남이 크리스마스 휴일을 맞아 집으로 돌아오자 새 가정 교사와 춤을 추거나 스케이트를 탔다. 그는 그녀의 아름다운 몸가짐에 매혹되고 그녀의 넘치는 재치와 시심詩心에 기뻐했다. 그가 그녀에게 반해 프로포즈했지만, 그의 어머니가 이 소식을 듣자 까무러치듯 놀라며 야단법석을 떨었다. 그의 아버지는 노발대발하며 마구 호통을 쳤다.

"뭐야! 내 아들놈이 돈 한 푼 없는 여자에게 프로포즈를 했다구! 사회적 신분이 없는 여자, 다른 사람 집에 고용된 여자에게!"

미래의 퀴리 부인은 따귀를 때리는 듯한 수치스러운 말에 아연실색했다. 너무 놀란 나머지 그녀는 결혼 생각 따윈 모두 단념해 버리고 파리에 가서 공부하고 과학에 일생을 바치기로 결심했다.

1891년에 이 젊은 폴란드 여성(당시 이름은 마냐 스클로도프스카였다)은 파리 대학교의 과학 과정에 등록했다. 그녀는 몹시 수줍음을 타고 내성적이라서 친구를 사귀지 못했고, 또 학문에 무척 열중해서 친구를 사귈 시간도 없었다. 그녀는 공부하지 않는 시간은 모두 헛되이 낭비된다고 생각했다. 그 후 4년 동안 가정 교사로 일할 때 저축해 놓은 얼마 안 되는 돈과, 폴란드에서 수학 교사로 일하는 아버지가 가끔 보내 주는 약간의 루블화로 생계를 꾸려 갔다.

그녀는 60센트를 갖고 하루를 살아가지 않으면 안 되었다. 그 돈으로 방세와 식비, 옷값, 연료비, 대학교 수업료를 해결해야 했다. 그녀의 방은 창문이 하나밖에 없고, 게다가 그 창문도 지붕에 낸 천창天窓이었다. 가스도 없고, 전등도 없었으며, 그보다 천 배는 더 형편이 나쁜 것은 난방을 하지 못하는 것이었다. 그녀는 겨울 내내 석탄 두 부대밖에 살 여유가 없었다.

그녀는 이 귀중한 약간의 석탄을 절약하기 위해 겨울 밤에 난로에 불을 피우지 않고 부들부들 어깨를 떨면서 언 손가락으로 수학 문제를 풀 때가 많았다. 그러고는 잠들기 전에 몸을 따뜻하게 유지하기 위해 트렁크를 열고 수건이나 베갯잇, 시트, 외출용 드레스 등을 꺼낸 뒤 이 모든 것으로 침대 위를 덮었다. 때로는 아무튼 의자조차 떨리는 몸에 조금이라도 온기를 더해 주길 필사적으로 바라면서, 그녀는 손을 뻗쳐 의자를 잡고는 그것을 침대 위로 끌어당기기도 했다.

그녀는 조리할 식품이 거의 없었을 뿐만 아니라, 갖고 있는 약간의 식품조차 그것을 조리하는 것이 귀중한 공부 시간을 빼앗아 가는 것처럼 느껴지기도 했다. 그녀는 자신의 육신으로 하여금 몇 주일 동안 줄곧 약간의 빵과 묽은 홍차로만 견뎌 내며 살아가게 했다. 그래서 종종 어지러워 비틀거리다가 침대에 쓰러져 의식을 잃어버렸다. 의식이 돌아오면 그녀는 이렇게 자문하곤 했다. "어째서 기절한 거지?" 그녀는 서서히 진행되어 가는 아사 상태가 이 질환의 원인이라는 것을 인정하고 싶지 않았다. 한 번은 대학의 교실에서 실신했다. 그리고 의식을 되찾자, 그녀는 의사에게 며칠 동안 두세 개의 버찌와 한 다발의 무만 먹으며 지냈다고 시인했다.

그러나 파리의 다락방에 살던 이 학생을 너무 가엾게 여기지 말도록 하자. 이 학생은 10년 뒤에는 세계에서 가장 유명한 여성이 되도록 운명지어져 있었다. 그녀는 굶주림에 흔들리지 않고, 또 추워도 마음속에서 타오르고 있는 불길이 식지 않을 정도로 지식욕에 사로잡힌 채 공부에 열중하고 있었다.

파리에 오고 나서 3년이 지난 뒤에 마냐 스클로도프스카는 그녀가 유일하게 행복을 느낄 수 있는 그런 유의 남자, 즉 그녀처럼 과학을 위해 완전히 헌신하는 남자와 결혼했다. 그의 이름은 피에르 퀴리였다. 그는 35세밖에 안 되었지만 프랑스에서 가장 유명한 과학자 중 한 사람이었다.

두 사람이 결혼했을 때 그들의 세속적인 재산은 딱 자전거 두 대뿐이었다. 그래서 그들은 자전거를 타고 프랑스 전역을 돌아다니며 신혼 휴가를 보냈다. 점심은 빵과 치즈, 과일로 때웠다. 밤에는 부드러운 촛불이 색바랜 벽지에 기묘한 그림자를 드리우는 마을의 여인숙에서 묵었다.

3년 뒤에 퀴리 부인은 박사 학위를 준비하고 있었다. 철학 박사 학위를 받기 위해 그녀는 독창적인 과학 연구를 하고 그에 대한 보고서를 써야 했다. 그래서 최근에 발견된 불가해한 문제, 즉 어째서 우라늄이라 불리는 금속이 방사선을 방출하는가 하는 불가해한 문제를 풀려는 쪽으로 연구의 방향을 돌리기로 결심했다.

그것은 위대한 과학적 모험, 화학상의 흥미진진한 미스터리들로의 항해의 시작이었다.

퀴리 부인은 이상한 방사선을 방출하는지 알아내기 위해 알려진 모든 화학 물질을 테스트하고, 또 수백 종에 이르는 금속도 시험했다. 마침내 그녀는 이 강력한 방사선은 어떤 미지의 원소에 의해 공간으로 방사된다는 결론에 이르렀다.

마침내 퀴리 부인의 남편인 피에르 퀴리가 그녀가 이 미지의 새 원소를 찾는 것을 돕기 위해 자신의 실험을 중단했다.

'영광의 날'이 반드시 인생 최고의 시점은 아니다
몇 개월 동안 실험을 한 뒤에 퀴리 부인과 그녀의 남편이 과학계에

폭탄을 던졌다. 그들은 그 방사선이 우라늄의 그것보다 200만 배나 더 강력한 금속을 발견했다고 믿고 있다고 발표했다. 이 금속의 방사선은 나무나 돌, 강철, 구리 등을 꿰뚫을 수 있었다. 두꺼운 납판을 제외하고는 아무것도 그 방사선을 막을 수 없는 기적의 금속이었다. 그들이 정말로 이런 발견을 했다면, 과학자들이 여러 세기 동안 믿어 왔던 모든 기초 이론이 뒤집힐 터였다.

그들은 이 기적의 물질에 라듐이라는 이름을 붙였다.

하지만 이것과 조금이라도 비슷한 물질이 있었으면 또 모르는데, 이런 것이 그때까지 전혀 알려져 있지 않았다. 그것은 다른 어떤 금속과도 깜짝 놀랄 만큼 달라 분별 있는 과학자들도 이런 금속이 존재할 수도 있는지 의심할 정도였다. 그들은 증거를 요구했다. "우리가 보고 테스트하고 원자량을 측정할 수 있도록 순수한 라듐을 우리에게 보여 달라" 하고 그들은 말했다.

그래서 퀴리 부인과 그녀의 남편은 그 후 4년 동안(1898~1902년) 라듐의 존재를 증명하기 위해 노력을 계속했다. 4년간의 고심 끝에 라듐 10분의 1그램을 생산해 냈다. 작은 완두콩 반쪽보다 크지 않은 양이었다.

그들은 어떻게 이것을 생산해 냈을까? 광석 8톤을 졸이고 정제함으로써 이것을 생산해 냈다. 그들의 실험실은 전에 의대생들이 해부실로 사용했던, 버려진 낡은 헛간이었다. 그곳은 이제는 더 이상 그런 일을 하는 데도 적합하지 않다고 생각되던 곳이었다. 마루도 없고, 지붕에서는 비가 샜다. 낡은 난로가 하나 있었지만 그것으로는 너무나 불충분했다. 겨울에는 그곳은 한데나 마찬가지로 추웠다. 녹아내리는 광석과 화학 약품에서 뿜어져 나오는 매운 연기가 퀴리 부인의 눈을 찌르고 목이 메게 했다. 4년 동안 퀴리 부부는 이 초라한 헛간에서 실험을 계속했다. 남편이 마침내 자신감을 잃고 좀더 형편이 좋아질 때까지 탐구 작업을 포기하고 싶어했지만, 퀴리 부인은 중단하길 거부했다. 그래서 그들은 끝까지 실험을 계속해 마침내 실제로 라듐 10분의 1그램을 생산해 냈다.

이 발견의 결과, 퀴리 부인은 세계에서 가장 유명하고 저명한 여성이 되었다. 그런데 이 영광과 영예로 가득 찬 나날이 그녀의 생애에서 가장 행복한 시대였을까? "아, 아니에요" 하고 그녀는 말했다. 그녀는 자신의 생애에서 가장 행복했던 시대는 바닥이 더러운 그 초라한 낡은 헛간에서 실험을 하면서 가난에 시달리던 시절, 추위로 종종 몸을 떨고 피로해 쓰러지기도 했던 시절, 그러나 혼신을 다해 자신이 사랑하는 일에 몰두했던 그 시절이었다고 단언했다.

거대한 부를 앞에 두고 선택한 다른 길

1902년에 퀴리 부부는 자신들이 부유해지길 바라는지, 아니면 욕심을 버리고 과학 연구의 이상에 충실하길 바라는지를 결정하지 않으면 안 되었다. 그때에는 이미 라듐이 암을 치료하는 데 헤아릴 수 없을 만큼 귀중한 물질이라는 것이 알려져 있었다. 라듐에 대한 수요가 점차 늘어나고 있었고, 퀴리 부부를 제외하고는 이 세상에 그 제조법을 알고 있는 사람이 없었다. 그들은 라듐을 추출하기 위해 자신들이 고안 해 낸 기술의 특허를 얻어 세계 도처에서 생산되는 모든 라듐에 대한 로열티를 받을 수 있었을 것이다.

라듐이 돈벌이를 위해 생산될 것이기 때문에, 퀴리 부부가 영리 본위의 제조업자들로부터 로열티를 받아도 그들을 비난할 사람이 거의 없었을 것이다. 이런 로열티는 그들과 그들의 자식들에게 경제적 안정을 의미했을 것이다. 그들은 힘든 일을 하지 않아도 되고, 더 깊은 탐구를 위한 훌륭한 연구소도 지을 수 있었을 것이다. 그러나 퀴리 부인은 자신이 발견한 것을 대가로 동전 한 닢도 받기를 거부했다. 이런 사실을 알게 되면 인간성에 대한 믿음이 일신되며 깊어져 간다. 그녀는 이렇게 말했다.

"그런 일을 어떻게 할 수 있겠어요? 그렇게 한다면 과학 정신에 어긋나는 일이 될 거예요. 게다가 라듐은 질병을 치료하는 데 사용될 거예요. 그것을 이용할 수는 없어요."

그래서 그녀는 기독교의 무사무욕의 정신으로 부와 상대적인 빈곤, 안락한 생활과 봉사의 생활 사이에서 자신의 길을 선택했다.

Marie Curie. 1867. 11. 7~1934. 7. 4. 폴란드 바르샤바 출신의 방사능 분야의 선구자이자 노벨상 수상자. 가난한 교육자의 딸로 태어났다. 파리(소르본) 대학교에서 물리학과 수학 학위를 취득한 그녀는 같은 과학자인 피에르 퀴리와 결혼, 두 딸을 둔 어머니가 되었다. 퀴리라는 성은 결혼 후 남편의 성을 딴 것이다. 1906년 남편의 사별(교통사고)로 과부가 된 그녀는 남편의 뒤를 이어 파리 대학교 라듐 연구소 퀴리 실험실장이 되고, 또 동 대학교 최초의 여성 교수가 되었다. 방사능 단위 '퀴리'는 그 이름을 딴 것이다. 두 딸 이렌과 이브는 어른이 된 후 각각 과학자와 작가가 되었다.

이런 '꿈'이라면 누구라도
한몫 끼고 싶어진다

로웰 J. 토머스

성공인의 조건을 모두 갖추고 400만 명에게
강연한 모험가이자 '아라비아의
로렌스'를 유명하게 만든 언론인

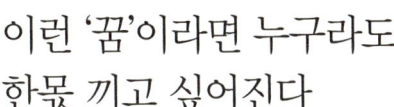

1916년 어느 봄날 내게 전화가 걸려 왔는데, 프린스턴 대학교에서 화술을 연구하며 가르치고 있다는 한 남자가 약속을 하고 만나고 싶다고 말했다. 그는 알래스카에 대한, 슬라이드를 곁들인 강연을 할 예정이었는데, 그 준비나 강연하는 것을 도와줄 사람을 구하고 있었다. 나는 다음날 그를 만났을 때 아주 깊은 인상을 받았다.

그 젊은이는 남의 마음을 끌어당기는 인품, 다른 사람들에게 전염되는 열정, 놀랄 정도의 에너지, 무한한 대망大望 등 성공에 필요한 거의 모든 것을 지니고 있었기 때문이다. 나는 그때 언젠가 그가 부유해지고 유명해질 것이라고 예언했다.

나의 예언은 틀리는 경우가 매우 많지만 이번만은 맞았다. 그 사람은 거의 미국의 명물이 되었다. 그의 재산에 대해 말하면 그의 소득은 물론 비밀이지만 《타임 매거진》이 언젠가 그가 1년에 약 20만 달러를 벌어들인다고 추정했다.

그의 이름은 로웰 잭슨 토머스이다. 하지만 그의 아내나 친한 친구들은 '토미'라고 부른다. 토미는 1930년 이래 매주 5일 동안 한 번도 쉬지 않고 미국의 동반부東半部에서 라디오로 뉴스를 방송하고 있다. 스폰서가 있는 일일 네트워크 프로그램으로는 사상 최고의 기록이다. 또한 그는 1934년 이래 폭스 무비톤 뉴스 영화를 통해 매주 전국에 뉴스를 공급하고 있기도 하다.

그렇게 오랫동안 방송 생활을 하면서 로웰 토머스는 "안녕, 내일 또 만나요"라는 말을 수천 번도 더 하고, 글로 옮긴다면 백 권의 책에 가까울 수백만 개의 단어를 입에 담았다.

내가 처음 로웰 토머스를 만났을 때, 그는 프린스턴에서 임시 교수로 일하면서 부업으로 하룻밤에 2달러나 3달러씩 받고 강연장에서 알래스카 여행담을 들려 주며 돌아다니고 있었다. 나는 그가 그 무명 시절부터 사다리 꼭대기까지 기어 올라가는 것을 줄곧 지켜 보았다. 하지만 그는 지금도 여전히 내가 그를 처음 알게 되었을 때와 똑같이 겸손하고 성실하며 소박하고 이해심이 많다. 그 동안 나는 무슨 일로든 로웰 토머스를 비판하는 목소리를 들어 본 적이 없다. 설사 이 세상에 그의 적이 한 명쯤 있다 하더라도, 나는 그가 누군지 모른다.

로웰 토머스의 일생은 그의 어머니와 아버지의 영향을 깊이 받고 있다. 양친 모두 교사였지만, 그의 아버지는 결국 가르치는 것을 포기하고 의사가 되었다. 말이 났으니 말인데, 그의 아버지는 70대인데도 지금도 여전히 뉴저지 주의 애스베리 파크에서 개업의로 일하고 있고, 최근까지 해군의 거대한 프로젝트를 위해 내과 및 외과의 문제들을 다루었다.

토미는 소년 시절에 마르코 폴로나 마젤란, 유명한 개척자 다니엘 분(미국 서부 발전의 기초를 닦음), 로빈슨 크루소 등의 여행기나 모험담을 읽고 상상력에 자극을 받았다. 그때 그는 언젠가 자신도 저 멀리 떨어져 있는 지구 끝까지 여행을 하고 그 모험담을 책으로 펴내기로 결심했다. 로웰 토머스만큼 꿈속의 성城을 엄연한 현실의 것으로 바꾸는 데 성공한 사람은 거의 없다.

그는 몇 년 동안 유럽과 아시아, 알래스카, 오스트레일리아 등지를 돌아다녔다. 영국의 황태자와 함께 인도도 여행하고, 미국인으로서는 처음으로 공식적으로 초청받고 들어가 아프가니스탄의 황량한 국토를 사진기에 담기도 했다. 인도 정청과 버마(현재의 미얀마) 정부, 말레이 연합주가 그에게 특별 열차와 하천용 배를 제공하고 일단의 코끼리까지 그가 지휘할 수 있게 해 주었다. 그래서 그는 진기한 경관이나 풍습을 보고 사진도 찍을 수 있었다.

그는 바로 그 책이름만 보아도 모험심이 느껴지는 40권 이상의 책을 썼다. 예컨대 《아라비아에서 로렌스와 함께》, 《카이버 고개를 넘어》(카이버 고개는 옛날에 알렉산드로스 대왕도 넘은, 파키스탄과 아프간 국경에 있는 고개), 《모험의 행렬》, 《이들은 결코 죽지 않으리》 등의 책이 그것이다.

일개 아르바이트 학생이 타인의 돈으로 세계를 향해 날아가다

소년 시절에도 로웰 토머스는 여행하는 것뿐만 아니라 여행에 대해 강연하는 것까지 꿈꾸었다. 그는 이 목표를 달성하기 위해서는 교육을 받아야 한다는 것을 알고 있었다. 그래서 그는 대규모로 학교 교육을 받았다. 그는 4개의 교육 기관, 즉 인디애나 주의 발파라이소 대학교와 덴버 대학교, 시카코의 켄트 법과 대학, 프린스턴 대학교 등에서 4개의 학사 학위를 받았다. 하지만 그에게는 본래 4개의 대학교는 커녕 1개의 대학교도 다닐 돈이 없었다. 그래서 그는 여름 방학 동안 콜로라도 주의 유트 인디언 특별 보호 구역에서 가축을 몰거나 목초인 자주개자리를 쌓아 올렸다. 그는 또 콜로라도 주의 크리플 크리크에서 금광부金鑛夫로 일하기도 했다. 그 후에는 덴버나 시카코에서 신문사의 수습 기자로도 일했다.

그는 겨울이 되면 레스토랑에서 난로를 돌보거나 웨이터나 즉석 요리 요리사 노릇을 해 식비를 충당하고 방세를 냈다. 자신을 가르치는 교수 중 한 명을 위해 젖소를 기르며 젖을 짜기도 했다. 또한 그는 부동산을 팔기도 했다. 약간 학생들을 가르치기도 하고, 곁들여 강연도 했다.

이윽고 1915년에 제1차 세계대전으로 유럽 관광 여행이 전면 중단되었다. 로웰 토머스는 그에 착안해 한 가지 아이디어를 생각해 냈다. 미국 각지의 명승지에 대한, 슬라이드를 곁들인 강연을 준비해 보는 것이 어떨까? 그것은 좋은 아이디어였지만 기차삯이나 호텔비, 사진대로 쓸 현금이 필요했다. 로웰 토머스는 돈은 없었지만 그를 미국 최고의 세일즈맨 중 한 사람으로 만든, 다른 사람들에게 전염되는 열정이 있었다. 그는 철도 회사와 기선 회사를 설득해 비용 일체를 부담하며 서부 전역은 물론, 멀리 알래스카까지 호화 여행을 시켜 주게 했다. 나도 알래스카에 대한 토미의 강연을 들었는데, 아주 구변이 뛰어나고 재미있으며 사진들도 최상급이었다.

윌슨 대통령 내각의 내무장관인 프랭클린 K. 레인도 그 강연을 듣고 곧 매료되었다. 1917년에 마침내 미국이 독일에 선전포고를 하자, 레인은 로웰 토머스를 해외로 보내 전선의 사진을 찍은 뒤 사진이 많은 일련의 제작물을 갖고 돌아와 전 국민의 전의戰意를 드높이게 하는 것이 어떻겠느냐고 윌슨 대통령을 설득했다. 그 임무를 맡는 데는 단 한 가지 어려움밖에 없었다. 하지만 그것은 중대한 것이었다. 그 일은 봉급도 없고, 필요한 경비도 주지 않았다.

로웰 토머스는 해외 각지를 돌아다니며 제1차 세계대전의 전선 사진을 찍는 데 필요한 자금을 확보하기 위해 시카고의 18명의 백만장자를 설득해 10만 달러를 빌렸다. 18개월 뒤에 그는 프랑스와 벨기에, 이탈리아, 발칸 반도에서 벌어진 전투뿐만 아니라, 알렌비 장군이 팔레스타인에서 전개한 그림 같은 일련의 군사 행동, 즉 터키군을 예루살렘과 예리코, 베들레헴, 나사렛에서 일소하고 터키가 전쟁에서 손을 떼게 만든 대회전大會戰도 찍은 컬러 사진과 영화를 갖고 미국으로 돌아왔다. 게다가 훨씬 더 세상을 놀래 준 것은, 그가 제1차 세계대전이 낳은, 더없이 그림처럼 멋있고 낭만적인 인물, 즉 '아라비아의 로렌스'의 이야기를 갖고 돌아왔다는 것이었다. '아라비아의 로렌스'는 아라비아 사막의 족장族長들을 게릴라군으로 조직해 터키의 철도와 병참선을 다이너마이트로 폭파한, 젊고 수줍음이 많으며 과묵한 고고학자였다.

1분도 헛되이 보내는 않는 방법

로웰 토머스의 슬라이드를 곁들인 강연은 뉴욕의 가장 큰 극장에서 몇 달 동안 계속되었다. 그 후 그는 런던으로 초청되어 미국인으로서 영국인에게 그들 자신이 근동에서 전개한 일련의 놀라운 군사 행동에 대해 이야기해 주었다.

그때 내게 사업상 로웰 토머스와 함께 일하게 되는 명예가 주어졌다. 그래서 나는 런던의 군중이 그의 강연을 듣기 위해 입장권을 사려고 몇 시간 동안 줄지어 서 있는 것을 보았다. 몇 달이고 계속 밤마다 이런 일이 벌어졌다. 그는 코벤트 가든 오페라 하우스에서 강연했다. 청중의 좌석 수요가 너무 많아, 토미가 강연을 계속할 수 있도록 런던의 그랜드 오페라 시즌의 개막이 한 달 동안 연기되었다. 그 후 로열 앨버트 홀(영국에서 가장 큰 콘서트 홀)로 옮겨 가 날마다 1만 5천 명에서 2만 명의 청중을 상대로 강연을 했다. 영국 국민은 로웰 토머스가 '아라비아의 로렌스'의 스릴 넘치는 이야기를 들려 주기 전까지는 그에 대해 들어 본 적도 없었다.

토미는 10년 동안 세계 각지를 돌아다니면서 이 슬라이드를 곁들인 강연을 했다. 그는 영어를 사용하는 지구상의 모든 나라에서 4천 회 이상 강연회를 열고 얼굴을 맞댄 채 400만 명의 청중에게 이야기를 들려 주었다.

그 후 1930년에 로웰 토머스는 생애에서 가장 큰 행운을 거머쥐었다. '리터러니 다이제스트사'가 제공하는 라디오 뉴스를 날마다 방송할 수 있는 기회였다. 그는 이것을 시발점으로 그 세계에서 급속도로 두각을 나타내게 되었다. 토미는 매주 10회 방송을 하고, 일 주일에 이틀은 밤새 자지 않고 폭스 무비톤 뉴스 영화 일을 했다. 그는 또한 엄청난 양의 우편물에 답장을 보내고 철마다 한두 권의 책을 펴냈다.

그는 과연 어떻게 하여 이런 모든 일을 해낼 수 있었을까? 그 해답은 그가 자신의 주변에 유능한 조직을 구축했다는 것이다. 게다가 토미는 1분도 헛되이 보내지 않는 방법을 알고 있었다.

언젠가 한번 나는 그가 런던에서 오스트레일리아로 떠날 때 함께 있었는데, 그는 배가 있는 곳으로 달려가는 택시 안에서 비서에게 편지를 구술했을 뿐만 아니라, 부두에 내려서도 답장 너머로 편지를 구술했다. 그는 건널판자가 끌어올려지기 2분 전까지도 여전히 편지를 구술하고 있었다.

로웰 토머스는 나이트 클럽이나 파티, 사교 같은 것에는 조금도 관심이 없다. 그의 취미는 승마와 소프트볼, 스키이다. 그에게는 스키는 취미가 아니다. 그는 스키광이다. 겨울 동안에는 때때로 일 주일 동안 스키를 타기 위해 8천 킬로미터나 여행한다.

로웰 토머스는 덴버 대학교에서 만난 매우 아름답고 매력적인 여성인 프랜시스 라이언과 결혼했다. 두 사람 사이에는 아들이 한 명 있는데, 이 로웰 토머스 2세도 이미 세계 여행가이자 탐험가이다. 그도 또한 아버지를 능가하는 스키 전문가이다.

인간 관계라는 예술의 달인

로웰 토머스가 어느 날 저녁에 마이크 앞에 앉아 방송을 하고 있는데, 문득 정신을 차리고 보니 뉴스 방송 원고가 5쪽이나 부족했다. 그것은 그의 방송 분량이 약 5분 정도 부족하다는 것을 의미했다. 그래서 스튜디오 뮤지션에 의해 그 시간이 메워져야 했다. 이 엄청난 방송 사고의 원인은 비서의 부주의였다. 그러나 로웰 토머스는 그녀를 질책하지 않았다. 그녀가 사과하기 시작하자, 그는 그 일은 그만 잊어버리라고 말했다. 그는 그녀의 평균 타율은 우수하고 그 외의 것은 전혀 중요하지 않다고 안심시켜 주었다. 토미는 목소리를 높이거나 화를 내지 않는다. 그는 인간 관계라는 예술의 전문가이다.

여러 해 전에 그가 보스턴에서 슬라이드를 곁들인 일련의 강연을 하고 있었는데, 어느 날 강연회가 끝나고 그가 연단에서 내려올 때 일단의 성난 채권자가 와락 덤벼들었다. 그 시절에는 그는 파산해 돈 한 푼 없는데다가 도저히 곧 갚을 수 없는, 마감이 박두한 부채에 직면해 있었다. 그가 한 재산 모은 것은 사실이었다. 그는 20대 때 1년에 100만 달러의 총수익을 올렸다. 그렇지만 일련의 불운한 실패로 재산을 잃기도 했다.

이 채권자들과 그들의 변호사들이 그의 카메라와 필름, 영사기라도 확보하려고 마음먹고 있었다. 토머스는 찾아 주어 영광인 손님인 양 그들을 맞이하고는 분장실에서 차를 대접하고 그들의 주장에 동의하고 나서, 성실하고 정중하게 그들에게 빚을 곧 갚을 수 있는 길은 자신이 하고 있는 일을 계속하는 것뿐이라고 지적했다. 채권자들은 속이 타 화를 내며 달려왔지만, 자신들이 로웰 토머스의 가까운 친구가 된 듯한 느낌을 받으며 돌아갔다.

그러나 이 이야기의 진짜 핵심은 여기에 있다. 그것은 그가 나중에 그들에게 빚진 것을 1센트도 남기지 않고 모두 다 갚았다는 것이다! 토미는 바로 그런 인물이다.

Lowell Jackson Thomas, 1892. 4. 6~1981. 8. 29. 미국의 라디오 해설가, 언론인, 작가, 탐험가. 오하이오 주 우딩턴에서 출생. 20대 때 유럽과 중동에서 종군 기자로 일하며 T. E. 로렌스에 대한 독점 보도와 《아라비아에서 로렌스와 함께》(1924)라는 저서로 그를 유명하게 만드는 데 일조했다. 1930년부터 CBS에서 걸출한 라디오 방송인으로 일했다. 그의 〈라디오 저녁 뉴스〉는 거의 두 세대 동안 미국의 평판 높은 프로그램이었다. 초기에는 텔레비전에도 출연했다. 일평생에 걸친 세계 여행을 바탕으로 수많은 강연도 하고 다수의 저서도 남겼다.

이렇게까지 해야 비로소
사람들을 감동시킬 수 있다

보브 호프

'웃음'을 전장에 보내기 위해
적도를 세 번 이상 돈
'미스터 엔터테인먼트'

내가 알기로 12만 8천 킬로미터를 여행하며 다른 사람들을 웃긴 사람은 빙 크로즈비의 이웃인 보브 호프가 유일하다. 12만 8천 킬로미터는 적도赤道를 세 번 이상 도는 거리인데, 보브 호프는 해외에 파병된 미국의 장병들에게 웃음을 전달하기 위해 이렇게 먼 거리를 비행했던 것이다.

그는 알제리의 수도 알제에서 적의 폭격을 받았다. 이탈리아에서는 폭격당하고 있는 공항과 임시 탄약 집적소 사이에서 꼼짝달싹 못했다. 그리고 그는 트럭이나 탱크, 지프를 타고 위아래로 흔들리면서 미국의 장병들이 고향을 그리는 곳은 어디든지 찾아가 농담을 던지고 기관총 같은 유머를 퍼부어 댔다.

영국의 어느 곳에서는 호프는 다음과 같은 사실을 알게 되었다. 즉 장병 600명이 그의 야외 쇼를 구경하기 위해 황야를 16킬로미터나 가로질러 왔지만, 더 이상 갈 수 없게 되자 실망을 하고 되돌아갔다는 것이었다. 그래서 호프는 마지막 박수 소리가 잦아들기를 기다리지 않고 단원을 모두 지프에 태우고 덜컹덜컹 흔들리며 그 장병들을 찾아 달려갔다. 그리고 비가 억수로 퍼붓는 가운데 바로 황야의 그곳에서 그들을 위해 공연을 그대로 다 되풀이했다.

작은 계기를 자신의 것으로 만듦으로써 '인생의 오르막길'이 시작된다

미국의 무대인으로서 보브 호프의 기록에 미칠 수 있는 사람은 아무도 없다. 그는 전쟁의 필수품으로서 유머를 전선에 급송한 최초의 예능인이었다. 또한 그는 유럽 각지의 극장뿐만 아니라 미국의 모든 훈련소, 심지어는 알래스카의 훈련소에서도 공연을 했다.

저 알래스카에서는 사이먼 B. 버크너 중장이 작전 사령부를 책임지고 있었는데, 어느 날 그가 매우 이상한 전보를 받았다. 그 전보에는 이렇게 씌어 있었다.

"우리는 노래하고 춤추고 이야기를 합니다. 턱시도 차림으로 갈 것입니다. 순회 공연을 할 수 있겠습니까?"

그리고 '보브 호프'라고 서명되어 있었다.

"예스!"라는 답변이 오자, 보브 호프는 단원들을 이끌고 알래스카 전역을 돌아다니면서 뉴욕의 팰리스 극장에서 쇼 프로그램을 이끌듯이 전초 부대나 병영에서 서까래가 무너져 내릴 정도로 열심히 공연했다. 그는 장병들이 휴가를 얻지 못하는, 알류샨 열도 전역의 양철

오두막들에 폭소를 불러일으키기까지 했다.

보브 호프는 가장 미국적인 코미디언으로 불리고 있지만 실은 영국 태생이다. 그의 양친은 그의 두 번째 어금니가 나기 전에 그를 데리고 클리블랜드로 건너왔고, 그는 일곱 살이 되었을 때에는 이미 무대에 서기로 결심하고 있었다.

그 지방의 교회가 딸기 축제를 열었던 모양이다. 아직 레슬리로 알려져 있던 어린 보브는 시를 낭송하기 위해 올라갔다. 그가 무엇보다 먼저 알게 된 것은 시의 행들이 뒤범벅이 되고 단어가 모두 잘못 발음되었는데, 그러자 청중이 배꼽을 잡고 웃었다는 사실이었다. 그 나이 또래의 아이들은 대부분 창피해 도망쳐 버렸을 것이다. 하지만 보브는 환해진 얼굴로 까불대며 인사를 했다. 그리고 자신이 인생에서 가장 놀라운 스릴과 재미를 느끼는 것은 사람들을 크게 웃기는 일이라는 것을 깨달았다.

12년이 지났는데도 그는 여전히 일을 하고 있을 때에도 잊을 수 없을 정도로 무대의 매력에 빠져 있었다. 그는 표면상으로는 자동차 창고에서 밤중에 일을 했지만, 지배인의 사무실에서 딕터폰(구술을 녹음하고 또 재생하는 속기용 기계)을 발견하면 그 유혹을 이겨 낼 수 없었다.

그는 친구들을 불러 모아 사중창단을 조직하고, 그 후부터는 거의 매일 밤마다 남성 4부 합창의 화성을 딕터폰의 실린더에 계속 녹음했다. 인생은 〈사랑스런 아델라인〉(남성 4부 합창곡으로 유명한 발라드)의 연속이었다 — 어느 날 아침에 지배인이 사무실에 들어와 딕터폰을 켜고는 〈오늘 밤 구 시가지는 한없이 소란스러우리〉라는 노래를 비공식적으로 듣게 될 때까지는. 비공식적으로 그날 밤 구 시가지에서는 큰 소동이 벌어졌다. 그리고 레슬리 타운스 호프는 해고당했다.

그는 곰곰이 생각하고는 이판사판이라는 결론을 내리고 무대에 섰다. 그가 맡은 공연물은 파트너와 함께 노래하고 춤추는 것이었다. 그리고 다음 2, 3년 동안 그는 오늘날에도 그 생각만 해도 그의 위장이 스코틀랜드 댄스(몸짓이 많고 다채로운)를 출 정도로 삶은 콩을 베이컨 등과 함께 구운 요리와 도넛을 많이 먹었다.

마침내 운명의 분기점이 찾아왔을 때, 그것은 실은 뜻밖의 행운에 의한 것이었다. 출연하고 있던 작은 극장의 지배인이 무대 앞으로 나가 다음주에 공연할 것을 발표하고 그 내용을 설명해 달라고 부탁했다. 보브는 관객에게 이렇게 말했다.

"여러분, 실은 지배인에게 부탁받았는데요, 다음주에는 틀림없이 '훌륭한 공연물'이 무대에 올려질 것이라고 하네요. 그 제목은……."

그렇지만 관객들 때문에 말을 다 끝내지 못했다. 그들이 휘파람을 불며 발을 굴렀다. 그래서 그는 10분 동안 계속 농담을 던지고, 관객은 배꼽을 잡고 와자그르 웃어 댔다. 마침내 그가 걸어 나가자, 지배인이 "보브, 자네는 노래하고 춤을 추며 재능을 낭비하고 있어. 자네는 일인극을 해야 해" 하고 말했다. 보브는 이 조언을 받아들이고 독립하여 새로운 길을 걷기 시작했다. 그 후로는 그는 내내 오르막길을 걸어왔다.

한번 놓친 물고기도 결코 단념하지 않는 집념

그는 지금은 일 년에 40만 달러를 벌어들인다. 그리고 할리우드에 떠도는 소문으로는 그는 그것을 관리하는 법도 잘 알고 있는 듯하다. 몇 년 전에 할리우드의 어느 투자 컨설턴트가 보브 호프가 가장 큰 계좌를 개설하고 있는 은행의 행장을 만나러 갔다.

"저를 호프에게 추천해 주시지 않겠습니까? 비즈니스 매니저로서 그에게 유용한 조언을 많이 해줄 수 있을 것입니다" 하고 컨설턴트가 부탁했다.

그러자 은행가가 이렇게 말했다.

"아, 그래요? 지난 3년 동안 보브 호프를 지켜 보았는데, 그에게 돈을 맡기는 게 더 나을 것입니다!"

코가 스키 활주장처럼 생긴, 이 똑똑한 청년이 단 한 번 큰 기회를 놓친 적이 있다. 그것은 1930년의 일이었는데, 그에게 라디오에 출연해 달라는 요청이 들어왔다. "죄송하지만 저는 시간을 낭비할 수 없습니다. 라디오는 절대로 1루에 나가지 못할 것입니다" 하고 그는 코방귀를 뀌었다.

5년 뒤 라디오가 메이저 리그에 진출하게 되었을 때, 보브 호프는 두 번째 기회를 잡았다. 이때에는 이미 그는 밤새 자지 않고 방송 대본을 준비할 정도로 방송 전파에서 성공하길 간절히 원하고 있었다. 그러나 스튜디오에 도착한 그는 청중 없이 해 나가게 되어 있는 것을 알게 되었다. 호프의 말대로 빈 좌석처럼 무대 공포증을 안겨 주는 것은 없다.

그는 옆방에서 복화술의 찰리 매카시와 에드거 버건이 한창 방송을 하고 있고, 그 스튜디오가 사람들로 꽉차 있는 것을 발견했다(〈에드거 버건과 찰리 매카시 쇼〉는 1937년에서 1957년에 이르기까지 20년간 계속된 미국 라디오 방송망의 정규 프로그램이었다). 그래서 보브는 안내인을 매수해 버건의 스튜디오에서 그의 스튜디오까지 몇 개의 벨벳 로프를 치고는 청중이 줄지어 나오자, 그는 이렇게 외쳤다. "여러분, 이쪽입니다. 출구는 이쪽이에요!" 이에 현혹당한 군중이 보브 호프의 스튜디오 안으로 들어갔다. 그리하여 그는 자신이 유괴한 군중에게 자신의 첫 번째 라디오 공연물을 보여 주었다.

가장 신랄한 '비평가'는 가장 가까운 곳에

보브 호프는 실생활에서도 가만히 앉아 있는 것을 몹시 싫어할 정도로 정력과 활기로 가득 차 있다. 그는 언젠가 누군가가 그를 '서두르는 사람의 완벽한 초상화'로 묘사했을 정도로 아주 많은 일을 동시에 하고 있다. 실은 그의 전화기에는 특별히 긴 전화선이 달려 있다. 몇 미터나 되어 그는 이야기하면서 방 안을 돌아다닐 수 있다. 그는 책을 대강 훑어볼 수 있을 만큼 한 곳에 오래 앉아 있는 일이 거의 없지만 만화를 보는 것은 무척 좋아한다.

그토록 재기 넘치듯 자연스럽게 터져 나오는 저 익살들은 실은 땀과 노력에서 나온 고심의 결과이다. 그의 가장 귀중한 재산은 산더미 같은 조크 파일인데, 그는 이것을 단단히 빗장을 걸어 잠근, 침실 옆의 안전한 방에 보관하고 있다. 그리고 그 열쇠는 누구에게도 건네 주지 않는다. 게다가 6명의 개그 작가가 그를 위해 일 년 내내 머리를 쥐어 짜내며 티파니(세계적으로 유명한 보석 회사)가 다이아몬드를 다룰 때처럼 애정을 갖고 고도의 기술로 모든 경구와 재치 있는 말을 다듬고 있다.

그가 유쾌하게 법석을 떨면 1억 3천만 명의 미국인이 배를 쥐고 웃는데, 실은 그러지 않는 거의 유일한 한 사람이 있다. 그 사람은 보브 호프의 아내인 돌로리스이다. 그녀는 그의 영화를 보며 재미있다고 생각하고 그의 라디오 프로그램도 즐겨 듣고 있지만, 그는 집에서는 소리 없이 웃게 만들지도 못한다. 호프 부인은 이렇게 말하고 있다.

"내가 뭐가 잘못되어 있는지 모르겠지만, 보브는 집에서는 재치 있는 농담을 던져도 전혀 재미를 못 봐요!"

많은 훌륭한 배우처럼 호프도 미신을 믿고 있다. 파라마운트사가 그의 분장실을 새로 짓자고 제안하자, 그는 첫 영화를 찍을 때 썼던 분장실을 포기하길 거부했다. 그 분장실은 찬장에 가까울 정도로 작고 비좁았다. 결국 파라마운트사는 그 비좁은 방을 '중심으로' 공들인 스위트 룸을 증축했다. 그래서 보브 호프는 불운을 초래하거나 징크스를 각오하지 않고 예전부터 사용하던 거울 앞에서 메이크업을 할 수 있다.

그는 언젠가 오스카상, 즉 할리우드가 탁월한 성과를 올린 사람에게 시상하는 저 작은 청동상들 중 하나를 타길 바라고 있다. 그는 그것을 '얼어붙은 신동들'이라고 부르고 있다. 하지만 오스카상을 받든 받지 않든 보스 호프는 미국 장병들의 마음속에서 첫 번째 자리를 차

지하고 있고, 또 집에 있는 미국인들에게는 무한한 즐거움을 안겨 주고 있다. 내 생각에는 "나는 진지하게 생각하는 것이 인생에 딱 한 가지밖에 없다. 그것은 웃음이다!" 하고 말하는 젊은이에게는 이것으로 충분할 것이다.

Bob Hope, 1903. 5. 29~2003. 7. 27. 영국 출신의 미국 코미디언, 배우, 가수, 쇼 프로그램 진행자. 어린 시절 미국으로 건너가 만담가로 활약하다가 재치 있는 화술로 라디오에서 인기를 얻었다. 제2차 세계 대전을 전후하여 가수이자 배우인 B. 크로즈비와 콤비가 된 〈희한한 여행〉 시리즈에서 인기 영화 스타가 되었다. 70여 년간 75편의 영화와 475개의 텔레비전 프로그램, 1천여 개의 라디오 프로그램에 출연해 특유의 재치와 웃음으로 많은 인기를 끌었다. '코미디의 왕'으로 불리며 미국에서 가장 사랑받는 연예인이었다. 기네스북에 역사상 가장 존경받는 엔터테이너로 기록되기도 했다.

언제나 '미래'를 추구하는 자세가
성공하는 자신을 만든다

윌리엄 R. 허스트

부모의 재산은 3천만 달러,
하지만 날마다 8~15시간씩
50년 동안 계속 일한 남자

만약 100만 달러가 있다면 어떻게 할까? 당신은 이런 생각을 해 본 적이 있는가? 윌리엄 R. 허스트의 수입은 월 100만 달러, 즉 하루에 3만 달러이다. 당신이 이 짧은 장을 정독하는 5분 동안, 그는 약 100달러를 벌어들일 것이다.

아무도 윌리엄 랜돌프 허스트를 윌리엄이라고 부르지 않는다. 가장 친한 친구들조차 그를 'W. R.'이라 부른다. 그리고 7만 명에 이르는 그의 고용인들은 언제나 그를 '두목(The Chief)'이라고 부르고 있다.

마하트마와 같은 '신비로운 인물'

수백만 명이 그의 많은 신문과 잡지를 읽고 있다(신문은 총 24종, 출판하는 잡지는 총 9종). 그는 세계에서 가장 부유하고 막강한 발행자이다. 그의 이름을 미국 전역에서 흔히 들을 수 있지만, 그 자신은 신비로운 인물이다. 보통 사람들은 윌리엄 랜돌프 허스트의 개인 생활에 대해 마흐트마 간디만큼도 모른다.

내가 미국에서 가장 공격적인 발행자에 대해 알고 있는 가장 놀라운 사실은, 그가 과묵하고 사람들과의 접촉을 피한다는 것이다. 그는 약 반세기 동안 저명 인사들과 친하게 사귀어 왔지만, 실제로는 낯선 사람들에게 소개되는 것을 몹시 싫어한다.

그는 평소에 10명에서 60명에 이르는 손님을 초대해 캘리포니아의 방대한 저택에 묵게 하고 있다. 하지만 그가 좋아하는 오락은 혼자 몰래 빠져나가 혼자 카드 놀이를 하는 것이다. 그리고 뉴욕에 있을 때 좋아하는 기분 전환 거리는 윈도쇼핑을 하는 것이다.

서양 세계에서 가장 장대한 사유지는 캘리포니아에 있는 허스트의 목장이다. 거기에는 토지 100만 평방미터가 포함되어 있고, 태평양의 바위투성이의 해안을 따라 80킬로미터나 뻗어 있다.

태평양이 노호하는 곳에서 약 600미터 높은 곳에 위치한 바람이 휘몰아치는 곳에, 그는 일군의 당당한 무어풍의 성을 짓고 이곳을 '마법에 걸린 언덕'이라고 불렀다. 그는 이 성들에 가구 등을 갖추는 데 아끼지 않고 수백만 달러를 썼다. 벽은 전에 프랑스의 성들에 아름다움을 더했던 고블랭직으로 장식되어 있다. 비밀스런 홀들은 렘브란트나 루벤스, 라파엘 등이 그린 부드러운 소재를 쓴 그림들, 즉 불후의 명작들로 꾸며져 있다. 그의 손님들은 귀중한 미술품들로 둘러싸인 거대한 연회장에서 정찬을 든다. 하지만 점심 때에는 그들에게 종이

냅킨을 내놓는다.

그는 야생 동물들도 수집해 놓고 있는데, 서커스의 왕 바넘의 서커스가 곁들이는 작은 쇼로 보일 정도이다. 얼룩말이나 버팔로(큰 들소), 기린, 캥거루 떼가 언덕에서 언덕으로 빙 돌아다니고, 수천 마리의 이국풍의 새가 나무들 사이에서 날아다니며, 사자들과 호랑이들이 그의 사설 동물원에서 울부짖거나 으르렁거리고 있다.

내 친구인 프랭크 메이슨은 프랑스에서 허스트를 위해 골동품을 사들이곤 했다. 허스트는 배 여러 척분의 미술 명품들 — 심지어는 여러 개의 성까지 — 을 통째로 다 구입하고 있다. 그러고는 어디에 속하는지 표시하기 위해 번호를 달고 라벨을 붙인 모든 돌과 벽돌, 목재와 함께 그것들을 상자에 넣어 미국으로 가져간다. 그래서 그는 여기에 똑같이 건물을 지을 수 있다.

그는 마침내 사용하지 않는 것들을 보관하기 위해 뉴욕의 거대한 창고를 사들이지 않으면 안 될 정도로 수많은 미술품을 구입했다. 이 창고에는 20명의 피고용인이 있고 경비로 일 년에 6만 달러를 지출한다. 그리고 그 속에는 뻐꾹 시계에서 이집트의 미라에 이르기까지 모든 것이 다 들어 있다.

윌리엄 랜돌프 허스트의 아버지는 본래는 미주리 주의 농부였다. 그는 1849년의 골드 러시 때 서부를 향해 떠나 일단의 황소들과 포장마차 옆에서 황야를 가로지르며 3천 200킬로미터를 걸었다. 그리고 인디언과 싸우기도 하면서 금을 발견하고 수백만 달러를 벌었다. 그는 점차 나이가 들자 그의 저택에 있는 큰 나무의 그늘에 앉아 쉬는 것을 좋아하게 되었다. 몇 년 전에 그의 아들인 윌리엄 랜돌프 허스트가 이 나무가 창문에서 보이는 태평양의 경치를 가로막고 있는 것을 알게 되었다. 그는 아버지가 사랑했던 그 나무를 도저히 베어 버릴 수 없었다. 그래서 그는 4만 달러를 들여 그 나무를 9미터 떨어진 곳으로 옮기게 했다.

그는 동물을 몹시 좋아한다. 예를 들어 어느 날 할리우드에서 영화사의 중역들이 허스트와 협의를 하기 위해 떼지어 날아왔다. 하지만 그는 꼬리 일부를 잃어버린 애완 도마뱀을 달래면서 계속 기다리게 했다. 또 언젠가는 모르모토의 다리가 부러져 한밤중에 자가용 요트를 보내 의사를 부르고 치료비로 500달러를 지출하기도 했다.

'평생 현역'의 전형

허스트는 70세가 넘었는데도 테니스를 치면 정말 공이 빠르다. 40년 동안 계속 테니스를 쳐 왔고, 또 늘 지도를 받으며 기능을 향상시키려 애쓰기 때문이다. 또한 그는 숙련된 아마추어 사진가로 해마다 수천 장의 사진을 찍는다. 사격 솜씨도 뛰어나다. 어느 날 요트를 타고 나갔을 때 권총을 허리에 차고 있다가 날아가는 갈매기를 쏘아 떨어뜨려 손님들을 놀라게 했다.

그는 나막신 춤의 명인이기도 하고, 흉내도 아주 잘 내며, 훌륭한 이야기꾼이기도 하다. 그의 기억력은 거의 백과 사전과 비슷하다. 예컨대 그에게 영국 중세의 국왕 헨리 8세의 왕비들의 이름을 말하거나 미국의 역대 대통령의 이름을 순서대로 대라고 하면, 틀림없이 그 이름이 그의 입에서 술술 흘러나올 것이다.

어느 날 지미 워커와 찰리 채플린이 허스트의 목장을 방문하고 있었다. 그들은 성서에서 인용한 어느 구절이 정확한가 그렇지 않은가를 놓고 논쟁을 벌이게 되었다. 그러자 허스트가 그 인용구를 한 자한 자 되풀이함으로써 그 논란을 잠재웠다.

그는 젊은이들에게 둘러싸여 있는 것을 좋아하고, 누구든 자기 앞에서 죽음에 대해 언급하는 것을 허용하지 않는다.

허스트는 아버지에게서 3천만 달러를 물려받았다. 따라서 그는 평생 빈둥거리며 놀고먹을 수 있었다. 하지만 그는 그렇게 하지 않고 50년 동안 하루에 8~15시간씩 일을 해 왔다. 그리고 하느님이 은퇴시킬 때까지는 절대로 은퇴하지 않을 것이라고 굳게 다짐하고 있다.

William Randolph Hearst. 1863. 4. 29~1951. 8. 14. 샌프란시스코 출생. 아버지는 광산업계의 중진이고 상원 의원이었다. 하버드 대학을 졸업한 후 1887년에 아버지가 소유하고 있는 《이그재미너》의 경영권을 인수하여 신문계에 진출. 1년 만에 발행 부수를 두 배로 늘렸다. 1895년 뉴욕에서 발행되는 《모닝 저널》을 매수, 《저널 아메리칸》으로 개명하고 저속하고 선정적인 지면을 구성. 퓰리처의 《월드》를 상대로 불꽃 튀는 경쟁을 전개하였다. 그 후 미국 17개 도시에서 일간지를 매수 · 창간하는 외에 INS 통신사 · 출판사 · 3개 방송국 등을 자기 지배하에 둠으로써 거대한 허스트 신문 제국을 형성하였다. 1974년에 도시 게릴라 단체인 공생해방군에 납치되고, 그 후 얼마 안 되어 그 조직의 일원이 되어 은행 강도 사건에 가담했던 패트리셔 허스트는 그의 손녀이다.

'가정과 일, 어느 한쪽에만 몰두하면 인생이란 기차가 탈선한다

레프 톨스토이

현대의 예언자로까지 불리면서도
자신의 가정의 불행은 극복하지
못한 세기의 대작가

여기에 《아라비안 나이트》에 나오는 이야기만큼 믿어지지 않는 인생 이야기가 있다. 그것은 우리의 시대, 즉 정확히 말하면 1910년에 세상을 떠난 한 예언자의 이야기이다. 그는 사망할 때까지 20년 동안 세계 각국의 숭배자들이 그의 얼굴이라도 잠깐 보거나, 그의 목소리만이라도 듣거나, 그의 옷자락이라도 만지기 위해 끊임없이 계속 그의 집을 순례할 정도로 깊은 존경을 받았다.

소설보다 진기한 '성자'의 편력

친구들이 와서 동시에 그의 집에서 몇 년 동안 살며 그가 말하는 것을 하나도 빼놓지 않고 속기로 적어 두었다. 아주 무심코 주고받은 대화의 말도 적어 두고, 일상 생활의 극히 사소한 행동까지 더할 나위 없이 자세히 묘사했다. 이 기록물이 그 후 방대한 책으로 출판되었다.

이 사람과 그의 사상에 대해 쓴 책이 거의 2만 3천 종 — 잘 들어 두라. 2300종이 아니라 2만 3천 종이다 — 에 가깝고, 신문과 잡지 기사는 5만 6천 점에 이른다. 그리고 그 자신이 쓴 책도 100종에 이른다. 어느 누구도 쓴 적이 없는 방대한 분량의 글이다.

그의 인생 이야기는 그의 몇몇 소설만큼이나 다채롭고 화려하다. 그는 방이 42개나 되는 대저택에서 태어나 부유한 환경에 둘러싸인 채 러시아의 구귀족 사회의 호화로운 요람 속에서 양육되었다. 하지만 만년에는 모든 토지를 다른 사람들에게 나누어 주고, 모든 세속적인 것을 다 내던져 버리고는 한 푼도 없이 러시아의 어느 쓸쓸한 철도역에서 농민들에게 에워싸인 채 세상을 떠났다.

젊은 시절에는 그는 으스대며 걷고, 일부러 큰돈을 써 가며 모스크바의 양복점에서 옷을 맞추어 입는 속물이었다. 하지만 만년에는 그는 러시아 농부의 소박하고 허름한 옷을 입고 자기 손으로 직접 구두를 만들고, 자신의 침대를 손수 정돈하고 자신의 방을 직접 청소하고, 식탁보도 없는 테이블에서 목제 그릇에 담긴 간소한 음식을 목제 숟가락으로 먹었다.

청년 시절에는 그는 그 자신이 묘사한 대로 술을 마시고 결투를 하고 상상할 수 있는 온갖 죄를 다 저질러 가며 '비루하고 부도덕한 생활'을 했다. 심지어는 살인까지 했다. 그러나 만년에는 글자 그대로 예수 그리스도의 가르침을 따르려 했다. 그리하여 러시아 전역에서 가장 영향력이 큰 성자가 되었다.

결혼 생활 초기에는 그의 부부는 실제로 전능하신 신 앞에 무릎을 꿇고 자신들의 기쁨에 넘치는 만족스런 생활과 신이 내려 주신 황홀경이 지속되게 해 달라고 기도할 정도로 매우 행복했다. 하지만 나중에는 그들은 비극적일 정도로 불행했다. 그는 마침내 그녀를 보는 것조차 싫어하게 되었다. 그가 임종하면서 간청한 것은 아내가 그의 면전에 나타나지도 못하게 해 달라는 것이었다.

젊은 시절에 그는 대학의 진급 시험에서 낙제하고, 그의 가정 교사들은 그의 두꺼운 두개골 속에 어떤 관념이든 주입하길 단념했다. 그러나 30년 뒤에 그는 세계가 알고 있는 가장 위대한 소설 중 두 편, 여러 세기 동안 버텨 내며 살아남을 두 편의 소설, 즉《전쟁과 평화》와《안나 카레니나》를 썼다.

톨스토이는 오늘날 러시아 밖에서는 저 피비린내 나는 암흑의 제국을 지배했던 어떤 차르보다 더 유명하다. 그런데 그는 이 위대한 소설들을 씀으로써 행복해졌을까? 잠시 동안은 그랬다. 그 후에는 그것들을 쓴 것을 아주 부끄럽게 생각하고, 작은 팜플렛을 쓰거나 사랑과 평화, 빈곤 퇴치를 설교하는 데 남은 평생을 바쳤다. 이 소책자들을 염가판으로 출판하고는 짐차나 손수레에 싣고 이 집 저 집 돌아다니며 팔았다. 4년이라는 짧은 기간 내에 1200만 부가 배포되었다.

결혼으로 인한 비극적인 생애

몇 년 전에 나는 영광스럽게도 파리에서 톨스토이의 막내딸을 알게 되었다. 그녀는 마지막 몇 해 동안 그의 비서 역할을 하고, 그가 세상을 떠날 때에도 함께 있었다. 나는 그녀의 입을 통해 톨스토이에 관한 이런 많은 사실을 알게 되었다. 그 후 그녀는 자신의 아버지에 대한 책, 즉 《톨스토이의 비극》을 저술했다.

진실로 톨스토이의 생애는 한 편의 비극이었다. 그리고 그의 비극의 원인은 결혼이었다. 그의 아내는 사치품을 좋아했지만, 그는 그것을 몹시 싫어했다. 그녀는 명성과 사회의 박수 갈채를 갈망했지만, 그는 이 하찮은 것들은 안중에도 없었다. 그녀는 돈과 부를 간절히 원했지만, 그는 부와 사유 재산은 죄악이라고 굳게 믿고 있었다. 그녀는 힘에 의한 지배를 믿었지만, 그는 사랑에 의한 지배를 믿었다.

그리고 설상가상으로 그녀는 불타는 듯한 맹렬한 질투심에 사로잡혀 있었다. 그녀는 그의 친구들을 미워했다. 심지어 자신의 딸에게까지 질투심을 느끼고 집에서 쫓아내고는 톨스토이의 방으로 달려 들어가 딸의 초상화를 향해 공기총을 쏘아 댔다.

몇 년 동안 그녀는 그에게 귀 아프게 잔소리를 하고 야단을 치고 새된 목소리로 외치고 욕설을 퍼부어 댔다. 그리하여 그가 말한 대로 그의 가정을 진정한 지옥으로 만들어 버렸다. 그가 러시아 사람들에게 로열티를 지불하지 않고 자유롭게 그의 책들을 출판할 수 있는 권리를 주어야 한다고 고집을 부렸기 때문이다.

그가 아내의 의견에 반대하면, 그녀는 히스테리 발작을 일으키며 아편 병을 입술에 대고 마루 위에서 굴렀다. 그리고 자살하겠다고 선언하고 우물 속에 뛰어들겠다고 위협했다.

톨스토이 부부는 거의 반세기 동안 결혼 생활을 했다. 그녀는 때로는 그의 무릎에 무릎을 대고는 그들이 서로 열렬히 사랑했던 48년 전에 그가 그녀에 관해 일기에 썼던, 감동적이고 절묘한 사랑의 구절을 읽어 달라고 간청했다. 그가 이제는 영원히 사라져 버린 그 아름답고 행복했던 시절에 대해 읽을 때, 두 사람은 비통하게 눈물을 흘리며 울었다.

마침내 82세가 되었을 때, 그는 이제는 더 이상 가정의 비극적인 불행을 견뎌 낼 수 없었다. 그래서 1910년 10월 21일 밤에 아내에게서 도망쳤다. 자신이 어디로 가고 있는지도 모르는 채 차디찬 어둠 속으로 달아났다.

11일 뒤에 그는 다음과 같이 말하면서 어느 철도역사에서 폐렴으로 사망했다. "하느님께서 모든 것을 다 적절히 조처해 주실 것이오."

"찾을 것, 늘 찾을 일이다" — 이것이 그의 마지막 말이었다.

Lev Nikolaevich Tolstoi, 1828. 9. 9~1910. 11. 20. 남러시아 툴라 근처의 야스나야 폴랴나에서 출생. 명문 백작가의 4남으로 태어나 어려서 부모를 잃고 친척집에서 자람. 카잔 대학 법학과에 다니다가 중퇴. 그 자신은 귀족이었으나 《바보 이반》, 《사람은 무엇으로 사는가》 등의 집필 등으로 당시 오만하고 농민들을 괴롭게 하는 기득권층에 대해 비판적인 문학 활동을 하여 출판을 금지당했다. 민중들에게 무관심한 교회(러시아 정교회)를 비판하여 교회로부터 미움을 받기도 했다. 도스토예프스키와 함께 19세기 러시아 문학을 대표하는 대문호로 《전쟁과 평화》, 《안나 카레니나》 등의 장편 소설과 《이반 일리치의 죽음》, 《바보 이반》 등의 중편 소설이 잘 알려져 있다.

최고의 천재이지만 역사상 가장 큰 기회 중 하나를 놓친 대실패자

우드로 윌슨

사람들을 다루는 법을 알지 못해
마침내 뜻을 펼치던 도중에 쓰러진
국제 연맹의 제창자

우드로 윌슨은 실제로는 어떤 유의 사람이었을까?

그는 최고의 천재로 불리지만 장대한 실패자로 불리기도 한다.

그는 세계 평화의 이상, 즉 국제 연맹을 꿈꾸고, 그 이상의 제단에 자신의 모든 생명력과 힘을 바치고 마침내 세상을 떠났다. 자신의 이상의 무게에 짓눌려 부서져 나갔던 것이다.

제1차 세계대전이 끝난 직후인 1919년에 베르사유 조약을 체결하기 위해 배를 타고 유럽을 향해 떠날 때, 우드로 윌슨은 영원한 구세주로 불렸다. 피투성이의 유럽은 환호성을 지르며 그를 신으로 맞이했다. 각국의 굶주리는 농민들이 그의 사진 앞에 촛불을 켜 놓고 그가 성인인 양 기도를 올렸다.

전 세계가 그의 발 아래 놓여 있었다. 하지만 3개월 뒤에 병들고 실의에 빠진 채 미국으로 돌아왔을 때에는 그는 많은 친구를 멀리하고 수억 명에 이르는 사람을 적으로 돌려 놓고 있었다.

유일한 사치

역사서는 우드로 윌슨을 냉정하고 고귀하며 인간적인 따스함이 결여된, 이상주의적인 학교 교사로 소개하고 있다. 하지만 실은 거의 그 정반대이다. 윌슨은 인간적인 관계를 갈망하는 대단히 인간미가 풍부한 사람이었다. 그리고 그 자신의 소심함 때문에 사람들로부터 거리를 두고 멀어진 것이 바로 그의 인생의 비극이었다.

"내가 달라진다면 어떤 희생이든 다 치를 것이다. 하지만 나를 바꿀 수가 없다" 하고 그는 말했다.

이따금 그도 긴장을 풀고 느긋해질 수 있었다. 웨슬리언 대학교에서 교수로 재직할 때, 그는 어느 날 외야석에서 뛰어 내려와 미식 축구의 응원단을 이끌었다. 그리고 버뮤다에 있을 때에는 순전히 흑인 수부들과 즐겁게 잡담을 나누기 위해 항해를 했다.

우드로 윌슨은 아마도 백악관의 권좌에 앉은 인물 가운데서 가장 학구적인 사람이었을 것이다. 하지만 그는 여덟 살이 되어서야 비로소 책을 읽거나 쓸 수 있었다. 그가 기분을 전환하기 위해 즐겨 읽는 것은 추리 소설이었다.

그는 미술에는 거의 관심이 없었다. 그는 대화가大畵家 휘슬러의 에칭 판화보다는 차라리 10센트 상점에서 살 수 있는, 다색 석판으로 인쇄한 그림을 갖고 싶다고 종종 말했다. 그리고 대학이라는 사회의 속세와 절연된 듯한 분위기 속에서 평생을 보낸, 이 학자 티를 내는 교수는 셰익스피어의 연극보다는 차라리 뮤지컬 코미디를 보고 싶다고 솔직하게 털어놓았다. 그는 덕성을 함양하기 위해 극장에 가는 것이 아니라고 말했다. 그는 즐기기 위해 그곳에 갔다. 그래서 그는 백악관에 있을 때 거의 매주 연예 쇼를 보러 갔다.

그는 거의 평생에 걸쳐 가난하게 살았다. 그의 아내가 가족을 부양하기 위해 그림을 그려 팔 정도로 그의 교수 봉급은 적었다.

젊은 교수 시절에 우드로 윌슨은 좋은 옷을 살 수 있는 여유가 없었다. 그리고 만년에는 그는 링컨처럼 용모에 거의 관심을 두지 않았다. 예컨대 그가 대통령으로 재임할 때, 그의 신변의 일을 시중드는 하인이 그의 낡은 예복을 양복점에 보내 접은 깃에 새 공단을 두르게 할 것을 권했다. 하지만 우드로 윌슨은 "아니, 신경쓰지 말게. 아직 1년은 괜찮을 거야" 하고 말했다. 또한 링컨처럼 윌슨은 음식에도 무관심했다. 그는 앞에 차려져 있는 것은 무엇이든 다 먹었고, 어떤 것을 먹고 있는지 모르는 것처럼 보일 때도 많았다.

그는 평생 동안 시거를 한 개비밖에 피우지 않았다. 아니, 그는 그 한 개비도 다 피우지 않았다. 그것을 다 피우기 전에 병들었기 때문이다. 장정이 아름다운 책들을 사는 것, 이것이 그의 유일한 사치였다.

사람 다루는 법의 중요성

우드로 윌슨은 외관상으로는 냉담해 보이지만 민감하고 감정이 격한 사람이었다. 그를 아는 사람들은 그는 시어도어 루스벨트보다 더 발끈거리는 성격이었다고 말했다. 그의 첫 번째 아내에 대한 헌신적인 사랑은 정말 뜨겁고 감동적이었다. 그가 대통령이 된 뒤에 한 행동 중 하나는 아내에게 흑담비 모피 한 벌을 사준 것이었다. 그녀가 일 년 뒤에 세상을 떠나자, 그는 72시간 동안 그녀의 시신을 백악관 밖으로 옮기지 못하게 했다. 그는 그녀의 시신을 소파에 눕혀 놓고 사흘 낮, 사흘 밤 동안 그 곁을 떠나지 않았다.

그는 지적 거인으로 여겨지고 있었지만, 외국어 구사 능력이 거의 없고, 세계 문학의 명작들도 별로 읽지 않았으며, 과학에도 무관심하고, 철학에는 거의 눈길도 주지 않았다.

그는 변호사로 인생의 첫발을 내디뎠지만 법률 세계에서는 비참한 낙오자였다. 그는 평생 혼자서 소송 사건을 처리한 적이 없고, 재산을 관리해 준 단 한 명의 고객은 그의 어머니였다.

아마도 윌슨의 성격의 최대의 결함은 임기응변의 재주가 부족한 것이었으리라. 소년 시절부터 그의 평생의 포부는 정치가가 되는 것이었다. 그는 자신의 방에서 몇 시간씩 연설 연습을 했다. 숙달되기 위해 그는 여러 가지 쓸데없는 짓도 했다. 예를 들어 그는 적절한 몸짓이나 손짓을 하는 방법을 가르쳐 주는 도표를 벽에 붙이기까지 했다. 그러나 그는 무엇보다 중요한 것을 간과했다. 즉 그는 사람들을 다루는 법을 배우지 못했다. 그의 만년은 깨어진 우정의 비극적인 연속이었다. 그는 상원의 지도자들과 다투었다. 에드워드 만델 하우스 대령과 같은 가장 절친한 친구들과도 절교했다. 마침내 그는 민주당

원들만 공직자로 선출할 것을 요구함으로써 자국의 많은 국민도 멀리했다.

상원이 국제 연맹에 가입하는 것을 거부하자, 윌슨은 직접 국민에게 호소하기 위해 전국 유세 여행을 떠났다. 그의 몸은 늘 허약했기 때문에, 의사들이 더 이상 무리를 해서는 안 된다고 주의를 주었다. 하지만 그는 그들의 조언을 무시했다.

대통령의 임기 마지막 해에는 이 한때 말 한마디로 전 세계를 흔들었던 이 지적 천재가, 누군가가 손을 잡고 인도해 주지 않으면 자신의 이름을 서명할 수 없을 정도로 쇠약해져 있었다.

은퇴한 뒤에는 전 세계 곳곳에서 사람들이 워싱턴의 S스트리트에 있는 그의 집으로 찾아왔다. 마치 순례자들이 참배하러 오는 성지 같았다. 그리고 그가 임종할 때에는 순례자들이 그의 집 앞에 있는 포도 위에 무릎을 꿇고서 그의 영혼이 하늘 나라로 가길 기원했다.

Woodrow Wilson. 1856. 12. 28~1924. 2. 3. 미국 제28대 대통령(1913~1921). 버지니아 주 스탠턴 출생. 프린스턴 대학교와 버지니아 대학교에서 정치학을 공부하고 존스홉킨스 대학교에서 박사 학위를 취득했다. 1902년 프린스턴 대학교 총장으로 선출되어 이 대학교의 교육 제도 개혁을 직접 단행한 다음, 1910년 민주당에서 출마. 뉴저지 주지사로 당선됨으로써 정치가로 변신했다. 1918년 1월 국제 연맹 수립과 민족 자결 등을 강조한 평화 14개조를 발표하였다. 국제 연맹 설립 구상은 그의 노력으로 1919년 베르사유 강화 조약 속에 포함되어 실현되었으며, 같은 해 노벨 평화상을 수상했다.

'단념하지 않는 한' 장애물의
높이는 문제가 되지 않는다

헬렌 켈러

듣지 못하고 말하지 못하고 보지
못하는 삼중고 속에서도 불가능한 것을
가능하게 만든 위대한 여성

마크 트웨인이 언젠가 이렇게 말했다. "19세기의 가장 흥미로운 두 인물은 나폴레옹과 헬렌 켈러이다." 마크 트웨인이 이 말을 했을 때, 헬렌 켈러는 15세밖에 되지 않았다. 오늘날 그녀는 여전히 20세기의 가장 흥미로운 인물 중 하나이다.

헬렌 켈러는 전맹全盲이지만 볼 수 있는 대부분의 사람보다 훨씬 더 많은 책을 읽었다. 그녀는 아마도 보통 사람들보다 백 배는 더 많은 책을 읽었을 것이다. 그리고 직접 11권의 책을 썼다. 자신의 생애를 화면으로 옮긴 영화를 제작하고 거기에 출연하기까지 했다. 그녀는 전혀 듣지도 못하지만 들을 수 있는 많은 사람보다 훨씬 더 많이 음악을 즐기고 있다.

9년 동안 그녀는 말하는 능력을 빼앗겼다. 하지만 지금은 미국 각

주에서 강연을 하고 있다. 그녀는 4년 동안 연예 쇼에 스타로 출연하기도 했다. 또한 그녀는 유럽 전역을 여행하기도 했다.

헬렌 켈러는 태어날 때에는 완전히 정상적인 아기였다. 1년 반 동안 그녀는 다른 아기들처럼 보고 들을 수 있었다. 심지어는 말하기 시작하기까지 했다. 그 후 갑자기 재난에 휘말리게 되었다. 병에 걸려 생후 19개월부터 듣지도 말하지도 보지도 못하게 되었다. 그녀의 삶 전체가 파멸의 구렁텅이에 빠져 버린 것이다.

그녀는 정글의 야생 동물처럼 자라기 시작했다. 마음에 들지 않는 것은 무엇이든 다 때려 부수고 파괴했다. 두 손으로 음식을 잡고 입에 쑤셔 넣었다. 누군가가 그것을 고쳐 주려 하면 바닥에 몸을 내던지고는 마구 걷어차며 몸부림을 치고 비명을 지르려 했다.

완전히 절망한 그녀의 양친은 교사 한 명을 소개해 달라고 간청하기 위해 그녀를 보스턴에 있는 퍼킨스 맹인 학교에 보냈다. 그 후 빛의 천사처럼 앤 맨스필드 설리번이 그녀의 비극적인 삶 속으로 들어왔다. 미스 설리번이 보스턴의 퍼킨스 맹인 학교를 떠나 불가능한 것으로 보이는 일, 즉 듣지도 말하지도 보지도 못하는 아이를 가르치는 일을 떠맡은 것은 그녀 나이 겨우 20세 때의 일이었다. 그녀 자신의 생애도 비극과 애끊는 빈곤으로 가득 차 있었다.

앤 설리번은 10세 때 어린 남동생과 함께 매사추세츠 주의 툭스베리에 있는 공립 구빈원으로 보내져 그곳에서 살게 되었다. 구빈원이 초만원이어서 두 어린이는 '시체실'로 알려진 곳에서 잠을 잤다. 그곳은 매장할 때까지 시신을 안치하는 곳이었다. 어린 남동생은 병약해 6개월 뒤에 세상을 떠났다. 그리고 앤 자신은 14세밖에 안 되었을 때 거의 실명하게 되어 퍼킨스 맹인 학교에 가서 점자를 배우게 되었다. 하지만 다행히 그녀는 맹인이 되지 않았다. 그 당시는 그랬다. 시력이 개선되었다. 마침내 어둠이 다가온 것은 단지 반세기 후, 그것도 그녀가 사망하기 직전의 일이었다.

갖가지 기적의 체험

앤 설리번이 헬렌 켈러와 함께 이룬 기적을 몇 마디 말로 명쾌하게 설명한다는 것은 도저히 불가능한 일이다. 어떻게 한 달이라는 짧은 시간 안에 그녀가 완전한 어둠과 소리가 사라져 가는 정적의 세계 속에서 살고 있는 아이와 의사 소통을 하는 데 성공했는지, 이것도 또한 몇 마디 말로 명확히 설명하기가 불가능하다. 그 이야기는 헬렌 켈러의 저서 《나의 생애》에 언제까지고 잊을 수 없게 씌어져 있다. 이 책을 읽은 사람은 듣지도 보지도 말하지도 못하는 어린 아이가 인간의 말과 같은 것이 있는 것을 처음으로 깨닫던 날의 기쁨을 기억하지 않을 수 없다. 그녀는 이렇게 말하고 있다. "내가 그 중대한 날 저녁에 침대에 누워 그로 인해 느꼈던 기쁨을 되뇌며 난생 처음으로 새날이 밝기를 간절히 바라고 있었을 때, 나보다 더 행복한 아이를 찾아내기 어려웠을 것이다."

스무 살이 되었을 때에는 헬렌 켈러가 래드클리프 대학에 입학할 수 있을 정도로 깊은 교육이 이루어져 있었다. 이때 그녀의 교사도 함께 들어갔다. 이 무렵에는 이미 그녀는 대학의 다른 학생들만큼 잘 읽고 쓸 수 있을 뿐만 아니라 말하는 능력까지 회복한 상태였다. 그녀가 말하는 법을 배운 첫 문장은 "나는 이제는 벙어리가 아니에요"였다. 그녀는 이 기적에 감격하며 의기양양하게 몇 번이고 되풀이해 말했다. "나는 이제는 벙어리가 아니에요."

오늘날 헬렌 켈러는 약간 외국인 억양이 있는 사람처럼 말하고, 점자용 타자기로 책이나 잡지 원고를 쓰고 있다. 그리고 수정하고 싶은 곳이 있으면 헤어핀으로 종이의 여백에 작은 구멍을 뚫는다.

헬렌 켈러가 사는 곳은 뉴욕의 포레스트 힐로 내가 사는 곳에서 몇 블록밖에 떨어져 있지 않다. 내가 보스턴 테리어종의 강아지를 데리고 산책하러 나가면, 가끔 그녀가 셰퍼드와 함께 뜰을 걷고 있는 것을 볼 때가 있다.

나는 그녀가 걸을 때 자주 혼잣말을 하는 것을 알아챘다. 하지만 그녀는 보통 사람처럼 입술을 움직이지 않는다. 그녀는 손가락을 움직이며 수화로 혼잣말을 한다. 그녀의 비서가 내게 해 준 말에 따르면 미스 켈러의 방향 감각은 보통 사람보다 나을 것이 없다고 한다. 그녀는 집에서도 길을 잃을 때가 많고, 가구를 옮겨 놓으면 어찌할 바를 모르며 쩔쩔맨다. 많은 사람이 맹인이기 때문에 그녀에게 일종의 신비로운 육감이 있으리라 생각하지만, 과학적으로 테스트한 결과 그녀의 촉각이나 미각, 후각은 보통 사람과 거의 비슷했다.

그렇지만 그녀의 촉각은 친구들의 입술 위에 손가락을 살짝 올려놓기만 해도 무슨 말을 하고 있는지 알 수 있을 정도로 매우 예민하다. 그녀는 손을 피아노나 바이올린의 목제 부분 위에 올려놓고 음악을 듣는다. 심지어는 캐비닛의 진동을 느끼며 라디오도 듣는다. 노래 부르는 사람의 목에 가볍게 손가락을 대고 노래도 듣는다. 하지만 그녀 자신은 노래를 부르지 못한다.

헬렌 켈러가 오늘 당신을 만나 악수를 하고 5년 뒤에 다시 만나 악수를 한다면, 그녀는 그 악수만으로 당신을 기억할 것이다. 당신이 화가 나 있었는지, 행복해하고 있었는지, 낙담하고 있었는지, 즐거워하고 있었는지도 기억할 것이다.

헬렌 켈러는 노로 보트를 젓고, 수영을 하고, 말을 타고 숲 속을 달리길 좋아한다. 그녀를 위해 만들어진 특제품으로 체커도 하고 체스도 한다. 심지어는 점자로 숫자가 새겨진 카드로 혼자서 하는 카드 놀이도 한다. 비 오는 날 그녀는 종종 뜨개질을 하거나 코바늘 뜨기를 하면서 시간을 보낸다.

대부분의 사람은 세상에서 가장 큰 불행은 장님이 되는 것이라고 보고 있다. 그러나 헬렌 켈러는 대체로 안 보이는 것보다는 오히려 들리지 않는 것이 더 곤란하다고 말하고 있다. 세상으로부터 단절시키는 완전한 어둠과 정적 속에서 그녀가 무엇보다 아쉬워하는 것은 사람의 다정한 목소리이다.

Helen Adams Keller, 1880. 6. 27~1968. 6. 1. 생후 19개월 후 당시 성홍열이나 수막염이라 생각되는 병으로 인해 위와 뇌에 심한 출혈이 생겨 시각과 청각을 잃고 말았다. 시각 장애인 특수 학교인 보스턴의 퍼킨스 학교와 뉴욕의 라이트—휴메이슨 농아 학교, 올스턴의 호레이스 맨 농아 학교를 졸업한 헬렌은 래드클리프 대학에 입학했다. 1904년 대학을 졸업한 그녀는 독일어를 비롯해 5개의 언어를 구사했으며, 미국 역사상 최초로 학사 학위를 취득한 시청각 장애인이 되었다. 그 후 강연·저작, 그 밖의 활동으로 생활하면서 신체 장애자들을 돕는 데 헌신했다.

인생의 무게는 '어떻게
종지부를 찍느냐'에 달려 있다

로버트 F. 스콧

아문센으로 인해 '두 번째'로밖에
이름을 남기지 못했지만 진정한
용기를 보여 준 비운의 탐험가

　　　　　　　나는 두 번째로 남극점에 도달한 로버트 팰컨 스콧 대장의 그것보다 더 영웅적이고 감동적이며 비극적인 이야기를 알지 못한다. 스콧과 탐험대원 두 명이 로스 빙벽에서 비극적인 죽음을 맞이한 이야기는 아직도 인류를 감동시키는 힘을 지니고 있다.

　1913년 2월 어느 햇빛이 밝은 날 오후에 스콧이 사망했다는 소식이 영국에 전해졌다. 리젠트 공원에는 크로커스 꽃이 피어 있었다. 넬슨 제독이 트라팔가르 해전에서 죽은 이후, 어느 누구의 죽음도 이렇게 영국인을 놀라게 한 적이 없었다.

　22년 뒤에 영국은 스콧에게 마지막 기념물을 헌납했다. 그것은 극지 박물관, 즉 세계 최초의 극지 박물관이었다. 그 헌납식 때 전 세계의 극지 탐험가들이 모였다. 건물 정면에는 다음과 같은 로버트 스콧의 라틴어 비문이 새겨져 있다. "그는 극지의 비밀을 찾다가 하느님의 비밀을 발견했다."

고난 끝에 발견한 잔혹한 사실

스콧은 테라 노바(새로운 대지라는 뜻) 호를 타고 남극점을 향해 비극적인 돌진을 시작했다. 그리고 그는 배가 남극권의 얼음같이 차가운 바다로 천천히 전진하는 순간부터 불운을 떨쳐 버리지 못하고 그에 시달렸다.

거대한 파도가 선체를 후려쳤다. 화물이 갑판에서 쓸려 나갔다. 몇 톤에 이르는 바닷물이 굉음을 내며 선창으로 밀려 들어왔다. 보일러가 물에 잠기고 불이 꺼졌다. 펌프는 막혀 작동하지 않았다. 그래서 당당한 배가 어찌할 도리 없이 맹렬한 두 놀 사이의 물골에서 좌우로 흔들렸다.

그러나 스콧의 불운은 시작일 뿐이었다.

그는 얼음으로 덮인 시베리아의 툰드라에서 추위에 단련된 작고 강인한 조랑말 몇 마리를 데려왔는데, 그 말들이 단발마의 고통을 겪었다. 그 말들이 분설粉雪 속에서 무력하게 몸부림을 쳤다. 그 말들이 위험한 크레바스에서 다리가 부러져 결국 사살하지 않으면 안 되었다.

개들 — 알래스카의 유콘 지방에서 데려온 노련한 에스키모 개들 — 도 난폭해지더니 빙하의 깨진 틈의 가장자리 너머로 맹목적으로 달려가 버렸다.

그 후 스콧과 4명의 대원은 약 450킬로그램의 무게가 나가는 썰매
를 끌면서 단독으로 남극점을 향해 마지막으로 돌진했다. 그들은 매
일같이 울퉁불퉁한 빙원을 가로지르며 무거운 걸음으로 걸었다. 그
들은 저마다 해발 2700미터의 차디차고 희박한 공기 속에서 숨이 막
힌 채 헐떡이며 썰매를 끌었다.

 하지만 그들은 불평하지 않았다. 인간이 시도한 것 중에서 가장 심
한 고통을 준 이 여행 끝에는 승리가 놓여 있었다. 6일간의 천지 창조
이래 한 번도 어지럽혀진 적이 없는 신비로운 극지, 아무것도 살지 않
고, 아무것도 숨쉬지 않고, 아무것도 움직이지 않는 극지가 놓여 있었
다. 이리저리 헤매는 갈매기조차 없었다.

 그리고 14일째 되는 날, 그들은 극지에 이르렀다. 하지만 그곳에서
기다리고 있는 것은 경악스럽고 비탄스러운 일뿐이었다. 그들 앞에
꽂혀 있는 막대기 끝에서 누덕누덕한 천 조각이 모진 바람 속에서 의
기양양하게 휘날리고 있었다. 국기, 노르웨이의 국기였다! 노르웨이
인인 아문센이 그들보다 먼저 그곳에 왔던 것이다! 그래서 그들은 몇
년 동안 준비하고 몇 개월 동안 고통을 겪고도 5주일 차이로 승리를
감쪽같이 빼앗긴 것을 깨닫게 되었다.

 낙담한 상태로 그들은 귀로에 오르기 시작했다.

 문명으로 되돌아오기 위한 비극적인 투쟁의 이야기는 고난의 오딧
세이다. 따끔따끔한 돌풍에 그들의 얼굴이 얼음으로 뒤덮이고 턱
수염조차 얼어붙었다. 그들은 비틀거리며 걷다가 쓰러지고, 온갖 상
처로 인해 죽음에 한 걸음 더 가까이 다가섰다. 우선 먼저 일행 중에

서 가장 강한 부사관 에반스가 미끄러져 넘어지는 바람에 두개골이 얼음에 부딪혀 사망했다.

다음으로 오츠 대위가 병들었다. 그의 발이 동상에 걸려 거의 걸을 수가 없었다. 그는 자신이 동료들의 발목을 붙잡고 있는 것을 알고 있었다. 그래서 어느 날 밤에 오츠는 존귀한 행동을 했다. 다른 사람들이 생존할 수 있게 하기 위해 맹위를 떨치는 심한 눈보라 속으로 걸어 나갔다.

그는 크게 과장해서도, 감상적으로도 말하지 않고 조용히 이렇게 언명했다. "바깥에 좀 나갔다 오겠네. 곧 돌아올 거야." 하지만 그는 영원히 돌아오지 않았다. 그의 얼어붙은 시신은 발견되지 않았다. 그러나 오늘날 기념비가 그가 사라진 지점에 서 있다. 거기에는 이렇게 적혀 있다. "매우 용맹스러운 한 신사가 이 부근에서 세상을 떠났다."

스콧과 2명의 대원은 비틀거리며 계속 걸었다. 그들은 이제는 더 이상 사람으로 보이지 않았다. 그들의 코와 손가락, 발은 추위로 얼어붙어 자칫하면 금세라도 부러질 것 같았다. 그리고 극지를 떠난 지 60일째 되는 날인 1912년 3월 19일, 그들은 마지막으로 텐트를 쳤다. 그들에게는 일 인당 차 두 잔을 끓일 정도의 연료와 이틀 더 버틸 수 있는 식품밖에 없었다. 그들은 이제는 살았다고 생각했다. 그들은 보급품을 묻어 둔 곳에서 17.6킬로미터(11마일) 정도밖에 떨어져 있지 않았다. 몹시 힘들지만 한 번만 더 행군하면 그곳에 도달할 수 있을 터였다.

죽을 때까지 '스포츠맨십'으로 일관한 사나이들

갑자기 비극이 그들을 덮쳤다.

대지의 가장자리 저 너머에서 심한 눈보라가 윙윙거리며 노호하고, 광포한 바람은 얼음 산등성이들을 잘라 낼 정도로 맹렬하고 날카로웠다. 이에 정면으로 맞서 살아날 수 있는 생물은 이 지구상에 없었다. 스콧과 그의 대원들은 심한 눈보라가 맹위를 떨치며 으르렁대는 소리를 들으며 11일 동안 텐트 속에 갇혀 지냈다. 그들의 보급품은 다 떨어졌다. 이젠 끝이었다. 그들은 이것을 알고 있었다.

그러나 도망갈 수 있는 길이 하나 있었다. 게다가 도망치기 쉬운 길이었다. 그들에게는 아편이 있었다. 바로 이런 긴급 사태에 대비해 갖고 다닌 다량의 아편이 있었다. 그것을 듬뿍 복용하면 그들은 모두 즐거운 꿈속으로 빠져 들어 두 번 다시 깨어나지 않을 수 있었다.

그러나 그들은 이 마약을 무시해 버렸다. 그들은 영국인 특유의 훌륭한 스포츠맨 정신을 갖고 죽음에 직면하기로 결심했다.

마지막 몇 시간 동안 스콧 대장은 최후의 상황을 묘사하며 유명한 작가인 제임스 배리 경(《피터팬》의 작가)에게 편지를 썼다. 그들의 식량은 다 떨어졌다. 죽음이 거의 목전에 다가왔다. 하지만 스콧은 이렇게 쓰고 있다. "우리가 텐트 속을 가득 채우고 있는 힘차고 분명한, 유쾌한 노랫소리를 들을 수 있다면, 당신도 즐거워질 것입니다."

8개월 뒤의 어느 날, 남극의 태양이 희미하게 반사되는 빙원 저 위에서 조용히 빛나고 있었다. 그들의 얼어붙은 시신이 수색대에 의해 발견되었다.

그들은 죽은 곳에 묻혔다. 스키 2개를 끈으로 묶어 만든 십자가 밑에 매장되었다. 그리고 합장된 그들의 무덤에는 계관 시인 테니슨의 장시 〈율리시즈〉에서 인용한 아름다운 시구가 씌어졌다.

한결같은 영웅적 기백氣魄,
세월과 운명에 의해 쇠약해졌지만, 의지는 강하도다.
분투하고 추구하고 발견하고 결코 굴하지 않으리라.

Robert Falcon Scott, 1868. 6. 6~1912. 3. 29. 스코틀랜드계 영국인으로 어릴 때에는 허약했지만 평생 해군 장교로 근무했다. 1889년 영국 학사원과 왕립 지리학 협회가 남극 탐험대를 조직할 때 선발되어 대장이 되었다. 두 차례에 걸쳐 남극을 탐험한 끝에 1912년 1월 18일 극점에 도달하였으나 이미 1개월 전에 아문센이 남극을 정복한 사실을 발견하고 크게 실망하고, 돌아오는 길에 조난하여 사망하였다. 1912년 11월 12일, 수색대는 얼어붙은 시체, 비어드모어 빙하의 지질 표본, 그들의 모든 여행을 기록한 스콧의 기록부와 일기장을 찾아냈다. 사후에 스콧은 그의 용기와 애국심으로 인해 국가적인 영웅이 되었으며, 그의 부인에게는 스콧을 대신해서 기사 작위가 수여되었다.

사랑을 전하는, 빛이 되는
삶에 도전하다

에반젤린 부스

수백 번의 프로포즈를 거절하고
전 세계의 가난한 사람들에게
사랑을 베풀며 헌신한 여성

내가 알고 있는 사람 중에 수백 명의 남자로부터 프로포즈를 받은 더없이 놀라운 여성이 있다. 그녀는 백만장자에서 어부, 농부, 뉴욕의 바우어리 거리의 극빈자에 이르기까지 수많은 사람들로부터 받은 청혼을 거절했다. 유럽의 가장 유명한 왕가 출신의 왕자도 몇 달 동안 그녀를 쫓아다니며 결혼해 달라고 애원했다. 이미 70세에 이른 뒤에도 그녀의 비서가 보여 주려고도 하지 않을 정도로 여전히 우편으로 많은 프로포즈를 받았다.

그녀의 이름은 에반젤린 부스, 1939년에 은퇴할 때까지 사상 최대의 군대인 구세군의 총대장이었다. 3만 명에 이르는 장교를 거느리고서 멀리 퍼져 있는 전 세계 86개국의 굶주리는 사람들에게 먹을 것을 제공하고, 80개의 다른 언어로 사랑을 전했다.

빈틈없는 슈퍼우먼

나는 에반젤린 부스를 만났을 때 적잖이 충격을 받았다. 할머니가 될 만한 나이로 알고 있었는데, 그녀의 검붉은 머리에서 흰 머리카락이 몇 가닥 보이기 시작할 뿐이었다. 또한 그녀는 활기로 가득 찬 채 열정으로 불타오르고 있었다.

흔히 인생은 사십부터라고 말한다! 하지만 만약 이 여성이 움직이지 않게 잡아 두는 데 두 사람이 필요할 정도로 거칠고 마구 뛰어오르는 말에 올라타는 것을 본다면, 인생은 칠십부터라고 생각하게 될 것이다. 에반젤린 부스는 그 말을 싸게 샀다. 그 소유자가 올라타길 두려워했기 때문이다. 그 말의 이름은 골든 하트였다. 에반젤린이 골든 하트에 올라타고 "놓아 줘!" 하고 외치면, 골든 하트가 그녀가 달랠 때까지 펄쩍 뛰거나 뒷발을 들고 뛰어오르거나 대지 곳곳에서 앞뒤로, 옆으로 왔다갔다했다. 그녀는 아침마다 한 시간씩 말을 탔다. 때로는 말을 타고 숲 속을 달리는 동안 한 손으로는 고삐를 잡고 다른 한 손으로는 원고를 잡고 설교 준비를 했다.

미국에 있을 때에는 여름마다 조지 호에 가서 곡예 다이빙을 했다. 굽히기형 다이빙도 하고, 귀갑식 다이빙도 하고, 두 팔을 펴고 하는 제비식 다이빙도 했다. 63세 때에는 조지 호를 4시간 만에 똑바로 헤엄쳐 건넜다.

그녀는 밤마다 침대 옆에 필기첩을 두고 잔다. 그리고 한밤중에 일어나 여러 장의 글을 쓴다. 어느 잠이 오지 않는 밤에는 새벽 3시에 일어나 가사를 쓰고 작곡도 해 노래를 만들었다.

구세군 본부에 갈 때 자동차로 1시간이 걸렸는데, 그 사이에도 계속 구술하며 필기하게 했다.

에반젤린 부스는 평생을 살아오면서 가장 섬뜩한 경험 중 하나를 한 것은 알래스카의 유콘 지방으로의 골드 러시 때였다고 말했다. 생각날지 모르겠지만, 20세기로 접어들기 직전에 알래스카에서 금이 발견되었다. 그리고 그 소식에 온 나라가 흥분의 소용돌이에 빠져 들었다. 사람들이 떼지어 극북 지방으로 급히 달려가기 시작했고, 에반젤린은 그곳에서도 구세군이 필요하리라는 생각이 들었다. 그래서 그녀는 두세 명의 유자격 간호사 및 서너 명의 조수와 함께 유콘 지방으로 향했다. 그녀가 스캐그웨이에 도착해 보니, 달걀은 1개당 25센트이고 버터는 500그램에 3달러나 했다. 굶주리는 사람도 있고, 모든 사람이 총을 지니고 있었다. 그리고 그녀는 어디에서나 사람들이 유콘 지방의 클로다이크와 딜린저의 살인귀 '소피(Soapy)'(비누 안에 큰 지폐를 숨기는 속임수로 이런 별명을 얻었다) 스미스에 대해 말하는 것을 들었다. '소피' 스미스와 그의 갱단은 금광 지대에서 돌아오는 광부들을 잠복하며 기다리다가 경고도 하지 않고 쏘아 죽이고 사금을 빼앗았다. 미국 정부가 그를 없애기 위해 무장 경관대를 보냈지만, '소피' 스미스는 그들을 모두 죽이고 달아났다.

악명 높은 갱단 두목의 마음을 움직인 감화력

스캐그웨이는 불량배들이 모이는 곳이었다. 에반젤린 부스가 도착한 바로 그날에도 그곳에서 5명이 살해되었다.

그날 밤 그녀는 유콘 강의 강가에서 집회를 열었다. 그리고 2500명의 가족이 없는 고독한 남자들에게 설교를 하고, 그들 모두 오래 전에 그들의 어머니가 부르는 것을 들었던 노래들, 즉 〈주님, 내 영혼이 사랑하는 분〉, 〈내 주를 가까이하려 함은〉, 〈즐거운 나의 집〉 등을 부르게 했다.

극북의 밤은 으스스하고 쌀쌀하고 추웠다. 그래서 그녀가 노래를 부르는 동안, 어떤 사람이 담요를 가져와 그녀의 어깨에 걸쳐 주었다.

이 방대한 숫자의 군중이 새벽 1시까지 노래를 불렀다. 그 후 에반젤린 부스와 그녀의 조력자들은 소나무 아래의 땅에서 자기 위해 숲으로 들어갔다. 그들은 불을 피우기 시작했다. 그리고 그들이 코코아 차를 조금 끓이고 있을 때, 5명의 사내가 총을 들고 다가오고 있는 것이 보였다. 그들이 말소리가 들리는 거리 안으로 들어왔을 때, 두목으로 보이는 사람이 모자를 벗고는 이렇게 말했다. "나는 '소피' 스미스요. 당신의 노래를 들으며 얼마나 즐거웠는지 말해 주러 왔소." 그러고는 그는 이렇게 덧붙여 말했다. "나는 당신이 노래를 부르고 있을 때 담요를 보내 준 사람은 다름 아닌 바로 나였소. 그 모포, 갖고 싶으면 가져도 좋소."

오늘날에는 담요는 대단한 선물 같은 느낌이 들지 않지만, 한기와 습기로 사람들이 죽어 가는 그곳에서는 굉장한 선물이었다.

그녀는 자신이 스캐그웨이에 있으면 위험하겠느냐고 그에게 물었다. 그러자 그는 이렇게 말했다. "아니오. 내가 이곳에 있는 동안은 괜찮을 거요. 내가 보호해 주겠소."

에반젤린 부스는 밤중의 태양이 떠 있는 백야에 3시간 동안 그와 이야기를 나누었다. 그녀는 이렇게 말했다. "나는 생명을 주고 있지만, 당신은 생명을 빼앗고 있습니다. 그것은 옳지 않습니다. 당신은 이길 수 없습니다. 그들이 조만간 당신을 죽일 것입니다." 그녀는 그에게 자신의 어린 시절과 어머니에 대해 이야기해 주었다. 그리고 그는 그녀에게 자신도 할머니와 함께 구세군 집회에 참석해 노래하고 박수를 치곤 했다고 말했다. 또한 그는 할머니가 임종할 때 그에게 구세군 집회에서 함께 배운 노래를 불러 달라고 했다고 고백했다.

내 마음이 지금 눈보다 흰 것은
주께서 여기에 나와 함께 계시기 때문이네.
비록 내 죄는 많지만 용서받았음을
나는 알고 있네. 나의 이름은 더럽혀지지 않았네.

미스 부스는 그에게 함께 무릎을 꿇자고 말했다. 그리고 구세군의 여성과 극북 지방을 공포에 떨게 하는 가장 악명 높은 무법자인 '소피' 스미스가 북쪽의 소나무 아래에서 함께 무릎을 꿇고 기도를 하고 함께 울었다. '소피'는 뺨에 눈물을 흘리며 더 이상 사람을 죽이지 않고 자수하겠다고 그녀에게 약속했다. 미스 부스도 정부에 대한 자신의 모든 영향력을 이용해 그가 가벼운 판결을 받게 해 주겠다고 약속했다.

새벽 4시에 그는 그녀 곁을 떠났다.

아침 9시에 그가 부하 한 명 편에 갓 구운 빵과 잼이 든 작은 파이, 버터 450그램 정도를 보내 주었다. 이것들도 그곳에서는 아주 귀중한 맛있는 음식이었다. 그가 사람들을 총으로 위협하며 밀가루와 버터를 강탈하고, 스캐그웨이의 악녀 중 한 명이 사랑과 순결, 관용을 설교하기 위해 알래스카에 온 이 훌륭한 여성을 위해 빵과 잼이 든 작은 파이를 구울 수 있는 영예를 달라고 부탁했던 것이다.

이틀 뒤에 누군가에 의해 '소피' 스미스가 사살되었고, 스캐그웨이는 기념비를 세워 그를 죽인 남자의 공적을 기렸다.

에반젤린 부스는 내가 만나 본 사람들 중에 가장 행복한 인물 중 하나였다. 그녀는 다른 사람들을 위해 살고 있기 때문에 행복했다. 그녀는 자신의 삶의 가장 깊은 곳에 자리잡고 있는 열정은 자신도 그 길을 지나왔기 때문에 웨이트레스가 되었든, 침대차의 보이가 되었든 자신이 만나는 모든 사람을 좀더 낫게 만들고 싶은 마음이라고 내게 말했다.

Evangeline Cory Booth. 1865. 12. 25~1950. 7. 17. 구세군의 창설자인 윌리엄 부스의 8남매 중 일곱째로 영국 런던에서 태어났다. 어릴 때부터 남달리 신앙이 강했으며, 젊은 시절에는 빈민굴에 기거하면서 어려운 이들을 도우며 봉사했다. 이미 26살 때 구세군 사관 학교의 교장으로 임명될 만큼 적극적인 신앙 실천가가 되었다. 그 후 캐나다와 미국, 유럽에서 구세군 사령관으로서 오직 복음과 봉사를 위해 전력을 기울였고, 1934년에는 제4대 구세군 총사령관으로 취임했다. 1978년 4월 영국 여성들에 의해 가장 칭찬받을 사람으로 선출되었다.

때로는 빙 돌아서 가는 길도
큰 가치가 있다

H. G. 웰스

골절로 1년, 죽음에 이를 뻔한 큰
중상으로 12년, 불의의 재난 덕분에
자신의 재능을 숙성시킨 남자

60년 전에 한 떼의 아이들이 런던 교외의 어느 거리에서 놀고 있을 때 사고가 일어났다. 몸집이 가장 큰 아이 중 하나가 버티 웰스라 불리는 조그마한 아이를 안아들고는 공중으로 높이 던졌다. 하지만 그 큰 아이가 버티가 떨어질 때 잡지 못하고 떨어뜨려 다리가 부러졌다.

버티는 다리를 고정시켜 놓은 무거운 깁스 때문에 몸부림을 치고 괴로워하면서 몇 달 동안 침대에 누워 지냈다. 그렇지만 뼈가 잘 붙지 않았다. 다시 부러뜨리지 않으면 안 되었다. 그것은 끔찍한 체험이었다. 어린 버티는 무섭고 고통스러워 비명을 질렀다.

그 당시에는 이것이 비극처럼 생각되었지만, 버티는 이제는 그렇게 된 것이 더 나았다는 것을 알고 있다. 오늘날 그는 세계에서 가장 유명한 작가 중 한 사람이다. 당신이 알고 있는 그의 이름은 버티가 아니라 허버트 조지 웰스, 혹은 H. G. 웰스이다. 아마도 당신은 그의 일부 작품을 읽어 보았을 것이다. 그는 75권 이상의 책을 썼다. 본인도 자신을 찾아온 가장 큰 행운은 아마도 다리가 부러진 일일 것이라고 시인하고 있다. 그 이유는 무엇일까? 그로 인해 줄곧 만 1년 동안 집 안에 갇혀 지내야 했기 때문이다. 그는 손에 넣을 수 있으면 어떤 책이든 닥치는 대로 다 탐독했다. 그 외에는 할 수 있는 것이 없었기 때문이다. 그 결과 그는 독서 취미를 기르고 문학을 사랑하게 되었다. 그는 자극을 받고 분발하게 되었다. 그는 평범한 환경을 뛰어넘기로 결심했다. 다리가 부러진 것이 그의 인생의 전환점이 되었던 것이다.

재난으로 생각되는 것도 긴 안목으로 보면 복이 된다

오늘날 H. G. 웰스는 세계에서 가장 고료가 비싼 작가 중 한 사람이다. 아마도 그는 펜 하나로 수백만 달러를 벌었을 것이다. 하지만 그는 찢어지게 가난한 환경 속에서 자랐다. 그의 아버지는 프로 크로켓 선수이면서 작은 도자기 가게를 하고 있었는데, 이 가게가 문을 닫을 위기에 놓여 있었다. H. G. 웰스는 그 가게 위에 있는 작은 침실에서 태어났다. 주방은 아래 지하실에 있었다. 어둡고 음침한 굴과 같은 곳으로, 천정 가까이에 있는 보도步道 쪽 쇠창살을 통해서만 빛이 스며들고 있었다. 웰스의 가장 어릴 적의 기억 중 하나는 그 어두운 주방에 앉아 위쪽의 쇠창살 너머로 지나가는 사람들의 발을 지켜 보는 것이었다. 여러 해 뒤에 그는 어느 작품에서 그 발들에 대해 쓰고, 자신이 신고 있는 신발로 사람들을 판단하는 법을 어떻게 배웠는지 털어놓았다. 마침내 도자기 가게가 문을 닫았다. 그의 가족은 절박했다. 그래서 그의 어머니가 서섹스 주에 있는 큰 저택에서 가정부로 일하지 않으면 안 되었다. 당연히 그녀는 하인들과 함께 살았고, H. G. 웰스는 어머니를 만나러 종종 그곳에 갔다. 바로 이곳에서 그는 처음으로 영국의 상류 사회의 생활을 엿보았고, 더군다나 하인들의 방에서 엿보았다.

미래의 《세계 문화사 대계》의 저자는 열세 살 때 포목상의 점원으로 직업 생활을 시작했다. 그는 새벽 5시에 일어나 가게를 청소하고, 난로에 불을 피우고, 하루에 14시간씩 노예처럼 뼈빠지게 일하지 않으면 안 되었다. 힘들고 지겨워, 그는 이 일을 몹시 싫어했다. 한 달이 되자, 주인이 그를 해고했다. 그가 단정하지 못하고 야무지지 못하며 다루기 힘들었기 때문이다. 그 후 그는 약국 점원으로 취직했다. 그리고 또다시 한 달 만에 해고되었다.

그는 마침내 다른 포목점의 점원으로 또 취직했다. 그는 먹지 않으면 안 되었다. 그래서 이번에는 좀더 오래 버텼다. 하지만 매장 주임이 보지 않으면, 그는 살그머니 지하실로 도망쳐 허버트 스펜서의 책을 읽었다.

2년이 지나자 그는 이제는 더 이상 버틸 수가 없었다. 그래서 어느 일요일날 아침에 일어나자 아침 식사를 기다리지 않고 허기진 배를 움켜쥔 채 25킬로미터를 터벅터벅 걸어 어머니를 만나러 갔다. 그는 미칠 것 같았다. 그는 어머니에게 애원했다. 그는 눈물을 흘리며 울었다. 그는 가게에서 더 일을 해야 한다면 자살해 버리겠다고 선언했다. 그 후 그는 옛 학교 은사에게 가슴 아픈 장문의 편지를 썼다. 웰스는 자신은 불쌍하고 비탄에 잠겨 있으며, 이젠 더 이상 살고 싶지 않다고 그에게 말했다. 그러자 아주 깜짝 놀란 학교 선생님이 교사로 취직해 보지 않겠느냐고 제안하는 답장을 보냈다.

야앗, 어서 빨리 변해라! 이것이 그의 인생의 또 다른 전환점이 되었다. 그러나 H. G. 웰스는 오늘날에는 가늘고 높은 목소리로 자신이 포목점에서 보낸 장기간에 걸친, 견디기 어려운 고역의 세월은 모습을 바꾼 축복이었다고 말할 것이다. 그는 선천적으로 게으르고 나태했다. 그런데 포목점이 그에게 일하는 법을 가르쳐 주었다.

눈앞의 '행운'을 자신의 것으로 만들어 가는 지혜

그가 가르치기 시작하고 나서 2, 3년이 지난 뒤에 또다시 불시에 재난이 그를 덮쳤다. 그 사건은 이렇게 일어났다. 그는 미식 축구를 하고 있었다. 경기가 열기를 띠고 흥분의 도가 높아져 가는 가운데 그가 얻어맞고 쓰러지고 짓밟혀 자칫하면 목숨을 잃을 지경에까지 이르렀다. 신장 하나가 파열되고, 오른쪽 폐에 구멍이 뚫렸다. 그는 출혈 과다로 피가 흘러나올 대로 다 흘러나왔다. 의사들도 모든 희망을 다 버렸다. 그리고 그는 곧 사망하지 않을까 하는 상태로 몇 달을 보냈다. 그 후 12년 동안 힘겨운 세월을 보내면서 그는 반병자 상태에서 삶에 집착했다. 하지만 그 세월 동안 그는 문명 세계 곳곳에 그의 이름을 알리게 되는 능력을 발전시켰다.

그는 5년 동안 무서운 기세로 글을 썼다. 그가 집필한 책이나 논설이나 소설은 지루하고 미숙했다. 그리고 그는 이것을 깨달을 수 있는 양식을 지니고 있었다. 그래서 그는 자신이 쓴 것을 거의 모두 불태워 버렸다.

마침내 아직 반병자임에도 불구하고 그는 교사 자리를 또 구했다. 그런데 생물학 교실에 아름다운 여학생이 있었다. 그녀의 이름은 캐서린 로빈스였다. H. G. 웰스는 곧 자신이 생물학보다 캐서린에 훨씬 관심이 있는 것을 알게 되었다. 그녀는 허약하고 병약했다. 그도 그랬다. 그들은 지금 당장 가능한 모든 행복을 손에 넣고 싶었다. 그래서 그들은 결혼했다.

그것은 40년 전의 일이었다. 웰스는 죽기는커녕 강건함을 되찾고 인간 에너지 발전기, 즉 정력가로 판명되었다. 그는 매년 표준적 길이의 책 2권을 쓰고, 그 책들은 전 세계에 큰 반향을 불러일으키고 있다.

웰스의 머릿속은 언제나 아이디어로 번쩍이고 있다. 그는 한밤중에도 일어나 문득 떠오른 생각을 노트에 적는다. 그리고 예전에 포목점 점원으로 무능해서 해고되었던 게으른 소년이 지금은 이렇게 말하고 있다. 즉 그의 노트에는 150년 동안 계속 책을 쓸 수 있을 만큼의 자료가 있다는 것이다.

그는 런던의 작업실에서든, 열차 안에서든, 지중해의 매혹적인 푸른 바닷가의 비치 파라솔 아래에서든, 어디에서든 다 글을 쓸 수 있다. 그는 프랑스령 리비에라에 별장 두 채를 빌려 놓고 있다. 한 채는 작업실이고, 다른 한 채는 손님이 묵는 곳이다. 그는 하루 종일 글을 쓰고, 저녁때에만 손님들과 한담을 나눈다. 그들을 맞이하러 직접 역으로 갈 수 없을 경우에는 다음으로 가장 나은 행동을 한다. 즉 그들을 맞이하기 위해 고급 차를 보낸다. 그리고 차와 함께 잘 비축된 포도주 저장실의 열쇠를 보낸다. 그의 손님들은 그가 마침내 나타날 때에는 늘 기분 좋은 상태에 놓여 있다.

Herbert George Wells. 1866. 9. 21~1946. 8. 13. 잉글랜드 켄트 브럼리 출생. 지방의 가난한 상가에서 태어나 고학을 하여 이과 사범 학교(런던 대학 이학부의 전신)를 졸업하였다. 생물학 교사를 거쳐 30세경에 작가로 전업했다. 처음에는 《타임 머신》 등 선구적인 SF 소설을 썼지만, 나중에는 현실 사회로 눈을 돌리고 사상 소설을 쓰며 세계적인 대작가로서의 명성을 쌓았다. 《세계 문화사 대계》 등 계몽적인 대저를 펴내고, 만년에는 작가보다 사상가 · 문명사가로 활약했다.

그래서 노력을 중단할 수 없다
뜻밖의 성공 인생

서머셋 몸

계속 쓰다 보니 저도 모르는
사이에 〈햄릿〉이래 최고의
대걸작을 탄생시키게 된 남자

동서고금을 막론하고 최고의 희곡은 무엇일까? 이런 질문을 받는다면 당신은 뭐라고 대답하겠는가? 뉴욕의 일류 연극 비평가들이 모여 역사상 최고의 희곡 열 편을 놓고 무기명 투표를 했을 때, 첫 번째 영예는 300년 이상 전에 씌어진 〈햄릿〉으로 돌아갔다. 그리고 그들이 두 번째 최고의 희곡으로 결정한 것은 〈맥베드〉도, 〈리어 왕〉도, 〈베니스의 상인〉도 아닌 〈비〉였다. 그렇다, 남태평양를 무대로 섹스와 종교가 필사적으로 싸우는 저 격렬한 드라마, 서머셋 몸의 단편 소설 〈새디 톰슨〉에 바탕을 둔 희곡 〈비〉이다.

몸은 〈비〉로 20만 달러의 수익을 올렸지만 희곡을 쓰는 데는 5분도 사용하지 않았다.

그 경위는 다음과 같다. 그는 〈새디 톰슨〉이라는 제목의 단편 소설

152

을 썼다. 그는 이 소설을 그리 중요하게 생각하지 않았다. 어느 날 밤에 극작가인 존 콜튼이 그의 집에 묵고 있었는데, 콜튼이 보다가 자게 읽을거리 좀 달라고 말했다. 그래서 몸은 그에게 〈새디 톰슨〉의 교정 쇄를 건네 주었다.

콜튼은 이 소설에 매료되었다. 이 소설을 읽고 감동했다. 그는 침대에서 일어나 침실 안을 왔다갔다했다. 그날 밤 상상 속에서 그는 그것을 연극으로 보았다. 운명적으로 불후의 명작이 될 드라마였다.

다음날 아침에 그는 서머셋 몸에게로 달려갔다. 그러고는 그에게 이렇게 말했다. "이 소설은 정말 멋진 희곡이 될 거야. 나는 밤새 그것에 대해 생각했다네. 잠 좀 자게 해 주게, 응? 한숨도 자지 못했어!"

하지만 몸은 별다른 감흥을 느끼지 않았다. "희곡이라고?" 하고, 그는 영국인다운 시원시원하고 분명한 목소리로 말했다. "아, 그래. 어쩌면 우울한 희곡은 될지 몰라. 6주일 정도는 공연될 수 있을 거야. 하지만 정말로 관심을 기울일 만한 가치는 없어. 실제로 그래." 그리고 그는 자신이 관심을 기울일 만한 가치가 없다고 생각했던 그 희곡으로 20만 달러를 벌어들였다.

희곡이 완성되었을 때, 여러 명의 연출가가 퇴짜를 놓았다. 그들은 실패하리라 확신했다. 그 후 샘 해리스가 수락했다. 그는 진 이글스라는 젊은 여배우에게 주연 자리를 맡기고 싶었던 것이다. 그러나 공연권을 사들인 에이전트가 거부했다. 그는 더 잘 알려진 사람을 원했다. 결국 진 이글스가 배역을 따내고 '새디 톰슨' 역을 박력 있게 열연해 브로드웨이에 센세이션을 일으켰다. 그녀가 450회에 걸쳐 떠들썩

한 공연을 하는 동안 계속 대만원을 이루었다.

서머셋 몸은 《인간의 굴레》나 《달과 6펜스》, 《면도날》과 같은 많은 장편 소설 명작도 쓰고, 20편 정도의 크게 성공을 거둔 희곡도 썼다. 그러나 그 자신의 가장 유명한 희곡인 〈비〉는 직접 쓰지 않았다.

지금은 그를 천재로 부르는 사람들도 있지만, 작가 생활을 시작하고 나서 11년이 지나는 동안 그는 금전적으로는 실패자였다. 이것을 생각해 보라! 작가로서 백만 달러를 벌도록 운명지어져 있던 이 사람이 단편 소설이나 장편 소설을 쓰던 처음 '11년' 동안은 1년에 500달러밖에 벌지 못했다. 배를 곯을 때도 있었다. 그는 봉급을 받고 쓰는 논설을 쓰는 일자리를 얻으려 했다. 하지만 취직하지 못했다. 몸은 내게 이렇게 말했다. "나는 계속 글을 쓰지 않으면 안 되었습니다. 글자 그대로 직장에 다닐 수 없었기 때문이지요."

그의 친구들이 어째서 바보처럼 계속 글을 쓰려 하느냐고 말했다. 그는 이미 의과 대학을 졸업한 상태였다. 그래서 친구들이 소설을 잊어버리고 개업할 것을 강력히 권했다. 하지만 그 무엇도 영국 문학사에 큰 이름을 남기려는 그의 결심을 바꿀 수 없었다.

하룻밤 사이에 '화제의 인물'이……

〈믿거나 말거나〉로 유명한 보브(로버트) 리플리가 언젠가 내게 이렇게 말했다. "세상에 알려지지 못한 채 10년 동안 뼈빠지게 일하다가 10분 만에 유명해지는 사람도 있습니다." 바로 이런 일이 리플리와 서머셋 몸에게 일어났다.

서머셋 몸이 처음으로 행운을 잡은 경위는 이렇다. 어떤 사람의 연극이 런던에서 실패했다. 그래서 극장의 지배인이 그것을 대신할 만한 것을 이리저리 찾고 있었다. 그는 히트작을 찾고 있지는 않았다. 희곡다운 희곡을 확보해 예행 연습에 들어갈 수 있을 때까지 오래된 것이라도 있으면 무대에 올릴 셈이었다. 그래서 그는 책상 속에 손을 넣고 이리저리 더듬다가 서머셋 몸의 희곡을 끄집어냈다. 그 희곡은 제목은 〈프레데릭 부인〉이었다. 그는 1년 동안 이 희곡을 책상 속에 처박아 두고 있었던 것이다. 그는 이것을 읽어 보았지만, 그가 알기로 대단하지 않은 작품이었다. 그러나 몇 주일 동안은 갈지 몰랐다. 그래서 그는 이것을 무대에 올렸다. 그런데 기적이 일어났다. 〈프레데릭 부인〉이 대히트를 했다. 런던 시내 전역에서 화제가 되었다. 오스카 와일드의 재기 넘치는 대사 이래 이만큼 영국인을 즐겁게 만든 것은 없었다.

　런던의 모든 극장 지배인이 곧 서머셋 몸에게 희곡 좀 달라고 간청했다. 그래서 그는 책상 속에서 묵은 원고들을 찾아냈다. 그리하여 2, 3주일도 되지 않아 그의 희곡 '세 편'이 초만원을 이루며 동시에 무대에서 공연되었다.

　로열티가 황금빛 홍수처럼 쏟아져 들어왔다. 출판업자들이 이 새로운 천재의 작품 값을 흥정하며 서로 경쟁했다. 사교계에서도 초대장이 빗발치듯 날아왔다. 11년간 무명 생활을 한 뒤에 서머셋 몸은 문득 정신을 차려 보니 런던 사교계의 축배의 대상이 되어 있었다.

　몸은 오후 1시 이후에는 절대로 글을 쓰지 않는다고 내게 말했다.

그의 말에 따르면 그의 두뇌는 오후에는 활동을 멈춘다고 한다. 그는 언제나 파이프로 담배를 피우고 글을 쓰기 전에 한 시간 동안 철학서를 읽는다.

그는 내게 미신을 믿지 않는다고 말했지만, 그의 책 표지에 반드시 '악마의 눈' 디자인을 사용하고 있다. 그는 가정의 식기류에도 똑같은 진기한 무늬를 새겨 놓고 있다. 그의 편지지와 트럼프에도 이것이 있다. 그는 이것을 벽난로 위의 선반에도 새겨 놓았다. 심지어는 별장의 현관 입구 위에도 새겨 놓았다. 그러나 내가 정말로 이것을 믿느냐고 묻자, 그는 빙그레 웃기만 했다.

William Somerset Maugham, 1874. 1. 25~1965. 12. 16. 파리 주재 영국 대사관의 고문 변호사의 아들로 태어났다. 1897년 의과 대학을 졸업하고 작가 생활로 들어가 소설 · 희곡 등을 계속 쓰다가 1907~1908년 그의 희곡 4편이 런던의 4개의 극장에서 거의 같은 시기에 상연됨으로써 이름을 떨치게 되었다. 제1차 세계 대전 직전에 완성한 장편 소설 《인간의 굴레》는 작자가 고독한 청소년 시절을 거쳐 인생관을 확립하기까지 정신적 발전의 자취를 더듬은 자서전적 대작으로 대표적 걸작이다. 〈비〉는 영화로도 여러 번 제작되었다. 그 원작 〈새디 톰슨〉은 단편집 《나뭇잎의 하늘거림》(1921년)에 포함되어 있다. 연극으로 초연된 것은 1922년의 일이다.

인생의 밑바닥에서
자신의 천성에 눈뜨다

어빙 벌린

악보의 음표도 읽지 못하면서
콧노래만으로 미국의 히트 송을
계속 만들어 낸 남자

적어도 한 사람은 1929년에 월스트리트의
시세가 대폭락할 때 파산한 것을 다행으로 여기고 있다. 그는 갖고 있
는 돈을 모두 잃었다. 어제까지는 백만장자였지만, 오늘은 새로운 쇼
를 제작하는 것을 돕기 위해 1만 달러를 빌리지 않으면 안 될 정도로
파산했다. 그의 아내가 최근에 내게 이렇게 말했다. 그는 지금은 자
신이 1929년에 파산한 것을 다행으로 여기고 있는데, 그것은 그로 인
해 어쩔 수 없이 자신이 좋아하는 일, 즉 노래를 작곡하는 일로 돌아
갈 수밖에 없었기 때문이라는 것이다. 이 남자가 어빙 벌린이다. 그
가 1929년의 대공황 이후 처음으로 만든 뮤지컬은 〈우뢰와 같은 환
호로 답하며(As Thousands Cheer)〉였다.

1929년에 어빙 벌린이 알고 있기로 그에게는 아무리 써도 다 쓸 수

없는 돈이 있었다. 그래서 그는 여행을 하거나 빈둥거리며 모든 시간을 다 보내고 있었다. 그는 즐거운 나날을 보내고 있었고, 영원히 이대로 계속 살아가고 싶었다. 하지만 그는 이제는 자신이 빈둥거릴 때보다 다시 노래를 작곡할 때 훨씬 더 큰 기쁨을 느낀 것을 알고 있다.

그는 1930년에 과연 자신이 재기할 수 있을까 걱정했다. 어찌 되었든 그는 18년 동안 수많은 히트 유행가를 작곡했기 때문에, 이젠 작곡가로서 끝난 것이 아닐까, 이젠 작곡할 거리가 다 떨어진 것이 아닐까 걱정되었다. 그러나 어빙 벌린은 일하러 가지 않으면 안 되었다. 그래서 그는 〈우뢰와 같은 환호로 답하며〉를 작곡했다. 이것은 대히트를 했다. 그는 자신감이 용솟음쳤다. 할리우드가 〈실크 해트〉라는 제목의 새 뮤지컬을 작곡해 줄 것을 요청했다. 할리우드는 매절로 하여 일률적인 금액을 지불하고 싶어했다. 하지만 그는 수익의 몇 퍼센트를 받는 인세 방식을 고집했다. 그리하여 그는 이 영화를 위해 작곡한 5개의 노래(그 중 하나가 〈뺨과 뺨을 맞대고 (Cheek to Cheek)〉이다)로 거의 30만 달러 이상을 벌어들였다.

그 후 그는 히트곡을 잇따라 작곡했다. 〈부활절의 퍼레이드〉, 〈화이트 크리스마스〉와 같은 노래가 그것이다. 1942년에 그는 가장 유명한 뮤지컬인 〈이것이 군대이다(This Is the Army)〉를 작곡하고 연출했다. 그는 보수를 전혀 받지 않고 이것을 작곡했다. 그는 자신의 시간과 재능을 모두 정부에 기부해 버렸다. 〈이것이 군대이다〉는 이미 1200만 달러의 수익을 올렸는데, 이것은 모두 육군 긴급 구조 기금으로 들어갔다.

3년 만에 몸값이 백만 배로

어빙 벌린은 살아 있는 유행가 작곡가로서 세계에서 가장 유명하지만, 놀랍게도 그의 마음속에서 솟아나는 멜로디를 음표로 적을 수 없을 정도로 음악의 기술적인 면에 대해서는 아는 것이 거의 없다. 그가 멜로디를 콧소리로 노래하면 음악 담당 비서가 그가 만들어 낸 멜로디의 음표를 악보에 적는다.

어빙 벌린은 평생 음악 레슨을 받은 적이 없지만 아마도 살아 있는 사람 가운데 누구보다 미국 대중 음악에 큰 영향을 미쳤을 것이다. 이것은 내 생각이 아니다. 이것은 미국에서 가장 유명한 클래식 음악 작곡자 중 한 사람인 존 올든 카펜터의 확신이다. 카펜터 씨는 이렇게 말하고 있다. "나는 서기 2000년 경에는 음악사가들이 미국 음악의 탄생일과 어빙 벌린의 탄생일이 같았다는 것을 알게 될 것이라고 굳게 믿고 싶다."

어빙 벌린은 악보도 읽지 못한다. 하지만 살아 있는 사람 가운데서 그 누구보다 많은 노래를 작곡했다. 그의 노래는 모두 합해 800곡이 넘는다. 그의 말에 따르면 작곡한 노래가 그렇게 많기 때문에 누구보다 실패한 곡도 많다고 한다.

그는 학교에 2년밖에 다니지 않았다. 끝까지 다 읽은 첫 번째 책은 아마도 자신의 전기였을 것이다. 아주 유명한 사람들의 전기는 만년에 이르렀을 때나 사망한 뒤에 씌어진다. 그런데 유명한 비평가인 알렉산더 울코트가 어빙 벌린이 35세밖에 안 되었을 때 그의 전기를 썼다.

어빙 벌린은 그가 작곡한 첫 노래인 〈햇빛 찬란한 이탈리아 출신의 마리〉로 정확하게 33센트를 벌었다. 하지만 3년 뒤에는 그는 20만 달러를 벌게 해 준 노래, 미국 음악의 새로운 시대의 도래를 알린 노래, 하룻밤 사이에 그를 유명하게 만들어 준 노래를 작곡했다. 〈알렉산더의 래그타임 밴드(Alexander's Ragtime Band)〉가 그것이다. 이 노래는 역사상 가장 엄청난 히트곡 중 하나가 되었지만, 발표되기 전에 유명한 브로드웨이 뮤지컬 레뷰(새로운 형식의 뮤지컬. 가슴 쩡한 스토리를 보여 주는 대신 단일한 세트에서 두 시간을 백밴드의 라이브 연주에 맞춰 열정적인 춤과 노래로 채움) 〈폴리 베르제르〉의 연출가에 의해 거부되었다. 그 연출가가 〈알렉산더의 래그타임 밴드〉를 퇴짜놓은 이유는, 그는 이 노래가 대중적이 되지 못하지 않을까 걱정되었기 때문이다. 그러나 유명한 배우이자 연출가, 작곡가인 조지 M. 코핸은 미국인이 어떤 것을 좋아하는지 알고 있었다. 그는 이 노래를 재빨리 손에 넣고 1911년의 〈수사修士의 유쾌한 소동〉에 그것을 사용했다. 그리하여 전 국민이 그 전염성이 높은 멜로디에 마음이 기울고 그에 맞추어 노래부르고 춤을 추게 되었다.

1940년에 어빙 벌린은 전미 음악 감상 위원회로부터 그해의 최우수 작곡상을 받았다. 이 영예를 수여받은 것은 그가 거의 제2의 국가가 되어 버린 노래 〈신이여, 미국을 축복하소서(God Bless America)〉를 작곡했기 때문이다.

〈신이여, 미국을 축복하소서〉는 제1차 세계대전 동안에 작곡되었지만 1939년까지 발표되지 않았다. 뮌헨 위기(오스트리아를 합병한 히틀러의 독일이 체코 침공의 야심을 드러내며 본격적으로 연합군과 팽팽히 대치하기 시작한 사태) 후에 발표되었는데, 어빙 벌린은 또 다른 전쟁이 바야흐로 세계를 황폐화시키려 하지 않을까 염려되어 미국인의 마음을 분발시키고 단결시키고 싶었기 때문이다. 그는 또한 애국심을 이용해 돈을 번다는 비난을 받지 않을까 걱정되어 이 노래의 인세를 모두 미국의 걸 스카우트와 보이 스카우트에 기부했다.

지옥을 경험한 소년 시대

어빙 벌린이 "신이여, 미국을 축복하소서"라는 말을 처음 들은 것은 어머니의 입을 통해서였다. 그의 어머니는 이 말을 영어로는 말하지 않았다. 유대인인 그녀는 여기 신세계에서 알게 된 외국어는 결코 입에 담으려 하지 않았다. 그녀는 러시아어로 "신이여, 미국을 축복하소서"라고 말했다.

그런데 그녀는 무심코 이 말을 하지 않았다. 그녀는 환희에 가까운 감정을 담아 이 말을 했다. 그녀에게는 미국의 안전과 자유를 신께 간청할 이유가 있었다. 그녀와 그녀의 남편, 6명의 자식은 러시아에서 학대를 받고 박해를 받아 오로지 살아남기 위해 달아날 수밖에 없었기 때문이다. 어빙 벌린이 자신이 태어난 러시아에 대해 갖고 있는 유일한 기억은 자기 집이 어둠 속에서 활활 타오르는 것을 바라보는 것이었다.

벌린 일가는 1892년에 불빛이 으스레하고 악취가 코를 찌르는, 혼잡한 배의 선창 한쪽 구석에 끼여서 미국으로 향했다. 오늘날 벌린의 앞이마에 흉터가 하나 있는데, 이것은 그 배의 선창 위쪽 침대에서 자고 있던 남자의 손에서 미끄러져 떨어진 칼로 인해 생긴 상처이다.

무일푼 신세인 이 일가가 뉴욕에 도착하자, 4명의 딸은 집에서 뜨개질을 하고, 장남은 노동 착취 공장에서 일을 했다. 아버지는 때로는 유대인을 상대로 하는 정육점에 취직해 유대교의 규정대로 처리된 고기를 문서로 증명하는 일을 하고, 때로는 유대교의 회당에서 노래를 부르고 돈을 받았다.

8명의 가족은 처음에는 어두운 지하실에서 살다가 그 후 뉴욕의 슬럼가에 있는 작은, 방 2개짜리 아파트로 옮겨 갔다. 하지만 이 유대인 어머니가 러시아에서 경험했던 불길과 유혈에 비하면, 여기 신세계에서의 생활은 진짜 천국 같았다. 그래서 그녀는 소리내어 감사의 기도를 올리며 "신이여, 미국을 축복하소서!" 하고 거듭해서 중얼거렸던 것이다.

어빙 벌린 자신도 언젠가 이렇게 말했다. "아무 근거도 없이 노래를 작곡할 수는 없다. 자신이 작곡하고 있는 것을 알고 느껴야 한다." 그는 아무 근거 없이 〈신이여, 미국을 축복하소서〉를 작곡하지 않아도 되었다. 그는 어머니가 가르쳐 준 여러 가지 이야기 속에서 그 노래의 정신을 발견했다. 그는 자신의 마음속 깊은 곳에서 그 노래의 가사를 찾아냈다.

어빙 벌린의 노래 속에는 그 자신의 생활에서 태어난 것이 많이 포함되어 있다. 그의 첫 번째 아내가 결혼한 지 6개월밖에 되지 않았는데 1911년에 사망했다. 그때 그는 〈내가 당신을 잃었을 때(When I Lost You)〉를 작곡했다. 1917년에 병사로서 아침 6시에 침대에서 일어나지 않으면 안 되어 괴로워하고 번민할 때에는, 그는 〈아, 아침 일찍 일어나는 것은 정말 싫어(Oh, How I Hate to Get Up in the Morning)〉를 작곡했다.

비관적인 관측을 뒤엎은 멋진 결혼 생활

아름다운 대부호의 딸 엘린 매카이가 어빙 벌린과 사랑에 빠져 화가 난 그녀의 아버지가 그를 잊어버리도록 유럽으로 보내 버렸을 때, 그는 〈정말 외로워(All Alone)〉와 〈잊지 말아 줘(Remember)〉를 작곡했다. 또 결혼하기 직전에도 그는 다시 자신의 감정을 〈언제나 당신을 사랑할 거야(I'll Be Loving You, Always)〉라는 노래로 표현했다.

벌린 부인이 언젠가 내게 어빙 벌린이 생일날 그녀에게 선물한 순금 담뱃갑을 보여 주었다. 그 담뱃갑의 뚜껑에는 '언제나'라는 말과 '언제나 당신을 사랑할 거야'라는 가사의 멜로디 음표가 새겨져 있었다. 그리고 그는 1920년대에 처음 만난 이후 언제나 그녀를 사랑하고 있다. 그는 그녀를 자랑스러워하고, 그녀는 어빙 벌린의 아내임을 자랑스러워한다. 나는 그녀와 이야기를 나눌 때 그것을 느낄 수 있었다.

어빙 벌린과 엘린 매카이의 결혼은 사교계에 일대 센세이션을 불러일으켰다. 그들의 결혼은 불행으로 끝나게 되어 있었다. 적어도 현인인 체하는 자들은 이렇게 예언했다. 신랑과 신부의 사회 계급이 극과 극이었기 때문이다.

그녀의 아버지는 뉴욕 사교계의 지도적인 인사였고, 그녀는 대저택에서 양육되었다. 하지만 어빙은 한때는 싸구려 호텔이나 술집, 방랑자들로 유명한 바우어리 거리의 술집에서 노래를 부르고, 손님들이 던져 주는 동전을 바닥의 톱밥 속에서 줍고 그것을 주고 싸구려 하숙집에서 잠을 잤다.

하지만 온갖 비관적인 경고에도 불구하고 그들의 결혼 생활은 행복한 것 같다. 그들의 결혼 생활은 그릇된 사회적 차별을 무너뜨리는 데 도움을 주었다. 그들은 세 딸을 두고 있고, 캐츠킬 산맥(애팔래치아 산맥의 일부)에 있는 약 21만 평방미터의 농장에서 조용히 여름을 보낸다. 어빙 벌린 부부는 나이트클럽이나 사교계에는 흥미가 없다. 일하는 것이 그들의 생활이다.

내가 이미 말했듯이 어빙 벌린은 평생 한 번도 음악 레슨을 받은 적이 없지만, 아무리 우수한 음악 학교에서도 결코 배울 수 없고, 배우지도 못했을 중요한 것을 음악가로서의 인생 초기에 배웠다. 그는 보통 사람들이 좋아하는 가사를 쓰고 멜로디를 만드는 법을 배웠다. 그는 바우어리 거리에서 어느 앞을 보지 못하는 음악가를 이쪽 모퉁이에서 저쪽 모퉁이로 인도해 주고 그 음악가가 연주하는 멜로디를 흥얼거림으로써 이것을 배웠다. 그는 또 바우어리 거리의 술집과 레스토랑, 극장에서 노래를 부름으로써 이것을 배웠다. 그는 이따금 오래된 음악에 새로운 가사, 자신이 직접 쓴 가사를 붙여 노래했다. 그리고 청중의 반응을 지켜 보았다.

그 후 그는 직접 멜로디를 작곡하고 레스토랑이나 맥주 홀의 손님들에게 들려 주어 보았다. 그는 자신의 멜로디를 미국의 템포에 맞추어 작곡하고 노래했다. 그의 음악은 구세계의 고전 음악이 아니라 신세계의 심장 박동의 영향을 받았다.

　그보다 더 충실한 인생을 산 사람도 드물고, 그 마음 깊은 곳에서 이렇게 아름다운 멜로디를 발견한 사람도 드물다.

Irving Berlin, 1888. 5. 11~1989. 9. 22. 미국의 러시아계 작사 · 작곡가. 시베리아의 테문 출생. 4세 때 미국으로 이민하였으며, 그 후 아버지를 잃고 갖가지 일을 하면서 음악을 공부. 작사 · 작곡을 시작하였다. 〈알렉선더의 래그타임 밴드〉가 출세작이며, 그 후 〈올웨이스〉, 〈부활절의 퍼레이드〉, 우리의 귀에 익숙한 〈화이트 크리스마스〉 등 수많은 히트곡을 냈다. 뮤지컬 작품으로는 〈Annie, Get Your Gun〉, 〈Call Me Madam〉 등이 있다. 그와 엘린 매카이의 결혼은 1920년대의 최대의 화젯거리였다.

사람이 아니라 '살아가는 것'에 엄할 일이다

싱클레어 루이스

노벨 문학상을 수상했다는 소식을
듣고 농담이라고 생각할 정도로
자신을 박하게 평가했던 남자

내가 싱클레어 루이스를 처음 만난 것은 오래 전의 일이다. 여러 해 전에 그와 나, 그리고 다른 대여섯 명의 친구가 뉴욕 주에 있는 롱아일랜드 섬의 프리포트에서 모터 보트를 빌려 타고 3, 4킬로미터 떨어진 곳에 가서 낚시를 하며 고등어나 민어를 잡곤 했다. 그 무렵에 나는 레드(Red) 루이스에게 경의를 표했다. 그는 절대로 뱃멀미를 하지 않았기 때문이다. 파도가 보트를 흔들고 바닷물에 보트가 뒷질하면, 나는 보트 바닥에 늘어져 버렸다. 그러나 루이스는 꼿꼿이 앉아 콜리지의 시 〈늙은 수부의 노래〉에 나오는 그림의 바다 위에 떠 있는 사람처럼 계속 낚시질만 할 뿐이었다.

지금도 내가 루이스에게 경의를 표하는 것은 낚시꾼으로서의 루이스의 기량 때문이 아니라(이제는 나 자신도 갑판에 그대로 앉아 있을 수 있다), 그

166

가 끊임없이 계속 탁월한 소설을 써 왔기 때문이다. 그것이 남자가 할 일이 아니라고 생각한다면 한번 써 보라!

대기만성형 인물의 무서운 '고타율高打率'

싱클레어 루이스는 1920년에 처음으로 대성공을 거두었다. 그에 앞서 그는 6권의 책을 썼지만 문학계에 파문을 일으키지 못했다. 그의 일곱 번째 소설은 《메인 스트리트》였고, 이것이 대선풍처럼 전국 곳곳을 휩쓸었다. 여성 단체들이 이 책을 규탄하고, 목사들이 이 소설을 비난했다. 신문들은 이것은 미국 생활에 대한 모욕이라고 표현했다. 이 소설이 이 나라에서 참된 문학적 논전을 불러일으켰다. 그리고 이것의 메아리가 4800킬로미터 떨어져 있는 유럽에까지 울려 퍼졌다.

그는 이 책으로 문학계의 최고의 스타가 되었다.

일부 비평가는 이렇게 말했다. "과연 그것은 훌륭한 소설이지만, 그 잘난 체하는 자는 다시는 그런 것을 쓰지 못할 것이다."

과연 그럴까?

미네소타 주 소크센터 출신의 머리칼이 붉은 남자는 글을 쓰기 시작했다. 그 후 그는 대여섯 권의 베스트 셀러를 '단숨에 써 내려갔다.' 지금 나 자신도 모르게 '단숨에 써 내려갔다'고 표현했지만, 실은 싱클레어 루이스는 그의 책들을 단숨에 써 내려가지 않는다. 그는 끊임없이 수정하고 고쳐 쓰며 손을 본다.

퓰리처 상을 수상한(루이스 자신은 이 상을 거부했다) 장편 소설 《애로스미스》는 주위의 상업주의와 싸우면서 끝까지 과학 정신을 지키며 살아가려고 하는 세균 학자를 다룬 작품인데, 그는 이 소설을 위해 6만 자에 이르는 초고를 썼다. 이것은 초고에 지나지 않는 것의 길이가 보통 소설의 반 이상에 이르렀다는 것을 의미한다. 그는 한때 12개월 동안 자본과 노동에 대한 소설을 썼지만 결국 그 원고를 종이 쓰레기통에 던져 버렸다.

그는 출세작인 《메인 스트리트》를 전후 세 번에 걸쳐 다시 쓰기 시작했다. 그리하여 쓰기 시작한 지 딱 17년 만에 이 작품을 완성했다.

곧 일약 베스트 셀러가 되어 버린 일련의 책들이 《메인 스트리트》의 뒤를 이었다. 즉 중서부의 전형적인 도시를 무대로 인습적인 분위기에 한때 반역하지만 결국은 타협하지 않을 수 없었던 토지 · 가옥 중개업자를 묘사한 《배빗》, 《애로스미스》, 종교계의 위선을 폭로한 《엘머 갠트리》, 어느 자동차 제조업자의 전통과 예술에의 각성을 소재로 한 《도즈워스》, 여류 사회 사업가를 주인공으로 한 《앤 비커즈》, 파시즘의 위협에 대하여 경고를 던진 《그것은 이곳에서는 일어날 수 없다》 등이 그것이다.

나는 언젠가 싱클레어 루이스에게 그 자신에 대해 알고 있는 가장 놀라운 사실을 말해 달라고 부탁했다. 그는 잠시 생각하더니 이렇게 말했다. 즉 문학 작품을 쓰지 않았으면 옥스퍼드 대학교에서 그리스어나 철학을 가르치거나, 혹은 깊은 산속으로 들어가 한 무리의 목재 벌채 인부들과 사는 쪽을 택했을 것이라고 말했다.

그는 1년에 6개월 동안은 맨해턴의 고급 주택가인 호화로운 파크

애버뉴에서 지내길 좋아하지만, 나머지 6개월 동안은 버몬트 주의 벌링턴에서 남동쪽으로 120킬로미터 떨어진 산속의 고립된 곳에서 지낸다. 그곳에는 사탕단풍으로 뒤덮인, 137만 평방미터에 이르는 농장이 있다. 그래서 그는 자가용 단풍 시럽을 만들고, 야채도 직접 재배하고 있다. 그리고 머리를 자를 필요가 있을 때에만 '읍으로 나간다.'

나는 그에게 이렇게 물어 보았다. "레드, 유명해지니 어때?" 그러자 그가 다음과 같이 대답했다. "아, 귀찮아." 그는 받은 편지에 일일이 답장을 보낸다면 다른 책을 쓸 수 없을 뿐만 아니라, 잠잘 시간조차 없을 것이라고 말했다. 그래서 그는 대부분의 편지를 난로 속으로 던져 버리고 활활 타오르는 것을 지켜 본다.

그는 사인해 달라고 조르는 사람들을 몹시 싫어하고, 공식 만찬장에는 거의 가지 않는다. 그리고 문학을 좋아하는 사람들의 티 파티도 피하고 있다.

별로 고생하지 않은 사람들이 꼭 고생담을 늘어놓는다

내가 그가 초년에 고생한 이야기를 꺼내자, 그는 이렇게 말했다.

"아, 언제나 초년에 고생한 것에 대해 말하는 작가들이 많은데, 그런 이야기를 들으면 진절머리가 나. 대부분의 미국 작가들의 결점은 고생을 충분히 하지 않는다는 거야. 젊은 치과 의사나 의사, 변호사와 마찬가지로 작가로서의 길을 걷기 시작할 때 별로 고생을 하지 않아. 하지만 그들은 더 분명한 목소리로 자신이 얼마나 고생을 했는지 모른다며 이야기를 늘어놓길 좋아해."

나는 그에게 다음과 같은 사실을 상기시켜 주었다. 그는 여러 해 동안 아침 식사를 하기 2, 3시간 전에 일어나 주방으로 가서 커피를 끓이고 주방 식탁에 앉아 글을 쓰곤 했다.

나는 또 다음과 같은 사실도 상기시켜 주었다. 그는 언젠가 150달러를 빌리고 요리와 세탁을 직접 하면서 6개월 동안 밤낮으로 일했지만, 그 사이에 그가 판 것은 겨우 2달러짜리 조크 하나뿐이었다. 하지만 그는 그것이 고생스럽지 않았다고 말했다. 그의 말에 따르면 단지 일을 배웠을 뿐이고, 평생 그 시절보다 더 행복했던 때는 없었다고 한다.

내가 그의 책이 몇 권이나 팔렸느냐고 물어 보자, 그는 모르겠다고 말했다. "아니 이봐, 대략적인 근사치는 말해 줄 수 있잖아?" 하고 내가 말하자, "아니, 나는 전혀 몰라" 하고 그가 말했다.

나는 그에게 《메인 스트리트》로 얼마나 벌었느냐고 물어 보았다. 그러자 그는 전혀 모르고 정말 관심도 없다고 내게 말했다. 그는 자신에게는 상거래와 관련된 일을 처리해 주는 변호사와 회계사가 있고, 자신이 얼마나 벌고 있는지에 대해서는 조금도 관심을 기울이지 않고 있다고 말했다.

그는 온갖 경험을 다 했다. 그의 아버지는 미네소타 주 대평원의 시골 의사였다. 싱클레어 루이스는 때때로 아버지가 수술을 하는 동안 환자를 클로로포름으로 마취시켰다. 그는 전에 가축선에서 일하면서 대서양을 횡단하기도 하고, 일자리를 얻기 위해 삼등 선실에 탑승해 파나마까지 여행하기도 했다. 또한 동시를 쓰기도 하고, 단편 소설의 플롯을 잭 런던에게 팔기도 하고, 청각 장애인들을 위한 잡지의 보조 편집자로 일하기도 했다.

그는 운동은 전혀 하지 않는다. 도시인에게 필요한 운동은 택시의 문을 열고 그 안에 기어 들어가는 것만으로도 충분하다는 조지 진 네이선(미국의 연극 평론가·문예 비평가·잡지 편집자)의 말에 동의하고 있다.

그는 스포츠에도 전혀 관심이 없다. 베이브 루스가 이름을 댈 수 있는 유일한 야구 선수이고, 레드 그레인지가 그에 대해 들은 적이 있는 유일한 미식 축구 선수이다.

"처음 근무했던 3개 신문사에서 해고되지 않았어?" 하고 내가 물어 보았다.

"아냐. 나는 처음 근무했던 '4개' 신문사에서 잘렸어." 이것이 그의 대답이었다.

내가 젊은 작가들에게 어떤 조언을 해 주겠느냐고 물어 보고 싶어 "어떤 조언을……" 하고 말하기 시작하자, 그는 "아무것도 없어" 하고 말했다. 그는 어떤 것에 대해 누군가에게 조언해 봤자 아무 도움도 되지 않다고 믿고 있다.

어느 날 스웨덴 억양을 쓰는 어떤 사람이 싱클레어 루이스에게 전화를 걸어 그가 이번에 노벨 문학상을 수상하게 되었다고 말했다. 루이스는 미네소타 주에 있을 때 많은 스웨덴인을 알고 지냈다. 그래서 이 사람의 억양은 좀 엉터리라고 생각했다. 레드는 어떤 친구가 자신을 놀리고 있다고 믿고 그 사람에게 농담을 던지기 시작했다.

몇 분 뒤에 루이스는 소스라치듯 놀랐다. 그 모든 것이 사실이라는 것을 알게 되었기 때문이다. 그는 진짜로 세계의 문학계에서 가장 명예로운 상을 수상하게 되었던 것이다!

Sinclair Lewis. 1885. 2. 7~1961. 1. 10. 미국의 '새로운 리얼리즘'을 확립한 작가로 미국의 자만심에 일격을 가하는 다양한 소재의 풍자 소설을 써서 폭넓은 인기를 얻었다. 1930년 미국인으로서는 처음으로 노벨 문학상을 받았다. 1907년 예일 대학교를 졸업하고 기자로 활동했으며 여러 출판사에서 편집자로 일했다. 그는 《새터데이 이브닝 포스트》와 《코스모폴리턴》 등 인기 있는 잡지에 기고해 성공을 거두었으나, 진지한 소설가로 인정받으려는 야망을 결코 버리지 않았다. 그리하여 심혈을 기울여 쓴 것이 《메인 스트리트》인데, 1920년에 이 작품이 출판되자 예상과는 달리 문학적 명성을 얻게 되었다. 말년을 거의 해외에서 보냈으며, 1930년 이후 문학적 명성이 차츰 쇠퇴해 갔다.

그런 과거가 있기 때문에
오늘의 내가 있는 것이다!

잭 런던

방탕한 생활에 싫증을 느끼고 펜을
잡았지만, 작품에서 다채로운 경험이
살아 숨쉬어 문단의 거성으로 불렸던 남자

50년이 조금 넘는 옛날에 어느 부랑자가 화물 열차에 무단으로 승차해 뉴욕 주의 버펄로로 들어왔다. 그리고는 가가호호 돌아다니며 먹을 것을 구걸하기 시작했다. 그래서 경찰관에 의해 방랑죄로 체포되었고, 판사에 의해 형무소에서 지내며 30일간 중노동을 할 것을 선고받았다. 그는 30일 동안 바위를 깨며 빵과 물 외에는 아무것도 먹을 수 없었다. 하지만 6년 뒤에는 — 단지 6년밖에 안 되었는데, 잘 들어 두라, 이 부랑자, 이 예전의 방랑자, 거지가 미국의 서해안에서 가장 인기 있는 사람이 되었다. 그는 캘리포니아 최상류 사회의 환대를 받고, 문학계의 지평선 위에 떠오른 가장 밝은 신성 중 하나로서 소설가나 비평가, 편집자들의 열렬한 환호를 받았다.

그는 19세가 되어서야 비로소 고등학교에 들어가고 40세 때 요절했지만, 그 짧은 기간 내에 51권의 책을 남겼다.

그는 다름 아닌 《황야의 절규》의 작가인 잭 런던이다. 잭 런던은 1903년에 《황야의 절규》를 펴내자 하룻밤 사이에 유명 인사가 되었다. 편집자들이 그의 작품을 달라고 극성스럽게 요구했다. 하지만 그는 첫 번째 대히트작으로 거의 돈을 벌지 못했다. 출판업자들, 나중에는 할리우드의 영화 제작자들이 몇백만 달러를 벌어들였다. 하지만 그 자신은 2천 달러만 받고 《황야의 절규》의 모든 권한을 팔아넘겼다.

4년 걸릴 공부를 석 달 사이에

책을 쓰고 싶을 때 무엇보다 먼저 필요한 것은 쓸 거리가 있어야 한다는 것이다. 이것이 잭 런던의 놀라운 성공의 비결 중 하나였다. 그는 짧지만 열에 들뜬 듯한 생애를 수천 가지의 다채로운 경험으로 채워 넣었다. 그는 평선원 노릇도 하고, 부두 하역부 노릇도 하고, 굴 약탈자 노릇도 하고, 금을 캐는 광부 노릇도 했다. 그는 극북 지방에서 바다표범도 사냥했다. 지구의 절반을 방랑하며 돌아다니기도 하고, 방랑자로서의 경험에 대한 책도 썼다. 배를 곯는 일도 많았다. 그는 공원 벤치에서 자기도 하고, 건초 속에서 자기도 하고, 유개 화차에서 자기도 했다. 그는 굳은 땅 위에서 자는 일도 많았다. 그래서 이따금 잠에서 깨고 보면 물웅덩이에서 자고 있었다. 때로는 기진맥진해 화물 열차에 무임 승차했다가 그대로 잠들어 버리기도 했다.

그는 미국 국내에서도 수백 번 체포되어 감옥에 들어가고, 멕시코와 중국 만주, 일본, 한국의 형무소에도 투옥되었다.

잭 런던의 어린 시절은 빈곤과 갖가지 고초의 영향을 강하게 받았다. 그는 샌프란시스코 만의 해안 지구를 헤매는 한 떼의 불량 소년들과 함께 제멋대로 굴었다. 학교? 그는 학교를 우습게 생각하고 대부분의 수업 시간을 빼먹었다. 하지만 그는 어느 날 어슬렁거리며 공립도서관에 들어갔다가 《로빈슨 크루소》를 읽기 시작했다. 그는 이 작품에 마음을 빼앗겨 버렸다. 배가 고팠지만 읽기를 중단하고 저녁을 먹으러 집으로 달려가지도 않았다. 다음날 다른 책들을 읽기 위해 도서관으로 다시 뛰어갔다. 그 앞에 새로운 세계가 펼쳐져 있었다. 《아라비안 나이트》의 바그다드처럼 진기하고 다채로운 세계였다. 그 후 그는 책에 대한 억누를 수 없는 열정을 품었다. 그는 하루에 10시간에서 15시간씩 책을 읽을 때가 많았다. 명탐정 닉 카터에서 셰익스피어에 이르기까지, 허버트 스펜서에서 카를 마르크스에 이르기까지 닥치는 대로 온갖 것을 다 탐독했다. 19세가 되었을 때, 그는 근육 노동을 파는 것을 그만두고 두뇌를 팔기로 결심했다. 방랑 생활을 하는 것에도 싫증이 나고, 경찰에게 얻어맞는 것에도 싫증이 나고, 철도의 제동수의 호롱등에 머리를 얻어맞는 것에도 싫증이 났다.

그래서 19세 때 그는 캘리포니아 주 오클랜드의 고등학교에 들어갔다. 그는 거의 잠도 자지 않으며 밤낮으로 열심히 공부해 깜짝 놀랄만한 일을 해 냈다. 그는 실제로 4년 걸릴 공부를 석 달 사이에 해치우고 시험에 합격했다. 그러고는 캘리포니아 대학교에 입학했다.

대작가가 되고 싶다는 맹렬한 열망에 사로잡혀, 그는 스티븐슨의 《보물섬》과 뒤마의 《몽테 크리스토 백작》, 디킨스의 《두 도시 이야기》를 연구했다. 수없이 거듭해서 읽으며 연구하고 나서 열에 들뜬 듯이 써 댔다. 그는 하루에 5천 자를 썼다. 이것은 20일 사이에 장편 소설 한 편을 썼다는 것을 의미한다. 그는 때로는 동시에 여러 편집 자의 손에 30편의 단편 소설을 건네기도 했다. 하지만 모두 되돌아왔 다. 그는 단지 일을 배우고 있을 뿐이었다.

자신 속에서 금맥을 찾은 남자

그러던 어느 날 〈일본 연안의 태풍〉이라는 제목의 그의 단편 소설 중 하나가 《샌프란시스코 콜》지가 주최한 콘테스트에서 대상을 받 았다. 이 단편 소설로 20달러밖에 받지 못했지만, 당시 그는 파산 상 태로 방세도 낼 수 없는 형편이었다.

그것은 1896년의 일이었다. 그해는 극적인 사건과 흥분으로 가득 찬 한 해였다. 알래스카의 클론다이크 강에서 금광이 발견되었다. 이 센세이셔널한 뉴스가 전신으로 대륙 전역에 신속히 전해져 전 국민 의 가슴이 설레게 만들었다. 직공들이 일터를 떠나고, 병사들이 병영 에서 탈주했다. 농부들이 땅을 내팽개치고, 상인들이 가게 문을 닫았 다. 금광 탐사자들이 움직이기 시작했다. 인간 메뚜기 떼가 날아올라 북극광이 비치는 황금의 땅으로 향했다.

잭 런던도 그 속에 포함되어 있었다. 그는 클론다이크 강에서 몹 시 흥분한 상태로 황금을 찾으며 한 해를 보냈다. 그는 믿을 수 없을 정도의 온갖 고초를 다 견뎌 냈다. 달걀 한 개에 25센트를 받고, 버터 450그램을 3달러에 팔았다. 그는 섭씨 영하 58도의 날씨인데도 땅바닥에서 잠을 잤다. 결국 그는 수중에 한 푼도 없는 신세로 미국 본토로 돌아왔다. 그는 눈에 띄는 대로 어떤 색다른 일이라도 다 했다. 그는 레스토랑에서 접시를 닦기도 하고, 마루를 북북 닦기도 하고, 부두에서 일을 하기도 하고, 공장에서 노동을 하기도 했다.

그러던 어느 날 수중에 2달러밖에 남지 않고 이것을 쓰면 굶어 죽게 되었을 때, 그는 육체 노동을 영원히 포기하고 모든 시간을 문학을 위해 쓰기로 결심했다. 이것은 1898년의 일이었다. 그리고 5년 뒤인 1903년에 그는 6편의 장편 소설과 125편의 단편 소설을 펴냈다. 그리고 미국 문단에서 가장 화제가 되는 사람 중 하나가 되어 있었다.

잭 런던은 본격적으로 글을 쓰기 시작한 지 겨우 18년밖에 안 되는 1916년에 세상을 떠났다. 그 사이에 그는 수많은 단편 소설은 제외하고 1년에 평균 약 3편의 장편 소설을 썼다. 그리고 그의 연소득은 당시의 미국 대통령의 봉급의 두 배였다. 그의 책은 지금도 여전히 무척 인기가 높고, 유럽에서도 그는 미국의 어느 작가보다 독자가 많다.

그는 《황야의 절규》로 2천 달러밖에 벌지 못했지만, 이 작품은 20개국의 언어로 번역되어 150만 부 이상 팔렸으며, 미국 문학사상 가장 독자가 많은 소설 중 하나가 되어 있다.

Jack London. 1876. 1. 12~1916. 11. 22. 샌프란시스코에서 순회 점성술사의 사생아로 태어났다. 의붓아버지의 성인 런던을 따랐다. 극빈한 가정 형편으로 신문 배달, 통조림 공장 직공, 바다표범잡이배의 선원 등 갖가지 육체 노동과 방랑으로 소년 시절을 보냈으며, 18세 때는 방랑 중에 붙잡혀 투옥된 일도 있다. 1900년에 최초의 단편집 《이리의 아들》을 내어 문단의 주목을 받았다. 이어서 개를 주인공으로 한 대표작 《황야의 절규》, 《바다의 이리》, 《흰 엄니》, 《강철 군화》, 반자전적 소설 《마틴 이든》 등을 차례로 발표하여 작가로서의 위치를 확고히 굳혔다. 1904년에 일본군을 따라 러일 전쟁을 취재하면서 조선에 대한 글들을 여러 곳에 기고하였는데, 1982년 프랑스에서 《조선사람 엿보기》란 제명으로 출판되었다.

천재적인 위업 뒤에 가려져 있는
피땀 어린 노력을 간과하지 말라

엔리코 카루소

신의 선물이 아니라 맹렬한 훈련으로
가장 아름다운 목소리를 갖게 된
세계 제일의 테너 가수

엔리코 카루소가 1921년에 48세를 일기로 세상을 떠나자, 전 세계가 그 소식을 듣고 아연실색했다. 살아 있는 사람들이 기억하는 한 가장 아름다운 목소리가 잦아들며 영원히 침묵했기 때문이다. 카루소는 전 세계의 박수 갈채가 그의 귓가를 맴돌 때 저세상으로 떠났다.

그가 과로로 녹초가 된 상태에서 보통 감기에 걸렸지만 이것을 대수롭지 않게 여긴 것이 원인이 되어 6개월 동안 죽음과 용감하게 싸우는 동안, 그를 사랑하는 전 세계 사람들이 그의 쾌유를 빌며 미사곡을 부르고 불가사의한 운명의 문을 향해 날아가도록 수백만 번에 걸쳐 열렬히 기도를 올렸다.

밑바닥 생활을 이겨 낼 수 있게 해 준 힘

카루소의 마력적인 목소리는 신의 선물일 뿐만 아니라 오랜 세월에 걸친, 심신을 지치게 하는 노력, 즉 끈기 있는 연습과 꺾일 줄 모르는 굳은 결심의 성과이기도 했다.

그의 목소리는 처음에는 어느 교사가 "너는 노래를 부를 수 없어. 전혀 목소리가 나오지 않아. 덧문을 흔드는 바람 소리처럼 들려" 하고 말할 정도로 가볍고 가늘었다. 여러 해 동안 그의 목소리가 고음에서 갈라졌다. 게다가 공연 도중에 야유를 들을 정도로 연기도 서툴렀다. 불멸의 카루소만큼 성공이라는, 술기운이 빨리 오르는 와인을 깊이 맛본 사람도 드물지만, 명성이 최고조에 이르렀을 때에도 그는 그 초기 시절에 고생한 것이 생각나면 갑자기 울음을 터뜨리곤 했다.

그가 15세일 때 어머니가 사망했다. 그래서 그는 평생 동안 어디를 가든 어머니의 사진을 몸에 지니고 다녔다. 그의 어머니는 21명의 자식을 낳았고, 그 중 18명이 유아기 때 죽고 3명만이 살아남았다. 그녀는 고생과 슬픔 외에는 거의 아는 것이 없는 시골 여성이었지만, 아무튼 이 외아들이 불꽃 같은 천재성에 의해 신에게 바쳐지고 있는 것을 깨닫고 있었다. 그래서 아들을 위해 어떤 희생을 하든 그녀는 대수롭게 여기지 않았다. 카루소는 늘 이렇게 말하곤 했다. "어머니께서는 내가 노래를 부를 수 있도록 신발도 신지 않고 맨발로 걸어다니셨습니다." 그는 이 말을 할 때 눈물을 흘렸다.

열 살밖에 안 되었을 때 그의 아버지가 학업을 중단시키고 공장으로 일하러 가게 했다. 그는 일이 끝나고 나서 저녁때마다 음악을 공부했지만, 21세가 되었을 때에야 비로소 공장을 그만두고 노래를 부르며 생계를 꾸려 나갈 수 있게 되었다. 그 시절에 그는 근처에 있는 카페에서 저녁 식비를 벌기 위해 기회가 생기면 달려들어 노래를 불렀다. 그는 이따금 고용되어 여성의 집 창문 밑에서 세레나데를 불렀다. 음치인 그 여성의 연인이 온갖 찬탄의 몸짓을 다 보여 주면서 달빛 속에 서 있는 동안, 카루소는 문간에 숨어서 음악과 예술의 신인 아폴론에 못지않은 부드럽고 풍부하며 매력적인 목소리로 자신의 영혼을 노래했다. 마침내 오페라에서 처음으로 실제로 노래부를 수 있는 기회를 얻게 되었을 때, 그는 예행 연습 때 너무 흥분한 나머지 목소리가 변하고 떨어지는 유리처럼 깨지고 갈라져 버렸다. 그는 되풀이해서 시도했지만 어떤 음이든 다 실패작이었다. 마침내 그는 갑자기 울음을 터뜨리며 극장에서 달아나 버렸다.

패자 부활전에서 단숨에 정상으로

그는 실제로 오페라에 데뷔했을 때에는 술에 취해 있었다. 그는 청중들의 고함과 야유 소리에 묻혀 그의 목소리가 들리지 않을 정도로 술에 취해 있었다. 그 시절에는 그는 대역일 뿐이었다. 어느 날 저녁에 주연 역할을 하던 테너 가수가 갑자기 병에 걸렸다. 카루소도 자리를 비우고 있었다. 심부름꾼들을 보내 거리를 달리며 그를 찾게 했다. 마침내 그가 포도주 전문 술집에서 발견되었다. 거의 곤드레만드레 취해 있었다. 그는 가능한 한 빨리 극장으로 달려갔다. 그가 흥분한 채 헐떡이며 도착했을 때에는 숨막히는 분장실과 포도주의 열기를 힘에 부쳐 도저히 이겨 낼 수 없었다. 갑자기 온 세계가 회전 목마처럼 빙빙 돌기 시작했다. 그리고 카루소가 그대로 무대로 걸어 나가자 극장 안이 아수라장이 되어 버렸다.

그 공연이 끝나자, 그는 해고되었다. 다음날 그는 자살을 결심할 정도로 비탄에 잠기고 자포자기 상태에 빠져 버렸다. 호주머니 속에는 1리라밖에 없었다. 딱 포도주 한 병을 살 수 있는 돈이었다. 그는 하루 종일 아무것도 먹지 못했다. 그래서 그가 포도주를 마시면서 어떻게 자살할까 궁리하고 있을 때, 문이 홱 열리더니 심부름꾼이 뛰어들어왔다. 오페라 극장에서 보낸 심부름꾼이었다.

"카루소!" 하고 그가 외쳤다. "카루소, 가요! 사람들이 그 다른 테러 가수의 노래에는 귀를 기울이려 하지 않아요. 사람들이 야유하며 무대에서 쫓아내 버렸어요. 사람들이 큰소리로 당신을 부르고 있어요! 당신을요!"

"나를!" 하고 카루소가 소리쳤다. "말도 안 돼. 뭐야, 그들은 내 이름도 몰라."

"물론 당신 이름은 몰라요" 하고 심부름꾼이 헐떡이며 말했다. "하지만 그들은 바로 당신을 원하고 있어요. 큰소리로 '그 술고래!'를 부르고 있어요."

엔리코 카루스는 세상을 떠날 때 그 재산이 수백만 달러에 이르렀다. 축음기 레코드만으로도 200만 달러 이상을 벌었다. 하지만 그는 젊은 시절에 가난의 영향을 너무나 강하게 받아 죽을 때까지 조그만 장부에 지출 내용을 꼼꼼히 모두 적었다. 수집하기 위해 아주 값비싼 오래된 레이스나 상아 조각품을 샀든, 벨보이에게 팁을 주었든, 그는 정확하게 그 금액을 기입했다.

그는 이탈리아의 농민 특유의 갖가지 미신에 사로잡혀 있었다. 죽을 때까지 그는 '악마의 눈'을 두려워했다(그런 눈을 지닌 사람이 노려보면 재난을 당한다는 이유에서였다). 또한 점성술사에게 먼저 물어 보지 않고는 절대로 대양을 횡단하지 않았다. 사다리 밑으로는 절대 지나가지 않고, 금요일에는 새 양복을 입지 않았다. 화요일과 금요일에는 무슨 일이 있어도 여행을 시작하거나 새 일에 착수하지 않았다. 그는 진정한 청결광이었다. 집에 들어올 때마다 속옷에서 짧은 각반에 이르기까지 옷을 모두 갈아입었다. 그는 세계에서 가장 진귀하고 귀중한 목소리를 지니고 있었지만 분장실에서 메이크업을 하면서 담배를 피웠다. 사람들이 흡연을 하면 목소리를 해치게 되지 않느냐고 물으면, 그는 그냥 웃기만 했다. 그는 또한 음식을 제한하는 것도 비웃었다. 그래서 공연할 때마다 무대로 걸어 나가기 직전에 목 안을 청결히 하기 위해 위스키 소다를 한 모금 마셨다.

그는 10세 때 학교를 떠났고, 실제로 책을 한 권도 읽지 않았다. 그가 아내에게 이렇게 말했다. "무엇 때문에 책을 읽어? 나는 인생 자체에서 배우고 있어."

그는 책을 읽는 대신에 우표나 희귀한 동전을 수집하는 데 많은 시간을 할애했다. 만화를 그리는 데 특별한 재능이 있어, 그는 매주 이탈리아의 주간지에 풍자 만화를 기고했다.

그는 여러 해 동안 오감을 괴롭히며 비명을 지르게 만드는, 견딜 수 없는 두통에 시달렸다. 점차 나이가 들게 되자 쇠약해지기 시작했다. 그는 조용한 서재에서 점점 더 많은 시간을 보내고, 군중의 박수 갈채에 점차 덜 관심을 기울였다. 마침내 그는 시무룩한 우울증에 걸렸다. 그래서 신문 클리핑에 몰두하면서 신문 기사를 오려 내고 다듬고 비망록에 붙이며 몇 시간씩 보냈다.

그는 나폴리에서 태어났다. 하지만 그가 처음으로 고향 도시에서 노래를 부르려 했을 때, 신문들이 그를 비판하고 청중들도 냉담한 태도로 반응을 보이지 않았다. 카루소는 마음속 깊이 상처를 입고 그들을 결코 용서하지 않았다. 명성이 절정에 이르렀을 때 자주 나폴리로 귀성했지만, 그곳에서 다시 노래부르는 것은 딱 잘라 거부했다.

아마도 그의 인생에서 가장 멋지고 행복했던 순간은 처음으로 딸 글로리아를 품에 안았을 때였을 것이다. 그는 자신의 딸이 자라서 복도를 달려와 스튜디오의 문을 여는 순간만을 기다리고 있다고 몇 번이고 거듭해서 말했다. 그리고 어느 날 이탈리아에서 그가 피아노 곁에 서 있을 때 바로 그 일이 벌어졌다. 그는 어린 딸을 안아올리고는 눈물을 글썽이며 아내에게 이렇게 말했다.

"당신, 기억하고 있어? 나는 이 순간이 오기만을 기다리고 있었어."

그리고 일 주일도 안 되어 그는 세상을 떠났다.

Enrico Caruso, 1873. 2. 27~1921. 8. 2. 이탈리아의 테너 가수. 나폴리 출생. 처음에는 교회 소년 성가대에서 노래하였으며 18세부터 본격적으로 성악 공부를 시작. 1894년 나폴리에서 데뷔하였다. 1898년 밀라노의 릴리코 극장과 계약을 맺었고, 1900년 밀라노스 칼라하우스에 출연하였다. 1902년 이후 뉴욕의 메트로폴리탄 오페라 하우스를 중심으로 유럽·미국 등 각지의 오페라 극장에 출연했다. 모범적인 벨칸토 창법을 구사하며 음색, 성량, 연기력으로 명성을 얻었고, 20세기 초엽에 오페라의 황금 시대를 이룩하였다.

꿈을 이루는 사람에게는
이런 강점이 있다

클라크 게이블

힘겨웠던 무명 생활을 밑천으로 삼아
할리우드에 오랫동안 왕자로 군림하며
뭇 여성을 가슴 설레게 만들었던 남자

클라크 게이블은 아마도 미국 군대에 복무한 사람 가운데 가장 널리 알려진 사람일 것이다. 중국과 인도, 아프리카, 유럽, 남아메리카의 수백만 명의 영화 팬이 우리 시대의 대배우 중 한 사람인 그를 알고 그에 감탄하고 있다. 그 수백만 명은 미국의 군대 지도자나 미국의 역사에 대해서는 거의 아는 바가 없는 사람들이다. 몇 년 전에 클라크 게이블이 남아메리카를 방문했을 때, 여성들이 그를 껴안고 목에 매달렸다. 그녀들은 기념품 삼아 그의 모자를 낚아채고, 코트를 벗겨 가고, 셔츠를 갈기갈기 찢어 버렸다.

제2차 세계대전 때 자원 입대하자, 그는 영화관이나 사람들 눈에 띄는 활기찬 곳은 어디든 다 피하며 자신을 계속 숨기려고 했다. 하지만 그를 사모하는 일단의 영국 여성들에게 쫓겨 어느 교회로 들어가지 않으면 안 되었다. 또 영국의 농장에서 농작물을 추수하는 것을 돕고 있던 한 떼의 여성들이 자신들이 흠모하는 사람을 흘끗 볼 수 있길 기대하며 반나절 동안 일을 중단하고 미군 기지 주변을 배회하기도 했다.

영화보다 더 드라마틱했던 실생활

클라크 게이블은 42세 때인 1942년에 육군에 입대했다. 군대에 들어가기 위해 그는 할리우드에서 맺어진 계약 가운데서 가장 조건이 좋은 것 중 하나를 파기했다. 7년에 걸쳐 해마다 40주 동안 주급 7500달러를 보장하는 계약이었다. 이것은 미국 대통령이 1년 내내 벌여야 하는 돈을 10주 사이에 번다는 것을 의미했다. 그렇다, 그는 1년에 거의 100만 달러의 3분의 1을 보장하는 계약을 카키색 군복 및 월봉 50달러와 맞바꾸었던 것이다.

몇 년 전에 나는 기쁘게도 클라크 게이블을 인터뷰할 수 있었다. 그는 친절하고 겸손하며 젠체하지 않는다. 나는 그가 무척이나 마음에 들었다. 그는 여러 번에 걸쳐 미국의 10명의 베스트 드레서 중 한 명으로 선발되었는데, 내가 그의 분장실에서 인터뷰를 할 때에는 목에 보풀이 긴 수건을 두르고 콜드 크림 병 뚜껑을 재떨이로 사용하고 있었다.

클라크 게이블은 많은 영화에서 인상적인 역할을 맡아 왔지만, 그가 스크린에서 연기한 그 어떤 허구적인 이야기도 그 자신의 인생 이야기만큼 흥미진진하고 드라마틱하지 않다.

15세 때의 일인데, 그가 어느 날 밤 늦게 햄 샌드위치와 함께 커피 한 잔을 마시기 위해 오하이오 주의 아크론 시에 있는 어느 이동식 간이 식당에 들렀다. 이 작은 사건이 그의 인생 전체를 바꾸어 놓았다. 그 이유는 무엇일까? 그 이동식 간이 식당에서 아크론 시의 스톡 극단(일정한 레퍼토리를 갖고 특정한 극장과 전속 계약을 맺은 극단)에서 연기를 하고 있는 일단의 배우들을 만났기 때문이다. 클라크 게이블은 이 배우들에게 홀딱 반해 버렸다. 그는 두세 달 전에 아크론 시에 와서 고무 공장에 취직해 작업 시간 담당자로 일하고 있었다. 하지만 그 전에는 젖소의 우유를 짜거나 돼지에게 먹이를 주거나, 건초를 쌓아 올리거나 옥수수를 경작하며 쭉 농장에서 생활했다. 그가 몹시 싫어하는 고되고 힘든 노동이었다.

　　그런 클라크 게이블이 지금 난생 처음으로 배우들을 만난 것이다. 그는 직접 무대 위에 서 보려고 할 정도로 그들이 영위하는 삶에 흥분했다. 그것은 불가능했지만, 그는 극장의 호출 담당으로 취직했다. 그가 하는 일은 정확하게 때를 맞추어 배우들을 그 분장실에서 불러 내어 무대로 나가게 하는 것이었다. 게다가 그는 배우들을 위해 심부름을 하거나, 빨아야 할 것을 세탁소에 가져다 주거나, 의상에 단추를 달아 주거나 하며 가능한 한 모든 방법으로 그들을 도와 주었다.

　　그는 2년 동안 호출 담당으로 그 극장에서 일했다. 그런데 그가 봉급을 얼마나 받았을 것 같은가? 그 대답은 2년 동안 그 일을 하며 전혀 봉급을 받지 못했다는 것이다. 경험을 제외하고는 아무것도 손에 넣지 못했다.

그는 어떻게 생활했을까? 그는 무대 뒤의 간이 침대에서 잠을 자고 오버코트를 담요로 사용했다. 그는 어떻게 먹을 것을 손에 넣었을까? 배우들이 그를 아주 좋아해 그를 불러 하루에 두 번씩 같이 식사를 하게 해 주었다. 그 시절에 그는 아침 식사를 거르는 습관을 들이지 않으면 안 되었다. 몇 년 뒤에 세계적으로 유명해져 수백만 달러를 벌게 되었을 때에도 그는 여전히 계속 하루에 두 끼만 먹었다.

아침 식사를 거르고 있다고? 그는 그런 것은 신경쓰지 않았다. 그는 고생하는 것도 마음에 두지 않았다. 15세이고 자신이 하고 싶은 일, 즉 꿈의 세계, 가공의 세계, 푸트라이트와 메이크업, 박수 갈채와 로맨스의 세계에서 사는 일을 하고 있었기 때문이다. 그는 아마도 오하이오 주의 어떤 백만장자보다 행복했을 것이다.

나는 클라크 게이블에게 극장에서 호출 담당으로 한 푼도 받지 못하며 일할 때보다 하루에 천 달러씩 벌 때가 더 행복하냐고 물어 보았다. 그는 이렇게 대답했다. "아뇨. 돈과 명성은 행복을 가져오지 않아요."

생계의 길이 막막했던 밑바닥 생활 시대

아크론 시의 극장에서 2년을 보냈을 때, 갑자기 비극이 그를 덮쳤다. 그의 계모가 사망했다. 그로 인해 아버지의 가정이 무너지고, 또 클라크 게이블의 미래의 계획도 깨져 버렸다.

그의 아버지가 농장을 떠나 오클라호마 주로 가서 유전에서 일할 생각이고, 아들도 함께 데려가기로 결심했다고 선언했다. 그의 아버지는 진저리가 났던 것이다. 유전에서 하루에 12달러를 벌 수 있는데 극장에서 무보수로 2년간 일하고 있는 쓸모 없는 아들을 슬하에 두고 있다고 상상해 보라. 그의 아버지가 명령을 내렸다. 논의 같은 것은 있을 수 없었다. 말대꾸도 없었다. 그래서 그 후 2년 동안 클라크 게이블은 하루 종일 머리끝에서 발끝까지 먼지와 기름으로 더럽혀진 채 8킬로그램짜리 큰 해머를 휘두르고, 18미터 높이의 유정탑에 기어 올라가 고정 도르래에 그리스를 치며 정유 공장에서 일했다.

마침내 19세가 되자 클라크는 결연한 태도를 취했다. 그는 꿈의 세계로, 극장으로 돌아가겠다고 맹세했다. 그는 '주얼 플레이어즈'라는 유랑 극단에 들어갔다. 이 극단은 삼류 천막 흥행단으로 근근히 운영되고 있었다. 그 일행은 캔자스 주와 네브래스카 주, 중서부 일대의 이 도시, 저 도시를 돌아다니며 공터에 천막을 치고는 5센트나 10센트, 15센트의 입장료를 받고 〈엉클 톰스 캐빈〉, 〈찰리의 아주머니〉(그 당시 인기 있었던 브랜던 토머스의 작품) 등을 공연했다.

나는 클라크 게이블에게 이 유랑 극단에서 급료를 어느 정도 받았느냐고 물어 보았다. 그는 웃었다. 급료를 받는 사람은 아무도 없었다. 그들은 가능하면 계산을 치르고, 그러고 나서 나누어 줄 것이 있으면 수익을 분배했다. 그는 언젠가 일 주일의 수익 가운데 자신의 몫으로 2달러 70센트를 받았던 것을 기억해 냈다.

1921년 3월 21일, 마침내 이 극단이 심하게 눈보라가 치는 몬태나 주의 뷰트 시에서 오도 가도 못 하는 처지에 놓이게 되었다. 돈도, 전망도, 희망도 없이 묶이게 되었다. 빚과 실망밖에 남은 것이 없었다.

다음날 아침에 게이블은 무작정 철도역으로 걸어 내려갔다. 그는 춥고 배고팠다. 바지는 헝겊을 대고 꿰맨 곳투성이고, 구두 밑바닥에는 구멍이 숭숭 뚫려 있었다. 수중에는 10센트짜리 은화 한 닢도 없었다. 실은 그의 총재산은 딱 7센트였다. 그는 아버지 앞으로 전신환으로 돈을 보내 주면 집으로 돌아가겠다는 내용의 전문을 썼다. 다 쓰고 나서 클라크 게이블은 망설였다. 그는 멍하니 서서 바깥의 눈보라를 바라보며 생각했다. 전보를 보내야 할까, 말아야 할까?

좋아하는 일을 포기하고 몹시 싫어하는 일로 돌아가야 할까? 그는 자신이 인생의 갈림길에 서 있고, 또 자신의 미래에 깊은 영향을 미칠 결심을 하고 있는 것을 깨달았다. 마침내 네덜란드인(그의 아버지와 어머니 모두 네덜란드계 펜실베이니아인이었다) 특유의 불굴의 결단력으로 계속 배우의 길을 걷기로 결심했다. 그는 전보를 찢어 버리고 역에서 나와 화물 열차에 뛰어오른 뒤 부랑자처럼 도시를 떠났다.

열차가 스네이크 리버 밸리에 도착하자, 제동수가 유개 화차에서 게이블을 발견했다. 그것은 1922년의 일이었다. 12년 뒤에 클라크 게이블은 세계 제일의 유명인 중 한 사람이 되도록 운명지어져 있었다. 하지만 그 제동수는 그것을 모르고 열차에서 내쫓았다. 클라크는 오레곤 주에 있는 포틀랜드에 갈 수 있는 교통비를 벌기 위해 벌목장에서 3개월 동안 일하지 않으면 안 되었다.

그는 포틀랜드에 도착하자 또 다른 유랑 스톡 극단에 들어갔다. 이 극단도 또 파산해, 클라크 게이블은 다시 일용 노동자로 생계비를 벌지 않으면 안 되었다. 일단의 측량 기사들을 위해 측쇄를 옮기기도 하고, 홉(맥주의 원료) 밭에서 일단의 노새를 몰기도 하고, 도로 건설 회사를 위해 관목의 밀생지를 베어 내기도 하고, 제재소에서 일을 하기도 했다.

액자에 넣어 늘 보이는 곳에 장식해 놓았던 자신만의 '명화'

다시 포틀랜드로 돌아왔을 때에는 아무리 찾아도 일자리를 얻기가 거의 불가능했다. 그가 원하는 일자리는 언제나 그가 지원할 때쯤에는 이미 다 차 있었다. 그래서 그는 창의력과 독창성을 발휘해 신문사 구인 광고부에 취직했다. 그가 하는 일은 신문에 실리기 전에 구인 광고를 분류하는 것이었다. 그래서 신문에 광고가 실리기 전에 그는 자신이 원하는 바로 그 일자리를 얻을 수 있었다. 그가 선택한 일자리는 일 주일에 16달러를 받고 전신 회사의 가선공架線工으로 일하는 것이었다.

이 일자리는 그의 인생의 또 다른 전환점이 되었다. 어느 날 그는 고장난 전화를 수리하기 위해 포틀랜드의 '리틀 시어터'로 파견되었다. 전화기를 고치는 동안 그는 연출가인 조세핀 딜론과 알게 되었다. 그는 그녀에게 연기를 배우고 그녀에게 구혼을 해 결혼까지 했다. 그것은 1924년 12월의 일이었다. 하지만 그는 여러 해 동안 더 실망감과 비통함을 느낀 뒤에야 비로소 스타덤을 향한 길에 들어서게 되는 영화, 즉 〈자유의 혼(A Free Soul)〉이라는 제목의 영화에서 갱역을 맡을 수 있었다.

그 여러 해 동안 그는 브로드웨이에서 단역을 맡거나 할리우드를 배회했다. 여관의 가장 싼 방에서 생활하며 값싼 레스토랑에서 식사를 하고, 영화 촬영소의 캐스팅 사무실을 찾아가며 아무런 희망도 보이지 않는 가운데 몇 달이고 몇 년이고 계속해서 아무런 어떤 유의 일이든 일거리를 찾았다. 마침내 영화에서 대사가 있는 역을 맡았다. 희망이 부풀어 올랐다. 이제는 확실히 할리우드에 발판을 마련하게 될 터였다. 하지만 그것은 잘못된 생각이었다. 6년이 지난 뒤에야 비로소 영화에서 대사가 있는 역을 다시 맡게 되었다. 게다가 그리 대단한 역도 아니었다.

그 8년 사이에 그는 할리우드의 영화 〈명랑한 미망인(The Merry Widow)〉의 합창단에서 엑스트라로 한번 일한 적이 있었다. 그가 받은 일당은 7달러 50센트였다. 몇 년 뒤 세계적으로 유명해졌을 때, 클라크 게이블은 〈명랑한 미망인〉에서 7달러 50센트짜리 역을 맡으라고 보냈던 저 통지서를 액자에 넣어 그의 연기 연습실 벽에 걸어 놓았다. 그는 통지서를 가로지르며 이렇게 써 놓았다. "게이블, 단지 너를 일깨워 주기 위해. 단지 너를 일깨워 주기 위해."

그러나 클라크 게이블이 지나치게 심각해지는 것을 걱정할 필요는 없을 것이다. 그는 그렇게 되기엔 생활의 지혜로 너무 넘쳐흐르는 사람이기 때문이다. 그는 마이애미 시에 있는 미국 공군 훈련소에 들어갔을 때 그곳에서 가장 인기 있는 사람으로 뽑혔다. 호감이 가고 솔직하며 현실적이고 젠체하는 사람이 아니었기 때문이다.

그는 몇 달 동안 '하늘을 나는 요새', 즉 B29의 사격수가 되기 위한 훈련을 받았다. 수만 명에 이르는, 그보다 젊은 사람들도 녹초로 만들어 버리는 훈련이었다. 그러나 42세의 클라크 게이블은 녹초로 만들지 못했다.

클라크 게이블은 스크린에서는 가장 유명한 연인 중 한 명이 되었지만, 그가 내게 한 말에 따르면 젊은 시절에 여성과의 문제에서는 거의 언제나 실패를 맛보았다고 한다. 그도 남자이기 때문에 늘 어떤 여성에게 반해 있었지만, 그의 말에 따르면 그녀들 대부분이 그것을 전혀 몰랐다고 한다. 그녀들에게 말할 용기가 없었기 때문이다. 그는 얼굴을 붉히지 않고 여성들에게 다가가 말을 걸 수 있는 남자들을 늘 부러워했다고 말했다.

당시에는 그는 여성들을 두려워했을지도 모른다. 하지만 그는 확실히 지금은 최고의 용기를 지니고 있다. 그는 이런 용기와 기량을 갖고 "점령된 유럽 본토에 대한 폭격기의 비행 작전에 각기 다섯 번에 걸쳐 참여하는 동안 대단히 칭찬할 만한 공적을 세워" 공군 수훈장殊勳章을 수여받았다. 수훈장에는 이렇게 적혀 있다. "이런 여러 경우에 게이블 대위가 보여 준 용기와 침착성, 기량이 그의 큰 명예가 되고 있다."

Clark Gable. 1901. 2. 1~1960. 11. 16. 오하이오 주 캐디즈에서 태어났다. 농부 · 유전 인부 · 외무 사원 · 벌채 인부 등 잡다한 직업을 거쳐 지방 극단 배우에서 영화계로 들어가 갱 역으로 인정을 받았다. 우람한 체격과 넉살 좋은 성격으로 많은 인기를 얻었고, 특히 여성 관객들 사이에는 힐리우드 제1의 성적 매력을 가진 남자 배우라는 평을 받았다. 〈어느 날 밤에 생긴 일〉로 아카데미 남우 주연상을 받은 이후 오랫동안 힐리우드의 왕자로 군림하면서 많은 대작에 출연했다. 특히 〈지구를 달리는 사나이〉(1938)에서 뉴스 카메라맨, 〈바람과 함께 사라지다〉(1939)에서 남북 전쟁의 동란기를 씩씩하게 살아가는 사나이 역 등으로 그의 본령을 잘 보여 주었다.

자신의 약점을 역으로
최강의 무기로

G. 버나드 쇼

친구 집 문을 두드리는 데 20분이나
걸리던 수줍음 많은 응석받이에서
당대 제일의 연설가가 된 사나이

이니셜로만 언급되는 일이 많을 정도로 아주 유명한 사람을 나는 딱 두 명밖에 모른다. 그들이 누구일 것 같은가? 그 중 한 사람은 미국인 F. D. R., 즉 제32대 대통령 프랭클린 D. 루스벨트이고, 다른 한 사람은 아일랜드인이다. 그의 이니셜은 G. B. S.이다. 아마도 그는 살아 있는 사람으로서는 전 세계에서 가장 유명한 문인일 것이다. 그의 도저히 믿어지지 않는 생애 이야기가 책으로 나와 있지만, 책 제목에 그의 이름이 사용되지도 않고 단지 이내셜 G. B. S.만 나와 있다. 즉 조지 버나드 쇼가 바로 그 사람이다.

쇼의 생애는 뚜렷하고 현저한 대조로 가득 차 있다. 예컨대 그는 5년밖에 학교를 다니지 않았다. 그러나 형식적인 교육이 결여되어 있었음에도 불구하고, 그는 당대의 가장 저명한 작가 중 한 사람이 되고 작가가 수여받을 수 있는 최대의 영예인 노벨 문학상도 수상했다. 이 상으로 3만 5천 달러의 상금을 받게 되어 있었지만, 조지 버나드 쇼 는 이 상금도 영예도 필요없다고 생각했다. 그래서 그는 돈을 받기를 거부했다. 결국 권유를 받아들여 현금으로 3만 5천 달러를 받았지만, 그 자리에서 즉시 '영국 — 스웨덴 문학 연맹'에 기부해 버렸다. 그가 상금을 손에 쥔 것은 1초도 되지 않았다.

버나드 쇼의 아버지는 아일랜드의 명문 출신이지만 돈이 없었고, 그의 어머니는 부유한 백모가 결혼을 승낙하지 않았기 때문에 상속 권을 박탈당했다. 집안의 재정 상태가 매우 좋지 않아 버나드는 15세 때 일하러 가지 않으면 안 되었다. 첫해에는 한 달에 4달러 50센트를 받으며 사무원으로 일했다.

한 번뿐인 인생, 배수진을 치고

그 후 16세에서 20세까지 그는 긴급할 경우에는 현금 출납원 겸 잡 역부로서 책임이 무거운 일을 했는데, 이때에는 일 주일에 8달러를 받았다. 하지만 그는 사무적인 일을 몹시 싫어했다. 무엇보다 미술과 음악, 문학을 중시하는 가정에서 자랐기 때문이다. 버나드 쇼는 7세 때 셰익스피어와 존 버니언의 작품,《아라비안 나이트》, 성경 등을 읽 었다. 12세 때에는 바이런의 시에 몰두했다. 찰스 디킨스, 알렉상드 르 뒤마, 셸리 등의 작품을 10대 초기에 접했다. 18세 때까지는 이미 그는 유명한 물리학자 존 틴달, 경제학자·철학자 존 스튜어트 밀, 사 회 진화론으로 유명한 철학자 허버트 스펜서의 저서를 읽었다. 대작가들이 그의 상상력을 자극하고 꿈꿀 수 있는 재료로 가득 채워 주었다. 그래서 어느 일류 부동산 관리인 및 개인 자산 관리사를 위해 노예같이 뼈빠지게 일하는 따분한 세월 동안, 그는 자신이 하는 일에 전혀 흥미를 갖지 않았다. 그의 상상력은 전적으로 불가사의한 문학과 예술, 과학, 종교의 세계 속에서만 살아가고 있었다.

20세 생일을 맞이하기 직전에 G. B. S.는 마음속으로 이렇게 생각했다. "내 인생은 한 번뿐이다. 사무실 책상에 앉아 이런 인생을 보내지는 않겠다."

그래서 1876년에 그는 배수진을 치고는 어머니가 당시 성악 레슨을 하며 생활을 꾸려 가고 있던 런던으로 갔다. 버나드 쇼는 그곳에서 수백만 달러를 벌고 전 세계에 널리 그 이름이 알려지도록 운명지어져 있는 작가로서의 경력을 쌓기 시작했다.

하지만 그는 9년 동안 글을 쓴 뒤에야 비로소 그 일로 생계를 꾸려 나갈 수 있었다. 그는 글을 쓰는 데 모든 시간을 다 바치고, 자신을 채찍질하며 좋든 싫든 날마다 5쪽씩 글을 썼다. 딱 5쪽만 쓰고 더 이상은 쓰지 않았다. 쇼는 이렇게 말했다. "그 시절에는 아직 학생이나 사무원 기질이 많이 남아 있어, 5쪽을 다 쓰면 문장이 끝나지 않아도 도중에 중단하고 다음날 문장을 마무리했다."

그는 다섯 편의 장편 소설을 썼는데, 그 속에는 《예술가들끼리의 사랑》이라는 제목의 소설도 포함되어 있었다. 이 원고들을 영국과 미국의 모든 출판사에 보냈지만 모두 반송되었다. 그러나 그 중 가장 중요한 출판사가 그의 다음 작품을 보고 싶다는 뜻을 넌지시 비추었다.

그가 이런 시도를 자주 하면 할수록, 그들은 그에게 더욱더 반감을 품었다. 하지만 그들은 그의 문학적 재능에는 의문을 품지 않았다. 그의 사상이 문제였다.

버나드 쇼는 그 당시 종종 원고를 출판사에 우편으로 부치는 데 필요한 우표도 사기 힘들 정도로 돈이 없었다. 그가 글쓰기에 전념한 처음 9년 동안 번 돈은 모두 합해 30달러로 하루에 1페니 정도밖에 안 되었다. 그는 의복이 닳자 구두의 바닥, 심지어는 바지의 엉덩이 부분에까지 나 있는 구멍을 조심스럽게 가리면서 런던 거리를 걸었다. 그러나 굶지는 않았다. 그의 어머니가 언제나 빵집이나 청과물 가게에서 외상으로 사서 그를 이런 궁지에서 구해 줄 수 있었다.

그는 소설을 쓰는 그 9년 사이에 무슨 목적에서였는지는 모르지만 어느 변호사의 의뢰를 받고 매약賣藥에 대한 기사를 써 주고 25달러를 받은 적이 한번 있었다. 또 언젠가는 선거날 득표수를 세고 5달러를 벌기도 했다. 당시 쇼는 생계비를 어떻게 손에 넣었을까? 그는 자신의 가족을 긴급히 부양할 필요가 있었다고 솔직하게 인정하고 있다. 그의 가족은 그의 부양을 무척 필요로 하고 있었다. 하지만 그러기는커녕 그는 가족으로 하여금 자신을 부양하게 했다. 쇼 스스로 이렇게 말하고 있다. "나는 생존 경쟁에 직접 뛰어들지 않았다. 그 대신 어머니를 그 속에 밀어넣었다."

쇼는 이번에는 그림이나 조각, 건축 등 모든 조형 예술의 비평가로 자활하게 되었다. 그는 소설이 아니라 희곡을 씀으로써 처음으로 재정적으로 크게 성공했다. 그의 초기 희곡들은 모두 실패작이었다. 실은 쇼는 21년 동안 쓴 뒤에야 비로소 부유한 여성과 결혼을 해도 재산을 노린 정략 결혼으로 보지 않게 할 수 있었다.

선천적인 겁쟁이가 자신에게 사용한 치료법

자신만만하고 대담무쌍하게 다수의 청중 앞에 서서 현대의 결혼 제도와 교회 조직, 민주주의적 구호, 인류가 소중히 간직해 온 그 밖의 모든 전통을 비난한 버나드 쇼가, 다른 누구보다 그가 수줍음과 소심함, 열등감에 시달렸다는 것은 거의 상상도 할 수 없고, 거의 믿어지지도 않는 일이다. 하지만 실은 그는 그랬다. 그는 극도로 소심함에 시달렸다. 예컨대 버나드 쇼는 젊은 시절에 이따금 런던의 템스 강 강변에 사는 친구들을 방문하러 갔다. 쇼 스스로 다음과 같이 자신이 그런 경우에 어떻게 행동하고 느꼈는지 묘사해 놓고 있다.

"나는 때때로 용기를 내어 친구의 집 문을 노크하기 전에 20분 이상 동안 템스 강변의 거리를 오르락내리락할 정도로 고통스러울 만큼 소심함에 시달렸다. 만약 이 세상에서 뭔가를 이루려 한다면 나 자신이 이렇게 응석을 부리도록 놓아 두어서는 절대로 안 된다는 것을 본능적으로 깨닫지 못했으면, 정말이지 나는 아주 쉽게 도망칠 수 있을 때 완전히 포기하고 서둘러 집으로 돌아갔을 것이다. 젊은 시절에 나보다 더 절대적인 소심함에 시달리거나, 또는 그것을 지독하게 부끄럽게 여긴 사람도 드물 것이다."

그러나 버나드 쇼는 세계적으로 유명한 대영 박물관의 도서실에서 발견할 수 있는 에티켓에 관한 책을 모두 연구할 정도로 사람들 앞에서의 행동에 대해서는 무척 주의를 기울였다. 그에게 도움을 준 것은 단지《상류 사회의 매너와 말씨》라는 책뿐이었다.

마침내 소심함과 두려움을 극복하기 위해 그때까지 고안된 것 중에서 가장 빠르고 확실하고 좋은 방법이 문득 떠올랐다. 그는 사람들 앞에서 연설하는 법을 배웠다. 그는 토론 연수회에 참가했다. 처음 두세 번 일어나 연설을 하는 동안 다음 번 모임 때 의장석에 앉아 달라는 요청을 받을 정도로 태연하고 자신만만한 인상을 주었지만, 그는 손이 떨려 의사록에 거의 사인을 할 수 없을 정도로 초조해하고 있었다. 메모해 놓은 것이 없으면 무슨 말을 하려 하고 있는지 기억하지도 못하고, 그것이 있어도 제대로 읽을 수가 없었다. 그러나 여전히 아무도 그의 비참한 상태를 눈치채지 못했다. 언제나 그의 말을 경청했다. 그리고 자신의 소심함과 과잉 자의식을 극복하려는 결심이 굳건한 나머지, 그는 런던에서 공개 토론이 벌어지는 모임이 개최되면 어디에든 다 참석하고 언제나 일어나 토론에 참여했다. 그 후 26세 때의 어느 날 저녁에 그는《진보와 빈곤》의 저자인 미국의 경제학자 헨리 조지가 그의 토지 단일세 이론에 대해 강연하는 것을 들었다.

쇼는 이 연설을 들은 것이 계기가 되어 정치경제학 연구에 나서고, 곧 토지 국유론을 제창하기 시작했다. 그가 시험 삼아 그것을 주제로 사회민주당의 집회에서 강연을 하자, 그들이 헨지 조지의《진보와 빈곤》뿐만 아니라 카를 마르크스까지 읽어야만 단일세 문제를 논할 자격이 있다고 말했다. 그래서 쇼는 역사에 깊은 영향을 준 책, 러시아 혁명과 큰 관련이 있는 책, 세계를 뒤흔든 책을 읽어 보았다. 내가 말하는 책은 카를 마르크스가 쓴 책으로, 그 책의 제목은 《자본론》 혹은 《정치경제학 비판 요강》이다. 쇼 스스로 그 책을 읽은 것이 그 후의 자신의 인생에 얼마나 큰 영향을 주었는지 고백했다. 그는 이렇게 말했다. "《자본론》을 읽은 것이 내 인생의 전환점이 되었다. 마르크스는 하나의 계시였다. 나는 나중에 그의 추상적인 경제학이 잘못되어 있다는 것을 알게 되었지만, 그가 베일을 벗겨 버렸다. 그가 역사와 문명의 사실에 눈을 뜨게 해 주고, 전혀 새로운 역사와 문명의 개념을 제시해 주고, 인생의 목적과 사명을 제공해 주었다. 요컨대 나는 그 덕분에 사람이 되었다."

그렇다, 이제 버나드 쇼는 불타오르고 있었다. 확신과 신조로 불타오르고 있었다. 수줍음? 소심함? 이제는 더 이상 그런 것은 없었다. 그것은 모두 사라져 버렸다. 쇼는 책, 그 자신을 십자군의 열정으로 채우고 자신과 관련된 것을 모두 잊어버리게 만드는 책을 손에 넣었다. 아니, 좀더 정확히 표현하면 그 책이 쇼를 손에 넣었다. 신조 외에는 아무것도 중요하지 않았다. 그래서 쇼는 12년 동안 거의 이틀에 한 번꼴로 영국과 스코틀랜드 각지의 거리의 한 모퉁이나 공회당, 심지어는 교회에서도 사회주의를 전파하거나, 야유를 퍼붓는 사람들과 논쟁을 벌이거나, 믿지 않는 사람들의 모욕적인 언동을 무시해 버렸다. 그리하여 그는 당대 제일의 연설가 및 논객 중 한 사람이 되었다. 마침내 강연 의뢰가 끊이지 않아 돈 많은 청중에 가난한 프롤레타리아 청중이 밀려날 정도였다. 그리하여 그는 강연료를 한 푼도 받지 않았지만 자신이 돈벌이 수단으로 이용되고 있는 것을 알게 되었다. 그

는 모자를 돌리며 사회주의 운동을 위해 모금을 하곤 했지만 그 자신
을 위해서는 한 푼도 모금하지 않았다.

장대한 횃불 같은 삶

1896년에 쇼는 미스 샬로트 페인톤젠드를 만났다. 그는 40세의 독
신남이고, 그녀는 39세의 미혼 여성이었다. 그녀는 상당히 많은 돈을
물려받은 자산가였다. 쇼도 미국에서 희곡 한 편이 성공을 거두어 일
년 사이에 10만 달러를 번 참이었다. 그녀는 사교계 생활에 점차 싫
증을 느끼고 쇼가 제창하는 페이비언 사회주의에 열중하고 있었다.
그녀는 쇼를 좋아하게 되어 그에게 그것을 고백했다. 그리고 그녀는
또 그를 짐승이라 부르며 자신은 이렇게 이기적인 사람은 일찍이 만
나 본 적이 없다고 비난했다.

그 후 2년이 지났다. 쇼는 결혼 같은 것은 꿈도 꾸지 않고 있었다.
그래서 1898년 3월에 그녀는 로마 시의 공공 기관을 연구하기 위해
그곳으로 떠났다. 그녀는 로마에 도착했을 때 쇼가 중병에 걸렸다는
전보를 받았다. 런던으로 서둘러 돌아온 그녀는 그가 과로해 전반적
으로 심신이 쇠약해지기 직전에 놓여 있는 것을 알게 되었다. 그녀는
그가 일하는 작은 방의 상태에 충격을 받았다. 쇼 자신은 그 방은 다
름 아닌 다이너마이트 한 개로만 깨끗해질 수 있다고 단언했다. 그는
다음과 같이 말했다. "7명의 하녀가 7개의 걸레를 들고 반세기 동안
내 서재를 청소하더라도 전혀 효과가 없을 것이다."

녹색 눈을 지닌 부유한 미스 페인톤젠드가 그를 그 지저분한 곳에

서 데리고 나와 건강을 되찾도록 간호할 수 있는 자신의 시골 집으로 데려가겠다고 고집을 부리자, 그는 그녀를 내보내 결혼 반지를 사고 결혼 허가증도 받아 오게 했다.

쇼는 이렇게 말했다. "나는 가능하다고 생각지 않았던 한 가지 이유에서 그녀와 결혼했다. 즉 나 자신보다 다른 누군가를 더 생각하지 않으면 안 되었기 때문이다."

그들은 쇼 부인이 1943년 9월 12일 세상을 떠날 때까지 45년 동안 함께 행복하게 살았다. 사람들은 모두 그녀가 쇼보다 스무 살 더 어려 그가 먼저 사망할 것이라고 믿었다. 하지만 실제로는 두 사람의 나이는 넉 달밖에 차이가 나지 않았다.

쇼는 1856년에 태어났지만 여전히 너무 바빠 죽음에 대해 생각할 틈이 없다고 딱 잘라 말하고 있다. 그는 이렇게 말하고 있다. "나는 살아 있는 것만으로도 인생이 즐겁다. 셰익스피어는 맥베스 장군으로 하여금 '인생은 짧은 촛불이다'라고 말하게 하고 있지만, 내 경우에는 그렇지 않다. 인생은 지금 이 순간만 내가 손에 쥐고 있는 장대한 횃불 같은 것이다. 그리고 나는 미래의 세대에 건네 주기 전에 이 횃불을 가능한 한 밝게 타오르게 하고 싶다."

George Bernard Shaw. 1856. 7. 26~1950. 11. 2. 더블린에서 태어났다. 1876년 런던에 나와 점차로 사회 문제에 흥미를 가지기 시작하였고, 1884년 '페이비언 협회'에서 활동했다. 1893년에 매춘부를 다루어 여성의 입장을 변론한 〈워렌 부인의 직업〉을 쓰면서 비로소 극작가로서의 지위가 확립되었다. 그 후 성공한 희곡 〈캔디다〉(1894), 〈시저와 클레오파트라〉(1898), 〈악마의 제자〉(1898) 등 10여 편의 희곡을 썼다. 20세기에 들어와서는 그의 최대 걸작인 〈인간과 초인〉(1903)을 써서 세계적인 극작가가 되었다. 그의 극에는 인생의 허위와 위선을 폭로하는 것이 많다. 1925년에 노벨 문학상을 수상했다. 유명해지고 나고는 세계 제일의 풍자가로 꼽히며 많은 명언을 남겼다.

'양심'에 따라 살아가는 사람은
반드시 보답을 받는다

올리버 W. 홈스

상대가 대통령이라도 자신이 믿는
'법의 정신'을 버리지 않고, 죽어서도
사람들의 생활 속에 살아 있는 남자

이제부터 미국의 사상계, 특히 법철학계에 깊은 영향을 준 인물에 대해 이야기하려 한다. 그는 금세기가 낳은 가장 위대한 지적 거인 중 한 사람이지만, 불이 나면 구경하러 달려가길 좋아하고, 종종 벌레스크 쇼(미국에서 발달한 통속 희가극. 저속한 희극과 외설적인 농담, 합창곡, 그리고 여성 무용수의 나체 독무로 이루어졌다)도 보러 가길 좋아할 정도로 인간적이었다. 또한 그는 마침내 일 주일에 한두 건의 흥미로운 피투성이의 살인 사건으로 제한하지 않으면 안 될 정도로 탐정 소설도 무척 좋아했다.

그 인물은 바로 올리버 웬들 홈스이다. 미국이 27개주밖에 안 될 때 태어나고, 1935년에 94세를 일기로 세상을 떠났다.

올리버 웬들 홈스는 지난 100년 동안 미국이 낳은 훌륭한 인물을 대부분 다 알고 있었다. 소년 시절에 그는 시인이자 대사상가인 랠프 왈도 에머슨과 몇 시간 동안 앉아서 책 이야기를 한 일도 있다. 그리고 그의 아버지인 올리버 웬들 홈스 박사는 의학자이자 시인으로서 의학적 지식을 반영한 미국 수필 문학의 고전인 《아침 식탁의 독재자》로 전 세계에 널리 알려져 있었다. 그는 또한 〈낡은 철갑선〉, 〈작은 이륜 마차〉 등의 시도 썼다.

홈스가 어릴 때, 그의 아버지는 자식들에게 누구든 식탁에서 가장 재치 있는 평을 하면 마멀레이드나 잼을 듬뿍 더 얹어 주겠다고 말했다. 그래서 웬들은 마멀레이드를 좋아했기 때문에 재빨리 혀를 아주 날카롭게 단련시켰다. 이렇게 어린 시절에 훈련시킨 것이 평생 사라지지 않았다. 70년 뒤에 그는 미국 연방 대법원의 엄숙한 법정에서 재치 있는 농담을 던지지 않고는 못 배겼다. 그래서 그가 평을 한 것 중 다수가 기록에서 삭제되지 않으면 안 되었다.

아버지를 기막히게 만든 '직업 선택'

그는 지식인은 재미있게 놀지 못하고 혼자 잘난 체하는 고루한 자가 되지 않으면 안 되는지 그 이유를 모르겠다고 늘 말했다. 그의 머리가 백발로 변한 뒤의 일인데, 그는 어느 날 밤중에 워싱턴에서 벌레스크 쇼를 보러 갔다. 그날 공연은 이를테면 좀 재치가 있고 신랄했다. 그래서 판사의 우레와 같은 웃음소리를 10열 뒤에서도 들을 수 있었다. 그런데 갑자기 그가 옆에 앉아 있는 전혀 모르는 사람 쪽으로 몸을 돌리고는 이렇게 말했다. "내가 저속한 취미를 갖게 된 것을 하느님께 늘 감사하고 있다오!"(그리고 이렇게 말한 사람이 바로 얼마 전에 영국이 대영 제국 바깥에 사는 법조인으로서는 유일하게 링컨 법학 협회 회원이 되는 영광을 준, 명성 높은 법관이었다는 것을 잊지 말라!) 내 생각에는 거물 지식인과 평범한 보통 사람이 결합된 이런 놀라운 예가 전에는 우리의 공공 사회에 결코 없었을 것 같다.

그가 1857년에 법률을 공부하기 시작하자, 그의 아버지는 기가 막혔다. 그 당시에는 변호사들은 거의 경멸당하고 있었기 때문이다. "웬디, 그 일은 하지 말거라. 법률과 관련된 일에 종사하는 사람은 위대한 인물이 될 수 없어" 하고 그의 아버지가 설득했다.

그러나 웬들은 법을 공부하는 사람도 위대한 삶을 살 수 있다고 생각했다. 그래서 그는 마치 어느 페이지나 다 재미있는 소설인 양 윌리엄 블랙스톤 경의 《영국법 주해》를 독파했다.

1861년까지는 그는 이미 하버드를 졸업할 준비가 되어 있었다. 하지만 남북 전쟁이 일어나자, 그는 법률 책을 사실私室에 던져 버리고는 헐렁한 판탈롱에 하늘색 제복 상의, 양키 의용병의 선명한 빨간색 군모 등으로 완전히 복장을 갖춘 채 일개 병졸로 출정했다. 오늘날 우리가 생각하기에는 군인에게 적합한 그런 유의 복장은 아니었지만, 올리버 웬들 홈스는 그래도 싸울 수 있었다. 그는 세 번 부상을 입었고, 한 번은 탄환이 심장 바로 옆에 박혀 들것 옆으로 지나가던 군의가 "시간을 소모해 가며 진찰할 필요조차 없어. 그는 이미 죽었어!" 하고 말할 정도였다.

과연 죽었을까? 아니, 실은 이 보스턴 태생의 양키 병사는 성장하는 것조차 멈추지 않고 있었다. 그는 약 187.5센티미터에서 아직 3~5센티미터가 부족했고, 또 아직 조국을 위해 최초의 참으로 뛰어난 공적을 세우지 않으면 안 되었기 때문이다. 1864년에 대통령 링컨의 목숨을 구할지도 몰랐기 때문이다!

전시의 영웅, 평시의 '가난한 지식인'

북군 사령관인 그랜트 장군이 리치먼드에서 바쁘게 움직이고 있을 때, 주발 얼리가 이끄는 남군 특공대가 북쪽으로 밀고 올라와 버지니아 주의 알렉산드리아까지 왔다. 워싱턴까지 겨우 30여 킬로미터밖에 남지 않았다.

그곳의 스티븐스 요새에서 북군이 그들을 저지할 태세를 갖추었다. 한 번도 전투를 경험하지 못한 에이브러햄 링컨이 서둘러 요새로 달려왔다. 그가 실제로 흉벽 근처의 지붕 위에 서 있을 때, 개전開戰 총성이 울려 퍼졌다. 누구나 한눈에 알아볼 수 있는, 키가 크고 호리호리하고 마른 그의 몸이 적들의 총구가 똑똑히 보이는 곳에 놓여 있었다. 한 장군이 소리를 지르며 이렇게 말했다. "대통령 각하, 뒤로 물러서시는 게 좋을 것 같지 않습니까?" 그러나 링컨은 귀담아듣지 않았다. 1.5미터 떨어진 곳에서 흉벽 위로 머리를 내밀었던 한 병사가 뒤로 비틀거리다가 쓰러져 죽었다. 1미터 떨어진 곳에서 또 다른 병사가 쓰러졌다.

그때 갑자기 링컨 바로 뒤에서 누군가가 큰소리로 날카롭게 이렇게 외쳤다. "이 바보 자식아, 내려가! 전열에서 빠지란 말야!" 링컨이 휙 몸을 돌리고 바라보자 젊은 홈스 대위였다. 그는 불타오르는 듯한 눈으로 링컨을 사납게 노려보고 있었다.

링컨이 미소를 지으며 이렇게 말했다. "이보게 대위, 민간인에게 말하는 법을 알고 있을 것 같네만." 그러고는 고개를 끄덕여 찬의를 표하면서, 링컨은 적의 총탄이 미치는 않는 곳으로 갔다.

이 이야기가 널리 알려지자, 자연히 올리버 웬들 홈스는 영웅으로 불렸다. 하지만 그는 서둘러 그런 말을 입에 담지 못하게 했다. 그는 매서운 어조로 이렇게 상대방의 말을 가로막았다. "나를 영웅으로 부르지 마세요. 나는 군인으로서의 내 의무를 훌륭하게 수행했다고 믿고 있지만, 내가 한 일은 전혀 주목할 만한 것이 아니었어요."

과연 전혀 주목할 만한 것이 아니었을까? 그런데 뭐니뭐니 해도 아마도 이 젊은이와 관련해 보다 주목할 만한 것은 전쟁이 끝나자 그가 아무 일도 없었던 것처럼 손을 털고 학교로 돌아갔다는 사실이었을 것이다. 그는 법률을 마스터했을 때 그리 많은 돈을 벌지 못할 것 같다는 것을 알고 있었다. 그 당시에는 이런 속담이 있었기 때문이다. "변호사가 개업 첫해에 간판비를 지불하면 크게 성공한 것이다."

올리버 웬들 홈스는 그만큼도 벌지 못했다! 실은 그는 서른 살이 되어서야 비로소 보스턴에서 자기 돈으로 식비를 지불할 수 있었다. 글자 그대로 그랬다. 30세 때 그가 소꿉 친구인 패니 딕스웰과 결혼했을 때, 두 사람 다 수중에 1센트도 없었다. 그들은 홈스 박사의 집 3층 침실에서 살지 않으면 안 되었다. 게다가 패니 홈스가 절약하고 저축해 이사갈 수 있을 만큼 돈을 모으는 데 만 1년이 걸렸다. 그리고 이 시간 뒤에도 그들의 새 보금자리는 약국 위의 방 2개뿐이었고, 점화구가 하나인 가스대에서만 요리해야 했다.

그렇다, 그는 천재의 아들이었지만 서른 살의 나이에 그곳에서 아직 출발도 하지 않고 있었다. 그는 시간을 충실히 보내는 데 도움이 되도록 법학의 위대한 고전인 《미국법 주해》 전 4권을 개정하고 현대화하기 시작했다. 엄청난 노고가 수반되는 일이었다. 그것은 수천 개의 판례와 무수한 법원의 판결상의 의견을 연구하고 거기에 주석을 다는 것을 의미했다. 일이 끝날 기미를 보이지 않는 채 몇 해가 지나가자, 홈스 자신도 걱정이 되기 시작했다. 그는 남자는 마흔이 되기 전에 성공해야 한다고 생각했고, 그는 지금 39세였다.

"패니, 내가 해낼 것 같아?" 그는 책상 앞에 앉아 있다가 시계가 한밤중을 알리면 아내를 올려다보면서 이렇게 묻곤 했다. 그러면 패니는 바느질하던 것을 무릎 위에 내려놓고 "웬들, 당신은 해낼 거야. 나는 당신이 해내리라는 것을 알고 있어!" 하고 말하곤 했다.

성공의 실마리가 된 외고집

역시 그는 이 일을 해냈다. 지금 미국 법학계의 높이 솟은 이정표로 간주되고 있는 그 책이 그가 40번째 생일을 맞이하기 딱 닷새 전에 출판되었기 때문이다. 그래서 홈스 부부는 1파인트의 샴페인으로 건배하며 이 일을 축하했다.

하버드 대학교가 이 일에 깊은 인상을 받고 그에게 와서 법학을 가르치면 일 년에 4500달러를 주겠다며 교수직을 제안했다. 법학을 가르치게 되다니! 그는 이런 영광스런 제안에 어찌할 바를 몰랐지만, 빈틈없는 보스턴 출신의 양키인 그는 친구인 조지 새턱을 찾아가 조언을 부탁했다.

그러자 새턱은 이렇게 충고했다. "웬들, 이 기회를 놓치지 말게. 하지만 한 가지 조건을 요구하게. 매사추세츠 주의 대법원 판사로 지명될 수 있는 기회가 주어지면 사임할 수 있는 권리를 갖는다고 말야."

판사로 지명된다고! 바로 이 말에 홈스는 큰소리로 웃었다. 하지만 그래도 그는 새턱이 말한 대로 했다.

그리고 그것은 그가 평생 한 일 중에서 가장 다행스런 것이었다! 석달도 채 되지 않았는데 새턱이 하버드로 달려와 교수를 강의실 밖으로 끌어냈기 때문이다. "빅 뉴스야!" 하고 그가 헐떡이며 말했다. "오티스 로드가 사임해 매사추세츠 주 대법원에 빈 자리가 하나 생겼어. 주지사는 '자네'를 원해. 하지만 그러려면 12시 전에 자네 이름을 자문 위원회에 제출해야 해. 그런데 지금 벌써 11시야!"

1시간밖에 남지 않았다! 홈스는 모자를 움켜쥐었다. 그리고 두 사람은 거리를 질주하다시피 하며 주지사의 관저로 갔다. 일 주일 뒤에 올리버 웬들 홈스는 매사추세츠 주 대법원의 판사로 취임했다. 그리고 그가 늘 말했듯이 이 사건은 그의 삶을 바꾸어 놓은 벼락의 일격이었다. 그것은 전환점이었다.

홈스가 처음으로 '위대한 반대 의견자'로 알려지게 된 것은 바로 이 매사추세트 주의 대법원에서였다. 그는 다른 판사들과 의견이 일치하지 않을 때가 무척 많았기 때문이다. 예를 들어 1896년에 노동자가 상점에 피켓을 칠 수 있는 권리가 있는지 묻는 소송 사건이 심리되었다. 평생 한 번도 근육 노동을 해 본 적이 없지만, 홈스는 이 권리를 지지했다. 자신의 의견서를 제출한 뒤에 그는 친구에게 이렇게 말했다. "방금 전에 사법부에서 승진할 수 있는 길을 영원히 차단시켜 버렸다네." 바로 이렇게 생각하면서도 그는 그렇게 했던 것이다. 그는 결코 개인적인 이해 관계에 흔들리지 않았기 때문이다. 그가 관심을 기울인 것은 옳다고 생각되는 것뿐이었다.

하지만 이상하게도 그로 인해 출세길이 막혀 버렸다고 생각한 그런 판결들이 훨씬 더 큰 승진의 길을 열어 주었다. 워싱턴에서 대통령 테디 루스벨트가 마침 당시 독점을 분쇄하기 위해 권력을 행사하며 각계의 트러스트를 상대로 바쁘게 싸우고 있었기 때문이다. 그래서 그는 홈스에 대해 듣게 되자 이렇게 큰소리로 말했다. "판사가 있어! 내가 원하는 판사가 있어!"

그래서 루스벨트는 가능한 한 빨리 임명을 추진하고 홈스를 미국 연방 대법원의 대법관 자리에 앉혔다. 미국이 수여할 수 있는 사법계의 가장 큰 영예였다. 루스벨트는 당연히 자신이 새로 임명한 대법관이 자신이 원하는 대로 투표하리라 생각했다. 그러나 그의 생각은 잘못된 것이었다. 첫 번째 중대한 소송 사건에서 홈스는 대통령과 반대되는 입장에 섰다. 그러자 시어도어 루스벨트는 격분한 나머지 진저리를 치며 이렇게 소리를 질렀다. "뭐야, 바나나로도 그보다 더 기개가 있는 판사를 만들어 낼 수 있을 거야!"

루스벨트는 화를 냈지만, 세상 사람들은 즐거워했다. 홈스는 그들이 원하는 바로 그런 사람이었다. 어느 누구에게도 속하지 않는 판사, 단지 그 자신에게만 속하는 판사였다. 그 후 30년 동안 올리버 웬들 홈스는 아메리카의 일종의 전설, 즉 미국의 연방 대법원에서 대법관 노릇을 한 사람들 가운데서 가장 존경받는 인물이 될 때까지 계속 이의를 주장했다.

93세 때에도 플라톤을 읽은 놀라운 향학심

수도 워싱턴에서 살아가는 사람들 가운데 가장 화려한 인물 중 하나였던 홈스는 절대로 인터뷰를 하지 않았다. 사람들의 이목을 끄는 것을 몹시 싫어했기 때문이다. 하지만 그래도 그의 사생활에 관한 것이 다소 흘러나오게 되어 있었다. 예컨대 홈스 부부는 동물을 좋아했다. 그들은 진기한 새들을 길렀을 뿐만 아니라, 원숭이 두 마리와 침실을 날아다니는 세 마리의 날다람쥐도 있었다. 판사는 전날 밤에 충분히 자지 못해 낮에 법정에서 이따금 졸곤 했는데, 느닷없이 급강하 폭격기처럼 침대를 덮치는 세 마리의 날다람쥐로 인해 자주 자주 깼기 때문이다.

홈스는 80대에 접어들고 나서도 한참 동안 엘리베이터를 타는 것을 거부하고 한꺼번에 두 계단씩 뛰어 올라갔다. 불자동차의 사이렌 소리가 들리면 홈스 부부는 언제나 집 밖으로 달려 나간 뒤 화재 현장으로 뛰어갔다. 이 교양 있는 뉴잉글랜드인이 법정 밖에서 쓰는 말은 보스턴 출신의 고고한 지식인보다는 해적의 그것에 더 가까웠다. 그는 언제나 비서들(프랜시스 비들 같은 남자들)을 '아가야', '젊은 친구', '천치 자식'이라고 불렀다.

1928년에 워싱턴의 한 기자가 가슴받이가 있고 멜빵이 달린 작업 바지를 입은 어느 기계공에게 물었다. "올리버 웬들 홈스라는 이름이 당신에게 의미가 있습니까?"

기계공은 씩 웃으며 이렇게 말했다. "그럼요! 그는 언제나 늙은 자들의 의견에 반대하는 연방 대법원의 젊은 대법관이에요."

홈스는 이 이야기를 듣자 큰소리로 웃었다. 당시 그의 나이가 87세였기 때문이다. 실은 그는 가장 나이가 많은 대법관이었다.

홈스는 언제나 이렇게 말했다. "나는 전능하신 하느님께서 그만두라고 하실 때까지는 사임하지 않을 것이오!" 91세 때 그의 건강이 나빠지기 시작했다. 자리에서 내려올 때 다른 두 대법관의 도움을 받지 않으면 안 되었다. 어느 날 그가 서기에게 이렇게 말했다. "내일은 여기 없을 거야……. 내일은 여기 없을 거야." 그리고 그는 돌아오지 않았다.

2년 뒤에 이 위대한 노인이 93번째 생일을 맞이하자, 선서를 하고 대통령으로 갓 취임한 프랭클린 델라노 루스벨트가 경의를 표하기 위해 찾아왔다. 그는 홈스 판사가 플라톤이 쓴 책을 들고 서재에 앉아 있는 것을 발견했다. 그래서 루스벨트가 물어 보았다. "홈스 판사님, 말씀 좀 해 주세요. 어째서 플라톤을 읽고 계세요?"

홈스는 이렇게 대답했다. "교양을 높이기 위해서라오."

생각해 보라! 93세의 고령이었다! 그런데도 교양을 높이기 위해서 플라톤을 읽고 있었다!

그렇다, 미국은 올리버 웬들 홈스보다 더 훌륭한 인물을 낳지 못했고, 또 그보다 더 미국의 법률에 큰 영향을 미친 사람도 없다. 그의 판결은 앞으로 오랫동안 미국인의 생활에 영향을 미칠 것이다. 마지막으로 이것도 알고 싶어할 것 같아 참고로 이야기해 두겠다.

홈스 판사는 세상을 떠날 때 갖고 있던 돈 25만 달러를 모두 미국 정부에 기증했다. 또 그가 일생 동안 아주 훌륭하게 봉사한 미국 국민이 사용하도록 책을 모두 의회 도서관에 기부했다.

Oliver Wendell Holmes, 1841. 3. 8~1935. 3. 5. 같은 이름의 의학자 · 시인 · 수필가의 아들. 남북 전쟁에 참가한 후에 변호사로 활약하다가 하버드 대학교 교수가 되었다. 또 매사추세츠 주 대법원 판사에 이어서 미국 연방 대법관으로 활약하였다. 특히 재판관으로서 급격하게 변동하는 시대의 요청에 법을 적용시키는 노력을 기울이며 진보적인 반대 의견을 펴 '위대한 반대 의견자'로 불렸다. 그의 법률에 대한 견해는 유명한 저서 《코먼 로(The Common Law)》(1881), 《연설집》(1891, 1913), 《법률 논문집》(1920), 《홈스 씨의 반대 의견집》(1929) 등을 통해서도 잘 알 수 있다.

결코 물러서지 않는 것이
인생 최대의 재산

프랭크 W. 울워스

거듭되는 좌절에도 꺾이지 않고
상인의 길로 되돌아와 나중에 세계
제일의 고층 빌딩을 지은 남자

바바라 허튼 므디바니는 21세가 되었을 때 파티를 열었다. 그녀는 헝가리 오케스트라로 하여금 부드러운 이국풍의 음악으로 밤을 가득 채우고, 유명한 오페라 스타들로 하여금 자신에게 사랑과 로맨스에 대한 노래를 불러 주게 했다. 그녀에게는 파티를 열 만한 이유가 있었다. 그녀는 약 2천만 달러를 물려받고 있었다.

그 2천만 달러는 어디에서 나왔을까? 그 일부는 당신의 호주머니에서 나왔다.

바바라 허튼 므디바니는 프랭크 울워스의 손녀이다. 당신이 울워스의 여러 파이브앤텐센트 스토어(싸구려 잡화점) 중 한 곳에서 5센트짜리 백동화를 쓰면, 그 일부가 결국 짧고 노란 고수머리를 지닌 이 아름다운 젊은 여성의 금고로 들어간다.

이 여성의 할아버지는 어떻게 지금 그녀가 향유하고 있는 막대한 재산을 모았을까? 과연 그에게는 처음부터 한 가지 큰 이점이 있었다. 그는 가난했다. 그는 뉴욕 주의 워터타운 인근에 있는 농장에서 일하며 살았는데, 일 년에 6개월 동안은 맨발로 다니지 않으면 안 될 정도로 돈에 몹시 쪼들렸다. 그는 살을 에는 듯한 추운 겨울에 몸을 따뜻하게 보호해 주는 오버코트조차 살 수 있는 돈이 없었다.

그의 경우에는 이 가난이 위대한 일을 해냈다. 이것이 그로 하여금 야망을 품게 하고, 또 출세하고 싶은 격렬한 욕망으로 가득 차게 만들었다.

그는 농장 일을 무척 싫어해 소매점 주인이 되기로 결심했다. 그래서 21세가 되자 늙은 암말을 썰매에 매고는 뉴욕 주의 카시지로 몰고 갔다. 그리고 그 도시의 상점을 모두 돌아다니며 일자리를 찾았다. 그러나 아무도 그를 고용하려 들지 않았다. 그는 너무 경험이 없고 서투르고 촌티가 났다. 그는 이발을 하거나 흰 와이셔츠를 입거나 넥타이를 맬 줄도 몰랐다.

노이로제에 걸릴 정도로 혹사당한 '겨울의 시대'

마침내 부업으로 일종의 상점을 운영하고 있는 철도역의 직원을 발견했다. 이 철도역 직원은 화물 창고에 식료품을 저장해 두고 있었고, 프랭크 울워스는 그를 위해 무보수로 일했다. 그냥 경험을 쌓기 위해서였다.

그 후 그는 직물 가게에서 일자리를 찾아냈다. 21세가 되었지만,

그의 고용자들은 그에게 손님을 응대할 수 있는 분별력이 있다고 생각하지 않았다. 그래서 아침 일찍 나와 불을 피우고 가게를 청소하고 유리창을 닦고 포장한 상품들을 배달하게 했다. 정오의 손님으로 붐빌 때를 제외하고는 상품을 전혀 팔지 못하게 했다. 급료로 말하면 그의 고용자들은 처음 6개월 동안은 한 푼도 주고 싶어하지 않았다. 그래서 그는 지난 10년 동안 농장에서 50달러를 저축했고, 이 세상에 가진 것이라곤 달랑 그것뿐이라고 그들에게 말했다. 하지만 그는 그들이 그 후에 일당으로 50센트씩 줄 것을 승낙하면 처음 3개월 동안은 그 돈으로 살아가는 데 동의했다. 일당으로 50센트씩 받을 때에는 그 대가로 하루에 15시간씩 일하지 않으면 안 되었다. 계산해 보면 1시간당 약 3센트꼴이었다.

마침내 그는 다른 상점에서 일 주일에 10달러를 받는 일자리를 구했다. 그리고 도둑으로부터 상점을 지키기 위해 베개 밑에 권총을 두고 지하실에서 잠을 잤다. 하지만 악몽처럼 끔찍한 곳으로 판명되었다. 그의 고용자가 그를 괴롭히며 잔소리를 퍼부어 대고, 아무 쓸모도 없다며 급료를 깎고, 해고하겠다고 위협했다. 프랭크 울워스는 채찍으로 얻어맞기까지 했다. 그는 버텨 낼 수 없는 것을 깨닫고 농장으로 돌아갔다. 그는 노이로제에 시달려 만 1년 동안 아무 일도 할 수 없었다.

생각해 보라! 세계에서 가장 위대한 소매업자가 되도록 운명지어져 있는 이 남자가 장사로 성공해 보려는 생각을 모두 포기하고 양계를 시작할 정도로 지금 낙담하고 있었다.

이런 신중함을 통해 한 번 얻은 아이디어로 대박을 터뜨렸다!

그러던 어느 날 뜻밖에도 예전의 고용자 중 한 사람이 그를 부르러 사람을 보내고 같이 일해 볼 것을 제안했다.

60년 전 3월의, 어느 살이 에일 듯이 추운 날의 일이었다. 땅은 90센티미터의 눈으로 뒤덮여 있었다. 울워스의 아버지가 감자를 시장에 내다 파는 날이었기 때문에, 프랭크는 썰매 위로 기어 올라간 뒤 감자 자루 위에 앉아 뉴욕 주의 워터타운으로 갔다. 그는 이것을 시발점으로 꿈에도 상상치 못했던 부와 권력을 가져다 주는 삶을 살게 된다.

그의 성공의 비결은 무엇이었을까? 바로 이것이다. 그는 아이디어를 얻었다. 독창적인 아이디어였다. 그는 300달러를 빌려 5센트짜리 상품만 파는 상점을 시작했다. 그 최초의 상점은 뉴욕 주의 유티카에 있었다. 그리고 이 가게는 완전한 실패작이었다. 하루 매상이 2달러 50센트를 넘지 못하는 날도 있었다. 울워스가 연 처음 네 상점 중에서 세 곳이 망했다. 그는 빚을 지려 하지 않고 처음에는 아주 서서히 사업을 확장해 나갔다. 사업을 시작하고 나서 처음 10년 동안은 12개의 상점만 열었다.

마침내 그는 미국에서 가장 부유한 사람 중 하나가 되어 직접 당시 세계에서 가장 높은 오피스 빌딩을 건설했다. 이것이 유명한 뉴욕 시의 울워스 빌딩이다. 그는 건축비 1400만 달러를 현금으로 지불했다. 자신의 저택에는 10만 달러짜리 파이프 오르간을 설치하고, 나폴레옹의 유품을 수집하기 시작했다.

오래 전에 그가 가난한 젊은이로 여러 번 실패해 완전히 자신감을

216

잃어버렸을 때, 그의 어머니가 와서 아들을 껴안고는 이렇게 말해 주곤 했다. "절망하면 안 돼. 너는 언젠가는 꼭 부자가 될 거야……."

Frank W. Woolworth, 1852. 4. 13~1919. 4. 8. 가난한 농사꾼의 아들로 태어났다. 세계 최초의 가격 파괴형 프랜차이즈 '파이브앤텐센트 스토어'를 만들어 성공을 거두었다. 1913년 브로드웨이 부근에 높이 241미터의 당시로서는 세계에서 가장 높은 건물인 울워스 빌딩을 지었다. 그가 세상을 떠난 지 오래됐지만 '울워스'는 창업 120년째를 맞은 1998년에 회사명을 베네터 그룹(Venator Group)으로 바꿔서 대대적인 개혁에 들어갔다.

이해득실을 떠나 마음이 끌리는
일이라서 이렇게까지 할 수 있다

월트 디즈니

생쥐 한 마리와 돼지 세 마리로
엄청난 거부가 된 남자

미키 마우스와 아기 돼지 삼형제를 창조해
낸 월트 디즈니는 8년 전만 해도 거의 무명에 가까웠다. 오늘날 그는
32세밖에 안 되었지만 미국에서 가장 유명한 사람 중 한 명이다.

《영국 명사록》 최신판을 보면 월트 디즈니가 세계의 걸출한 인물
들 사이에 당당히 끼여 있고, 매력적인 영국의 황태자보다 더 많은 지
면이 할애되어 있다.

9년 전에 월트 디즈니는 제대로 먹지도 못할 정도로 쪼들렸다. 오
늘날 그는 널리 알려져 있고, 동쪽으로는 스리랑카의 차밭에서 서쪽
으로는 얼어붙은 알래스카의 어촌에 이르기까지 도처에서 사랑을 받
고 있다. 저 위쪽의 북극권 인근에 사는 에스키모까지 미키 마우스 클
럽을 결성해 이글루에 모일 정도로 알래스카 주의 주노에서 본 미키

마우스 영화에 열광하게 되었다.

9년 전에 월트 디즈니는 '파산했다.' 오늘날 그는 매우 부유하다. 그는 원하기만 하면 번쩍이는 롤스로이스도 타고 다니며 부를 과시할 수도 있을 것이다. 하지만 그는 그러지 않고 중고로 산 낡은 자동차를 사용하고 있다. 그는 자신이 번 돈을 모두 끌어모아 재투자하고 있다. 그는 좋은 영화를 만드는 것이 몇백만 달러를 저축하는 것보다 훨씬 더 흥미롭다고 말하고 있다.

미키 마우스의 조상은 예전의 룸메이트였다!

월트 디즈니는 캔자스시티에 살고 있었다. 그는 화가가 되려는 열망을 품고 있었다. 그래서 어느 날 그는 일자리를 얻기 위해 《캔자스시티 스타》지를 찾아갔다. 편집장이 그가 그린 그림을 살펴본 뒤 참된 재능이 없다며 낙담시키고는 절망감만 안겨 주며 쫓아 버렸다.

마침내 그는 교회를 위해 그림을 그리는 일자리를 얻었지만 급료가 쌌다. 그는 사무실을 얻을 수 없어 아버지의 차고를 아트리에로 쓰지 않으면 안 되었다. 당시에는 고생이라고 생각했지만, 지금은 그 차고에서 윤활유와 가솔린 냄새를 맡으며 일한 덕분에 백만 달러짜리 아이디어를 얻게 되었다는 깨닫고 있다.

그 경위는 다음과 같다. 어느 날 생쥐 한 마리가 나무로 된 차고의 바닥에서 놀기 시작했다. 디즈니는 손을 멈추고 그 생쥐를 가만히 바라보았다. 그러고는 집으로 들어가 빵 부스러기를 가져와서는 생쥐에게 먹였다.

여러 날이 지나자 그 생쥐가 디즈니의 화판 꼭대기까지 기어 올라가곤 할 정도로 그와 친해졌다.

디즈니는 마침내 할리우드에 가서 〈토끼 오스월드〉라는 만화 영화 시리즈를 제작하기 시작했지만 완전한 실패작이었다. 그래서 그는 곧 문득 정신을 차리고 보니 수중에 돈 한 푼 없는 실업자 신세가 되어 있었다.

어느 날 그가 하숙집에 앉아 아이디어를 생각해 내려 하고 있을 때, 갑자기 캔자스시티의 차고에서 지낼 때 화판 위로 기어 올라오곤 하던 생쥐가 그의 머릿속에 떠올랐다. 그는 즉시 생쥐를 스케치하기 시작했다. 이렇게 해서 미키 마우스가 탄생했다. 오래 전에 죽어 이 땅에서 사라져 버린 저 캔자스시티의 생쥐가 세계에서 가장 유명한 만화 영화의 주인공의 조상이었다. 미키 마우스는 어떤 영화 배우보다 더 많은 팬 레터를 받고 있다. 그리고 세계의 어떤 배우보다 더 많은 나라의 스크린에서 야단법석을 떨며 뛰어놀고 있다.

이런 철저함이 수많은 대히트작을 낳았다

월트 디즈니는 동물들과 동물들이 내는 소리를 연구하기 위해 매주 동물원에 간다. 그 자신이 미키 마우스 영화에서 생쥐 목소리를 내고, 또 다른 동물들 대부분의 목소리도 그가 내기 때문이다.

디즈니는 그의 영화에 들어가는 실제 그림들을 그리지 않는다. 또한 대사도 쓰지 않고 음악도 작곡하지 않는다. 그는 이와 같은 세세한 일들을 처리하는 134명의 조수진을 두고 있다.

월트 디즈니 자신은 모든 시간을 영화의 아이디어를 생각하는 데 바치고 있다. 그리고 아이디어를 얻으면 각 본부의 12명의 조수진과 토론을 벌인다. 약 2년 전의 어느 날 그가 자신의 어머니가 어릴 적에 읽어 주었던 동화를 영화로 만들어 보는 것이 어떻겠느냐고 그 조수진에 제안했다. 그것은 다름 아닌 아기 돼지 삼 형제와 덩치 큰 못된 늑대 이야기였다.

그의 조수들은 고개를 흔들며 반대했다. 디즈니의 말에 따르면 그는 이 생각을 잊어버리려 했다고 한다. 하지만 결코 그럴 수가 없었다. 그러나 그가 제안할 때마다 조수진이 '실패작'이 될 것이라고 주의를 주었다. 마침내 조수진이 이렇게 말했다. "좋아요. 해봅시다." 하지만 그들은 별로 믿지 않았다.

〈미키 마우스〉 영화를 만드는 데 90일이 걸린다. 하지만 그들은 〈아기 돼지 삼형제〉에는 그만큼 많은 시간을 소모할 생각이 없었다. 그래서 60일 만에 뚝딱 만들어 냈다. 스튜디오의 그 누구도 이 영화가 대단한 것이 되리라 생각지 않았다. 하지만 그 만화 영화는 전국을 폭풍처럼 휩쓸었다. 엄청난 성공작이었다. 조지아 주의 목화밭에서 오레곤 주의 사과 과수원에 이르기까지 모든 사람이 곧 〈아기 돼지 삼형제〉의 주제곡을 불렀다. "누가 이 덩치 큰 못된 늑대를, 이 덩치 큰 못된 늑대를, 이 덩치 큰 못된 늑대를 두려워해?"

디즈니 씨가 내게 알려 준 바에 따르면 이 영화를 일곱 번이나 상영한 극장도 있었다고 한다. 만화 영화사상 일찍이 없었던 최대의 히트작이었다.

〈아기 돼지 삼형제〉는 그 수익이 300만 달러에 이를 것이라는 평가를 받았지만, 디즈니 씨는 이 영화로 약 12만 5천 달러의 순이익만 올리게 될 것이고, 또 그것을 버는 데도 2년이 걸릴 것이라고 말하고 있다. 그렇지만 이 만화 영화들은 긴 생명력을 지니고 있다. 지금 이 순간에도 어딘가에서 8년 전에 제작된 〈미키 마우스〉 영화들을 보는 관객들이 있다.

월트 디즈니는 성공의 비결은 자신의 일을 사랑하는 데 있다고 믿고 있다. 그는 그저 돈을 벌 뿐이라는 생각은 전혀 마음에 들지 않는다고 말하고 있다. 그의 일은 삶의 참된 스릴이고 모험이다.

그는 날마다 정오가 되면 야구를 한다. 때로는 배우 윌 로저스와 폴로를 한다. 하지만 그는 운동보다는 일에서 더 참된 스릴을 느낀다고 말하고 있다.

〈아기 돼지 삼형제〉의 주제가인 〈누가 이 덩치 큰 못된 늑대를 두려워해?〉는 만화 영화에서 태어난 최초의 히트곡이었다. 이 곡은 디즈니의 부하 중 한 사람인 프랭크 처칠이 5분 사이에 봉투 뒤에 악보를 쓰며 작곡했다. 이 곡이 히트한 뒤에, 그는 곧 다섯 개의 다른 영화사로부터 작곡을 의뢰받았다.

Walt Disney, 1901. 12. 5~1966. 12. 15. 시카고 출생. 19세 때 캔자스에서 친구와 종이 애니메이션 영화를 제작하여 파산한 후 1923년 할리우드로 나가 형 로이와 손잡고 〈이상한 나라의 앨리스〉, 〈토끼 오스월드〉 등의 시리즈를 만들었다. 그 뒤 〈미키 마우스〉 시리즈 가운데 하나인 〈증기선 윌리호〉(1928)를 최초의 유성 만화 영화로 발표하여 크게 성공하였다. 이어서 색채 만화 〈숲의 아침〉(1932)으로 아카데미상을 획득. 이후 1930년대 만화 영화 부문의 상을 독점했다. 〈메리 포핀스〉(1964)는 디즈니 생애 최고 성공작이었다. 1955년 대규모 유원지 '디즈니랜드'를 완성하였으며, 1964년 뉴욕 세계 박람회에서 어트랙션을 담당하였다.

전력을 다한 삶에
후회는 없다

윌리엄 셰익스피어

살아 생전에는 아무 주목도 받지
못하고, 혼전에 임신해 부랴부랴
서둘러 결혼해야 했던 세계적인 대문호

그가 살아 있는 동안 아무도 그에게 주목
하지 않았다. 그가 세상을 떠나고 나서 100년이 지난 뒤에도 여전히
그의 이름은 사실상 알려지지 않고 있었다. 하지만 그 후 그에 대한
글이 무수히 많이 씌어졌다. 그는 거위 깃 펜으로 지성을 연마하고 경
험을 쌓은 다른 어떤 작가보다 많은 주석을 달게 했다. 그리고 매년
수천 명이 그가 태어난 곳을 순례하고 있다.

적어도 나는 1921년에 그곳에 갔다. 나는 스트랫퍼드에서 슬래터
리까지 길 없는 들을 횡단하며 정처 없이 걸어다니곤 했다. 나는 셰익
스피어가 어줍은 시골 청년으로서 연인 앤 화틀리와 만날 약속을 지
키기 위해 서둘러 달려갈 때 그의 발이 분주하게 밟고 지나갔던 들판
을 걸었다.

윌리엄 셰익스피어는 영광의 찬가가 울려 퍼지는 가운데 자신이 이름이 여러 세기 동안 전해지리라는 것을 거의 알아채지 못했다. 또한 그는 다행히도 자신의 소박하고 아름다운 젊은 사랑이 슬픔과 장기간에 걸친 회한을 초래할 운명이 놓여 있다는 것도 거의 알아차리지 못했다.

연상의 여성과의 불행한 결혼 생활

이것은 의심할 나위가 없기 때문이다. 셰익스피어의 인생의 비극은 그의 결혼이었다. 그가 앤 화틀리를 사랑한 것은 사실이지만, 달빛이 흐르는 밤 늦게 그가 또 다른 아가씨 앤 해서웨이와 운명을 시험하고 있었다. 앤 해서웨이는 자신의 연인이 다른 누군가와 결혼할 수 있는 면허를 획득한 것을 알게 되자 깜짝 놀랐다. 그녀는 두려워 미칠 것만 같았다. 그녀는 필사적으로 이웃집들로 달려가 부끄러워 울면서 어째서 셰익스피어가 자신과 결혼해야 하는지 설명했다. 단순하고 순진한 자유 농민들인 그녀의 이웃들은 도덕적으로 분개하며 노기를 띠었다. 바로 그 다음날 그들은 읍공회당으로 달려가 셰익스피어와 앤 해더웨이의 결혼을 보증했다.

셰익스피어의 신부는 그보다 여덟 살이나 연상이었다. 그래서 처음부터 그들의 결혼은 불행한 소극笑劇이었다. 그는 자신의 희곡들에서 자주 나이가 더 많은 여자와 결혼하지 말라고 남자들에게 경고하고 있다. 그리고 실은 그가 앤 해더웨이와 산 기간은 아주 조금밖에 되지 않았다. 그는 대부분의 시간을 런던에서 보내고, 아마도 고작 일

년에 한 번 정도밖에 가족에게로 돌아가지 않았을 것이다.

오늘날 스트랫퍼드 온 에이번은 영국에서 가장 아름다운 읍 중 하나이다. 작은 초가집들과 접시꽃 정원들, 예스럽고 아취가 있는 꾸불꾸불한 거리들……. 그러나 셰익스피어가 살았을 때에는 어땠을까? 그곳은 더럽고 가난에 찌들리고 질병으로 황폐화되어 있었다. 하수구가 없었다. 돼지들이 쓰레기를 게걸스럽게 먹으며 떼지어 간선 도로를 이리저리 누볐다. 읍의 관리 중 한 사람인 셰익스피어의 아버지는 마구간에서 나오는 오물 더미를 문 밖에 쌓아 두어 벌금이 부과되었다.

우리는 미국에서 어려운 시기를 겪어 왔다고 생각하지만, 셰익스피어가 살던 시대에는 스트랫퍼드의 주민의 절반이 공적 구제에 의존하며 생계를 이어 가고 있었다. 또 대부분의 사람들이 문맹이었다. 셰익스피어의 아버지나 어머니, 누이, 딸, 손녀 등도 모두 읽거나 쓸 수 없었다.

장차 영국 문학의 실력자가 되고 또 영광스런 존재가 될 이 사람은 13세 때 학교를 그만두고 일하러 가지 않으면 안 되었다. 그의 아버지는 장갑 제조인이자 농부였다. 그래서 셰익스피어는 소의 젖을 짜거나 양의 털을 깎거나, 교유기를 휘저어 버터를 만들거나 가죽을 무두질하는 것을 도왔다.

고리대금업자 샤일록을 창조한 데는 이유가 있었다

그러나 셰익스피어는 세상을 떠날 때 그 당시의 기준으로는 부자였다. 런던에 도착한 지 5년도 안 되었는데 배우로서 꽤 많은 돈을 벌고 있었다. 그는 두 극장의 분담 소유권을 사들이기도 하고, 부동산에 손을 대 보기도 하고, 고율의 이자를 받고 돈을 빌려 주기도 했다. 그래서 그의 연소득이 곧 300파운드나 되었다. 당시의 돈의 구매력은 오늘날의 약 12배였다. 그렇다면 셰익스피어는 45세 때 연소득이 약 2만 달러에 이른 셈이다.

그런데 그가 유언장에 아내 앞으로 얼마쯤 남겼을 것 같은가? 한 푼도 남기지 않았다. 그는 두 번째로 좋은 침대를 제외하고는 아내에게 아무것도 남겨 주지 않았다. 그리고 그것조차 나중에 추가한 것이었다. 유언장이 작성된 뒤에 행과 행 사이에 써 넣었기 때문이다.

셰익스피어가 사망하고 나서 7년이 지난 뒤에 그의 전 희곡이 책의 형태로 출간되었다. 오늘날 그 초판본을 사고 싶으면 약 25만 달러를 주고 뉴욕에서 꽤 좋은 것을 입수할 수 있다. 하지만 셰익스피어 자신은 아마도 〈햄릿〉, 〈맥베드〉, 〈한여름 밤의 꿈〉 등과 같은 희곡 작품의 대가로 600달러도 받지 못했을 것이다.

나는 언젠가 셰익스피어에 관한 책을 많이 쓴 S. A. 태넌바움 박사에게 스트랫퍼드 온 에이번스 출신의 윌리엄 셰익스피어가 셰익스피어의 희곡들을 썼다는 것을 입증해 주는 확실한 증거가 있느냐고 물어 본 적이 있다. 그러자 그는 링컨이 게티스버그에서 연설한 것만큼이나 확실한 일로 믿고 있다고 대답했다. 하지만 많은 사람이 셰익스피어는 존재하지도 않았다고 주장하고 있다. 그리고 그의 희곡이 실제로는 프랜시스 베이컨 경이나 옥스퍼드 백작 에드워드 드 비어의 작품임을 입증하는 책이 수십 권이나 씌어졌다.

　나는 셰익스피어의 무덤 앞에 서서 이 세상 어느 것보다 별난 그 묘비명을 가만히 내려다본 적이 많다.

　선한 친구여, 제발 삼가 주오,
　이 속에 들어 있는 시체를 파내는 것을.
　이 묘비를 그대로 두는 자는 복이 있고,
　내 뼈를 움직이는 자는 저주가 있으라.

　그는 작은 마을 교회의 설교단 앞에 묻혔다. 어째서 이런 영광스런 장소를 수여받았을까? 300년이 지난 뒤에도 사람들이 여전히 사랑하고 있는 그의 천재성 때문이었을까? 전혀 그렇지 않다. 영국 문학의 북극성이 되도록 운명지어져 있던 이 시인이 교회에 묻힌 이유는, 그가 고향 도시에 돈을 빌려 주었기 때문이다. 샤일록이라는 인물을 창조해 낸 사람이 고향 도시에 돈을 빌려 주지 않았으면, 오늘날 그의 뼈는 표지가 없는 무덤 속에서 잊혀지고 말았을 것이다.

William Shakespeare. 1564. 4. 26~1616. 4. 23. 영국이 낳은 세계 최고 시인 겸 극작가. 1564년 잉글랜드 중부의 스트랫퍼드 온 에이번에서 출생. 당시 스트랫퍼드 온 에이번에는 훌륭한 초 · 중급학교가 있어서 라틴어를 중심으로 한 기본적 고전 교육을 받았으며, 뒤에 그에게 필요했던 고전 소양도 이때 얻은 것으로 볼 수 있다. 그러나 1577년경부터 가운家運이 기울어져 학업을 중단하고 집안일을 도울 수밖에 없었다. 그는 평생을 연극인으로서 충실하게 보냈으며, 자신이 속해 있던 극단을 위해서도 전력을 다했다. 희 · 비극을 포함한 37편의 희곡과 여러 권의 시집 및 소네트집이 있다.

다른 것은 모두 잊어버리고
지금 하고 있는 일에만 집중한다

토머스 에디슨

의사들이 머리 생김새를 보고
두뇌에 문제가 있을 것이라고
예언했던 세기의 대발명왕

어느 날 나는 뉴욕 시의 밴더빌트 호텔에서 점심을 먹을 때 휴대품 보관소를 담당하고 있는 여성이 내 모자를 받고서도 보관증을 주지 않는 데 주목했다. 약간 놀란 나는 그녀에게 그 이유를 물어 보았다. 그러자 그녀는 '보관증을 건네 줄 필요가 없다, 나를 잊지 않고 기억할 것'이라고 말하고 그렇게 했다. 그녀의 말에 따르면 200명의 낯선 사람의 모자나 코트를 받아들어 산더미처럼 쌓아 놓을 때가 많지만, 걸어 나갈 때 각자에게 정확하게 코트와 모자를 건네 주었다고 한다.

내가 호텔 지배인에게 말을 걸자, 그는 이 여성은 15년 동안 한 번도 착오를 일으켜 실수를 한 적이 없다고 말했다.

기억력도 훈련하기 나름이다

누군가가 토머스 에디슨에게 백만 달러를 주었더라도 그가 그런 위업을 달성할 수 있었을지 어땠을지 의심스럽다. 에디슨은 기억력이 대단히 나빴다. 젊었을 때에는 특히 더 그랬다. 학교 다닐 때 그는 배운 것을 몽땅 잊어버려 언제나 학급에서 꼴찌 자리를 맡아 놓고 있었다. 그는 선생님들을 절망 속으로 몰아넣었다. 그들은 그는 아둔하고, 배울 수 없을 정도로 우둔하다고 단언했다. 의사들조차 머리 형태가 특이하기 때문에 두뇌에 문제가 생길 것이라고 예언했다. 실은 그는 평생 동안 학교에 다닌 것은 딱 석 달뿐이었다. 그 후 그의 어머니가 집에서 그를 가르쳤다. 그녀는 정말 위대한 일을 해낸 것이다. 그가 우리가 살고 있는 세계를 거의 다 바꾸어 놓았기 때문이다.

그러나 토머스 에디슨은 그 후에 과학적 데이터를 위한 놀라운 기억력을 발전시키고, 거대한 개인 서재에서 대부분의 과학적 사실을 마스터했다. 그는 또한 집중하고 지금 착수하고 있는 문제를 제외하고는 모두 잊어버리는 비범한 능력도 발전시켰다.

어느 날 깊이 몰두한 채 어떤 과학 문제를 해결하려 하고 있을 때, 그가 세금을 내려고 군 청사에 갔다. 그는 얼마 동안 줄을 선 채 기다리지 않으면 안 되었다. 하지만 그의 차례가 되었을 때 실제로 자신의 이름을 그만 잊어버리고 말았다. 그의 이웃들이 당황하는 그를 보고 그의 이름이 토머스 에디슨임을 상기시켜 주었다. 그 후 그는 설사 거기에 자신의 목숨이 달려 있었어도 몇 초 동안 자신의 이름을 생각해 내지 못했을 것이라고 딱 잘라 말했다.

한때 그는 자신의 기억력을 증진시키는 어떤 시스템을 연구하는 문제를 진지하게 생각하기까지 했다.

에디슨은 이따금 연구실에서 밤새도록 연구했다. 어느 날 아침에 그가 아침 식사가 나오길 기다리다가 깜박 잠이 들어 버렸다. 방금 전에 햄과 달걀을 먹어 기분이 좋아진 그의 조수 중 한 명이 이 보스를 놀려 주고 싶었다. 그래서 에디슨 앞의 테이블에 빈 요리 쟁반을 놓아두었다. 몇 분 뒤에 에디슨이 잠에서 깬 뒤 눈을 비비고 빵 껍질과 빈 접시, 빈 커피잔을 내려다보았다. 그는 잠시 생각하고 나서 자신이 잠깐 졸기 전에 아침을 먹은 것이 틀림없다는 결론에 이르렀다. 그래서 테이블 뒤로 의자를 밀치고 담배에 불을 붙이고는 담배를 피웠다. 그리고 다시 일하기 시작했다. 그는 조수들이 갑자기 폭소를 터뜨릴 때까지 아무 차이도 느끼지 못했다.

에디슨만이 기억력이 형편없는, 똑똑한 사람은 아니었다

유명한 미국의 식물학자인 아사 그레이는 2만 5천 개 이상의 식물 이름을 기억할 수 있었다. 전기 작가들에 따르면 율리우스 카이사르는 수천 명의 병사들의 이름을 머릿속에 떠올릴 수 있었다고 한다.

다른 한편으로 베이브 루스는 얼굴이나 이름 모두 기억하는 데 어려움을 느끼고 있다. 그는 어쩌면 언젠가 만났을지도 모른다고 생각하고 열심히 거의 모든 사람에게 말을 건다.

찰리 채플린에게는 7년 동안 개인 비서 겸 홍보 담당자가 있었다. 채플린은 항상 그와 함께 여행했다. 하지만 이 비서 칼라일 로빈슨이 내게 말한 바에 따르면 찰리 채플린은 7년이 다 되어 가는데도 그의 성을 몰랐다고 한다.

세계에서 두 번째로 큰 대학교는 이집트 카이로의 마호메트교 대학이다. 이 대학교의 입학 시험은 모든 학생에게 코란을 암송할 것을 요구하고 있다. 마호메트교의 성전인 코란은 그 양이 거의 신약 성서만큼 되기 때문에 이것을 암송하려면 사흘이 걸린다. 하지만 2만 명이상의 학생이 모두 정기적으로 이 위업을 달성한다.

바이런 경은 자신이 쓴 시를 모두 암송할 수 있다고 뽐냈다. 하지만 다른 한편으로 스코틀랜드의 소설가이자 시인인 월터 스콧 경은 기억력이 형편없었다. 그는 언젠가 바이런이 쓴 것으로 생각하고 자신의 시 중 하나를 아주 높이 평가했다.

애이브러햄 링컨이 무엇이든 기억하고 싶을 때에는 시각과 청각에 인상을 주기 위해 큰소리로 읽었다.

아마도 위대한 영국의 역사가인 매콜리가 동서고금을 막론하고 가장 놀라운 기억력을 지니고 있었을 것이다. 그는 출판물의 페이지를 보고 카메라만큼 거의 정확하게 머릿속에 새겨 놓을 수 있었다. 그는 책의 한 장章을 단 한 번만 읽고 그것을 암송할 수 있었다. 참고 서적을 참조하지 않고도 역사책을 쓸 수 있었다. 또 전기 작가들은 그가 내기에 이기기 위해 하룻밤 사이에 밀턴의 《실락원》을 암기했다고 단언하고 있다.

미국의 30대 대통령 캘빈 쿨리지는 밤마다 잠들기 전에 《실락원》을 두세 쪽씩 읽었다. 자, 만약 당신이 불면증에 시달리고 있다면 《실락원》을 읽어 보라. 수면제보다 더 효과가 있을 것이다.

기억력은 곧 집중력의 소산이다

수많은 사람이 놀랄 만한 기억력을 지니고 있었다. 시어도어 루스벨트도 그 중 한 사람이었다. 그는 사람들을 만나는 데 큰 흥미를 느끼고 있었다. 그는 지워질 수 없을 정도로 머릿속에 새겨질 때까지 만나는 사람들의 개인적인 사소한 특징을 간파하고, 그들의 얼굴과 버릇을 연구하고, 그들의 이름을 암송했다. 이것이 그의 정치 생활에 큰 도움이 되었다. 그는 두 번째 만날 때 사람들의 이름을 부름으로써 매우 중시되고 있는 느낌이 들게 만들었다.

그는 언젠가 어느 일본인 은행가를 깜짝 놀라게 만든 적이 있었다. 그는 이 은행가를 15년 동안 보지 못했는데도 만나자마자 곧 15년 전에 그들이 논했던 문제에 대해 이야기하기 시작했기 때문이다. 루스벨트는 기억하고 싶은 것을 읽을 때에는 깊고 강렬한 인상을 받았다. 연습을 통해 끈질기게 최악의 역경하에서도 집중하도록 자신을 훈련시켰다. 1912년에 시카고에서 진보당의 대통령 후보 지명 대회가 열리는 동안, 그의 본부는 콩그레스 호텔에 있었다. 군중이 거리를 누비면서 소리치며 깃발을 흔들고, "우리는 테디를 원한다!", "우리는 테디를 원한다!" 하고 외치며 밀려왔다. 군중의 고함 소리, 밴드의 음악 소리, 오가는 정치가들, 황급히 열리는 회의, 협의 등으로 보통 사람이라면 미쳐 버렸을 것이다. 하지만 루스벨트는 모든 것을 다 잊은 채 그의 방의 흔들의자에 앉아 그리스의 역사가인 헤로도토스의 《역사》

를 읽고 있었다.

브라질의 미개지 곳곳을 여행할 때, 그는 저녁에 야영 장소에 이르자마자 몇 그루의 거대한 나무 밑에 있는 마른 땅을 찾아내고는 접는식 의자와 기본의 《로마 제국 쇠망사》를 꺼냈다. 그러고는 곧 내리는 비나 야영지의 소음, 그곳에서 이루어지는 활동, 열대의 삼림 지대에서 들려 오는 소리 등을 모두 망각한 채 책에 몰두했다. 이런 집중력을 지닌 사람이 읽은 것을 기억할 수 있었다는 것은 그리 놀랄 일이 못 된다.

조지 비더는 50년 전에 사망한 부유한 영국인이다. 그는 열 살밖에 안 되었을 때 딱 121초 사이에 암산으로 연이율 4.5퍼센트로 4444일 동안의 4444파운드의 이자가 얼마인지를 계산해 냈다.

얼마 전에 미시간 주의 콜드워터에서 한 사람이 사라졌다. '레일로드 잭'이라 불리는 보기에 멋진 인물이었다. 그는 놀랄 만한 기억력을 지니고 있었다. 그리고 20년 동안 학생들을 경탄시키며 이 대학 도시에서 저 대학 도시로 여행했다. 그는 대학생들이 식사를 하고 있는 레스토랑에 들어와 "나는 '레일로드 잭'이네. 역사상의 어떤 인물에 대해서든 내게 물어 보게. 그러면 내가 사실을 가르쳐 주겠네" 하고 말하곤 했다. 당연히 젊은이들은 그에게 창피를 주려 했다. 그들은 "소크라테스의 아내는 몇 살 때 결혼했나요?" 등과 같은 상당히 터무니없는 질문을 던지곤 했다. 그러면 그는 번개처럼 재빨리 대답했다. "소크라테스는 40세가 될 때까지 결혼하지 않았지. 하지만 그 후에 뛰어난 지혜를 지니고 있었음에도 불구하고 열아홉 살밖에 안 된 말괄량이와 결혼했다네."

혹은 학생들이 총검이 맨 처음 어디에서 사용되었느냐고 물었다. 그러면 그는 즉시 "1689년 7월 27일 스코틀랜드에서 벌어진 킬리크 랭크의 전투에서였네" 하고 말했다. 당연히 젊은이들은 그에게 점심을 사 주고 나서 모금을 하고 옷도 한 벌 사 주었다.

헨리 포드는 그의 능력에 깊은 인상을 받아 그가 여기저기 돌아다니며 길거리에서 역사를 가르칠 수 있도록 자동차를 제공해 주었다. 그러나 자동차를 사용하길 거부하고 계속 이륜 경마차를 타고 돌아다녔다. 이륜 경마차의 한쪽에 그는 페인트로 '레일로드 잭 — 역사의 천재'라는 글자를 써 놓고 있었다.

'레일로드 잭'은 79세 때 버려진 낡은 건물에서 세상을 떠났다. 그는 의과 대학이 자신의 두뇌를 검사해 기억력의 비밀을 발견하려 애쓸 수 있도록 자신의 시신을 미시간 대학교에 유증했다. 나는 미시간 대학교 심리학부의 책임자인 W. B. 필스베리 교수에게 편지를 보내 '레일로드 잭'의 놀라운 기억력의 비밀을 말해 달라고 부탁했다. 필스베리 교수는 '레이로드 잭'은 엄청난 양의 지식을 축적할 때까지 평생을 바쳐 일단의 명확히 한정된 사실들을 배웠다고 내게 말했다. 또한 그는 편지 속에서 내게 이렇게 말하기도 했다. 즉 대단한 기억력을 지닌 이런 지적으로 놀라운 사람들이 많이 연구되었는데, 그 중 일부는 보기 드문 지력을 타고났지만, 그에 못지않게 정신 박약아에 가까운 사람도 많았다는 것이다.

이것은 놀라운 기억력을 지니고 있다면 당신은 천재에 가까울 수도 있고, 정신 병원에 가기 일보 직전에 놓여 있을 수도 있다는 것을 의미한다. 스스로 잘 생각해 보라.

자, 당신의 기억력이 나처럼 좋지 않다면 기운을 내라. 레오나르도 다 빈치는 동서고금을 막론하고 가장 뛰어난 사람 중 하나였지만, 메모를 하지 않으면 아무것도 기억하지 못하고, 또 메모를 해놓아도 당신이나 나처럼 그것을 잃어버렸기 때문이다.

Thomas Alva Edison. 1847. 2. 11~1931. 10. 18. 오하이오 주 밀란에서 태어났다. 제재소를 경영하던 아버지 새뮤엘의 셋째 아들로 태어나, 7세 때에 미시간주 포트휴런으로 이사를 가 그곳 초등 학교에 들어갔으나 겨우 3개월 만에 퇴학을 당해 교육은 주로 어머니한테서 받았다. 특허 숫자가 1천 종이 넘을 정도로 많은 발명을 하였고, 특히 중요한 것은 전등의 발명이었다. 전구 실험 중에 발견한 '에디슨 효과'는 20세기 들어 와 열전자 현상으로서 연구되고 진공관에 응용되어 전자 공업 발달의 바탕이 되었다.

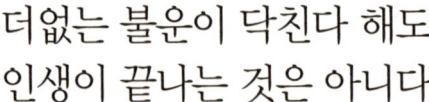

더없는 불운이 닥친다 해도
인생이 끝나는 것은 아니다

오 헨리

5년간의 감옥 생활로 오히려
글을 쓸 수 있는 여가를 얻어 최고의
단편 작가로 우뚝 서게 된 남자

역사상 가장 유명한 단편 소설 작가는 누구라고 생각하는가? 당신도 그의 단편 소설을 읽었을 것이다. 그의 책이 600만 권 이상 팔려 나갔다. 그리고 일본어와 에스페란토어, 체코슬로바키아어, 덴마크어, 노르웨이어, 프랑스어, 독일어, 스웨덴어, 러시아어를 비롯해 지구상의 거의 모든 언어로 번역되었다. 그의 필명은 오 헨리이고, 그는 약 70년 전에 태어났다.

핸디캡은 어디까지나 조건일 뿐이다

오 헨리의 생애는 몹시 불리한 조건에도 불구하고 무서운 강적과 맞서 성공한 인물의 두드러진 예이다.

우선 먼저 그에게는 교육을 거의 받지 못했다는 핸디캡이 있었다.

그는 고등학교도 다니지 못했다. 또한 대학의 내부를 구경해 본 적도 없었다. 하지만 오늘날 미국의 절반에 이르는 대학교에서 훌륭한 글의 모델로 그의 단편 소설들을 연구하고 있다.

두 번째로 그는 질병의 참해惨害로 불리한 입장에 서 있었다. 의사들은 그가 폐결핵으로 사망하지 않을까 우려했다. 그래서 노스캐롤라이나 주에 있는 그의 집을 떠나 텍사스로 가게 했다. 그는 이곳의 목축장에서 양들을 지키는 일자리를 얻었다.

오늘날 자동차 여행자들이 그 목축장을 구경하기 위해 사람이 다니는 길에서 벗어나 수백 마일을 달리고 있다. 그곳에 가까이 이르면 그들은 자동차를 세우고 오 헨리가 예전에 양들을 지켰던 땅을 가로지르며 경건하게 걷는다.

세 번째로 그는 투옥되는 명백한 불운도 겪었다. 그 경위는 다음과 같다.

건강을 되찾은 뒤에 오 헨리는 텍사스 주의 오스틴에 있는 어느 은행에 출납원으로 취직했다. 그 지역의 카우보이와 양치기들은 은행원들이 바쁠 때 은행에 들어와 원하는 만큼 현금을 호주머니에 집어넣고는 영수증을 써 준 뒤 자기 볼일을 보러 가는 습관이 있었다.

어느 날 갑자기 주립 은행의 검사관이 읍에 와서 그 은행의 현금을 조사했다. 그러고는 돈이 비는 것을 발견했다. 출납원인 오 헨리가 체포되었다. 그는 법정으로 끌려갔다. 아마도 그는 결코 사람들의 눈을 속이고 돈을 착복하지 않았을 것이지만, 그럼에도 불구하고 5년 동안 감옥살이를 하게 되었다.

그 당시에는 징역형은 재난과 같았다. 그러나 어떤 면에서는 더할 나위 없는 행운이었다. 오 헨리는 감옥 안에서 장차 영어를 사용하는 곳이면 어디에서나 그의 이름을 존경하고 사랑하게 만들, 훌륭한 단편 소설들을 쓰기 시작했기 때문이다.

감옥에 간 것이 전화위복이 된 그 밖의 사람들

나는 최근에 뉴욕에 있는 싱싱 교도소의 워든 로스와 이야기를 나누었는데, 그가 싱싱 교도소의 수감자들은 거의 모두 자신의 인생 이야기를 쓰고 싶어한다고 내게 말해 주었다. 실은 싱싱 교도소의 아주 많은 재소자가 글을 쓰고 싶어해 교도소의 학교가 단편 소설 쓰기 무료 강좌를 제공하고 있다. 당연히 성공하는 사람은 드물지만, 그럼에도 불구하고 많은 유명한 사람들이 교도소에서 글을 쓴 것도 사실이다.

예를 들어 구두를 다이아몬드로 장식하고 진주 귀걸이를 했던 유명한 멋쟁이 월터 롤리 경, 엘리자베스 여왕이 밟고 지나가도록 진흙 웅덩이를 향해 외투를 던진, 여성에게 친절한 조신朝臣 월터 경도 그랬다. 그조차 감옥에서 글을 썼다. 그는 정치적인 시기 때문에 무려 14년 동안이나 고통스럽게 창살이 달린 감옥 안에 갇혀 지냈다.

그의 독방은 좁고 축축했다. 벽에서 흙탕물이 스며 나왔다. 그는 추워 몹시 고생했다. 그의 왼쪽 팔이 류머티즘으로 뻣뻣해졌다. 그의 손은 우툴두툴해지고 고통으로 일그러져 있었다. 그러나 정신적 고통과 비통함에도 불구하고 그는 감옥 생활을 하는 동안 세계사책을 썼다. 씌어진 지 300년이 지난 지금도 고등학교나 대학에서 이 역사책을 숙독하고 있다.

존 버니언은 12년 동안 감옥에 갇혀 있었다. 종교적 가르침 때문에 투옥되었던 것이다. 감옥에 있는 동안 아내와 굶주리는 4명의 자식을 위해 빵을 사기 위해 레이스를 만들었다. 그러나 손은 레이스를 만드느라 분주했지만 그의 머릿속은 심원한 생각을 하느라 바빴다. 그리고 그 춥고 어둡고 축축한 지하 감옥에서 미국의 거의 모든 학생이 읽은 책을 썼다. 그 책의 제목은 《천로역정》이다. 이 책은 성경을 제외하고는 지금까지 존재했던 다른 어느 책보다 더 많은 언어로 번역되었다.

세르반테스는 감옥 안에서 역사상 가장 위대한 책 중 하나인 《돈키호테》를 썼다. 볼테르도 감옥 안에서 글을 썼다. 오스카 와일드도 감옥 안에서 글을 썼다. 미국의 노동 운동가인 유진 V. 데브스도 감옥 안에서 글을 썼다. 아돌프 히틀러의 자서전이 백만 부 이상 팔렸는데, 히틀러도 그 책 일부를 감옥 안에서 썼다. 실은 나는 대체로 책을 쓰고 싶으면 유리창을 박살내고 감옥에 들어가는 것도 좋은 생각일지 모른다는 결론에 이르렀다.

우아한 용모와 재지才智를 겸비한 전형적인 왕당파 서정시인이었던 리처드 러블레이스는, 250년 전에 영국 감옥에 투옥되었을 때 영어로 씌어진 시 가운데 가장 유명한 시 중 하나를 씀으로써 자신의 독방의 명예를 드높였다. 그것은 그가 자신의 연인에게 쓴 사랑의 시였다. 그 제목은 〈감옥에서 앨시어에게〉이다.

돌벽이 감옥을 만들지 못하고,
또 쇠창살도 새장을 만들지 못한다.
맑고 순수한 마음을 지닌 이는
그곳을 은둔자의 오두막이라 부른다.
내 사랑 속에서 자유롭고
내 영혼 속에서 자유롭다면
저 하늘 위의 천사들만이
이런 자유를 누리리.

O. Henry. 1862. 2. 11~1910. 10. 18. 그린즈버러 출생. 본명은 윌리엄 시드니 포터. 15세부터 숙부의 약방에서 일하다가 1882년 텍사스로 가서 여러 가지 직업을 전전하였다. 25세 때 결혼하고 그 무렵부터 문필 생활을 꿈꾸면서 주간 신문 《롤링스톤》을 발간하였으나 곧 실패했다. 1896년 2년 전까지 근무하였던 은행에서 공금 횡령 혐의로 고발당하고 결국 5년형을 선고받았다. 복역 중, 그때까지의 체험을 소재로 단편 소설을 쓰기 시작하여 오 헨리라는 필명으로 1899년 《마그레이즈》 지에 첫 작품을 게재하였다. 총 272개 작품, 13편의 작품집은 유머 · 애수로 가득 찬 교묘한 줄거리 전개, 의외의 결말로 끝나는 오 헨리 특유의 작품 세계를 보여 준다.

내가 원하는 것을 깨닫고
그것을 추구하고 마침내 이룬다

조지 거슈인

음악에 대변혁을 일으켰면서도
여전히 일 주일에 세 번씩
레슨을 받은 남자

아마도 조지 거슈인은 미국의 가장 저명한 대중 음악 작곡가일 것이다. 나는 언젠가 그에게 성공의 비결 좀 말해달라고 부탁했다. 그러자 그는 "그것은 아주 간단해요. 나는 내가 무엇을 원하는지 알고 그것을 손에 넣으려고 했어요."

그리고 그는 지금도 여전히 그것을 추구하고 있다. 조지 거슈인과 관련해 내가 알고 있는 가장 놀라운 사실은, 그가 아직도 일 주일에 세 번씩 레슨을 받고 있다는 것이다. 그는 이 레슨을 각기 한 시간 반씩 받는다.

그는 첫 번째 노래를 5달러에 팔았다. 그리고 9년 뒤에 할리우드는 한 편의 영화에 〈랩소디 인 블루〉를 사용하는 단순한 권리에 대한 대가로 그에게 5만 달러를 지불했다.

미국의 음악사가 바뀐 것은 한 어머니의 질투심 때문이었다

처음으로 극장에서 연주를 시도했을 때, 그는 철저히 실패했다. 완전한 실패작이었다. 그는 뉴욕 시 14번가에 있는 폭스즈시티 극장에서 연주하기로 하고 주급 25달러에 고용되었지만, 첫날 밤에 보드빌이라 불리는 대중 연예 쇼를 위해 음악을 연주하려 하다가 뭐가 뭔지 통 모르게 되어 중단을 하고 어쩔 줄 모르며 얼굴을 붉혔다. 무대 위의 엉터리 배우들이 그를 놀리고 비웃었다. 관객들은 소리내어 웃고, 조지는 극장에서 뛰쳐나갔다. 그의 눈은 분노로 타오르고 있었다. 그는 이것이 그의 인생에서 가장 굴욕적인 경험이었다고 최근에 내게 털어놓았다. 그는 그때 급료를 받기 위해 발길을 멈추지도 않았고, 그 후 그것을 받기 위해 돌아오지도 않았다.

거슈인은 화가가 되고 싶었다. 하지만 주로 어머니의 질투심 때문에 음악가가 되었다. 그 경위는 다음과 같다. 거슈인이 살고 있던 이스트사이드에서는 피아노가 있느냐 없느냐가 부의 증표, 금전적 성공의 보증서였다. 어느 날 거슈인 부인의 올케가 피아노를 샀다. 그래서 조지의 어머니인 거슈인 부인은 바로 그 자리에서 '부자임을 과시하고 있는', 발을 높이 들고 걷는 친척에게 절대로 지지 않겠다고 맹세했다. 그래서 그녀도 피아노를 샀다. 확실히 그 피아노는 월부로 구입한 중고품이었다. 하지만 만약 거슈인 부인이 이 시대에 뒤떨어진 직립형 피아노를 사지 않았으면, 그녀의 아들 조지는 음악을 공부하지 않았을지도 모르고, 따라서 불후의 명곡 〈랩소디 인 블루〉도 작곡되지 않았을지 모른다. 그리하여 미국의 음악사가 달라졌을지도 모른다.

거슈인은 글자 그대로 수백 곡의 노래를 작곡하고 버린 뒤에야 비로소 처음으로 인기 있는 히트곡을 냈다. 〈스와니 강〉이 그의 첫 성공작이었다. 1918년에 뉴욕 시 브로드웨이의 캐피틀 극장에서 처음으로 불렸다. 그러나 아무도 이 노래에 주의를 기울이지 않았다. 앨졸슨을 제외하고는 아무도 주목하지 않았다. 앨은 이 노래를 들었다. 그리고 지금의 그와 같은 노련한 기병(그는 2차 대전과 한국 전쟁 때 전선을 누비며 위문 공연을 했다)처럼 그는 이 노래에 장래성이 있다고 느꼈다.

그리하여 9개월 뒤에 앨 졸슨은 히트곡을 필요로 하는 작품(〈신바드〉)에 출연했을 때 〈스와니 강〉을 불러 수백 명의 등골을 오싹하게 만들었다. 관객들은 열광했다! 마법의 5분 사이에 앨 졸슨은 실패한 노래를 놀라운 성공작으로 바꾸어 놓았다. 한 달이 지나자 국민의 절반이 〈스와니 강〉을 부르고 있었다. 두 달이 지나자 수백만 명의 사람이 축음기 레코드에서 들리는 이 노래에 맞추어 춤을 추었다. 조지 거슈인은 깜짝 놀랐다. 그는 일 주일에 35달러를 벌고 있었는데, 이제는 6만 달러가 금 사태가 난 듯이 작곡가에게 굴러 떨어지고 있었다. 6만 달러? 노래 한 곡에? 그는 전 세계에 돈이 그만큼 있는지 몰랐다.

청천의 벽력처럼 전 세계를 강타한 〈랩소디 인 블루〉

조지 거슈인은 현대의 극장에서 가장 중요한 인물 중 하나이다. 하지만 그 자신은 극장에 거의 가지 않는다.

수백만 쌍이 현기증을 일으킬 정도로 춤을 추게 하는 멜로디를 작곡했지만, 그 자신은 거의 춤을 추지 않는다.

또한 그는 담배도 피우지 않는다. 술도 거의 마시지 않는다. 한밤 중까지 일하고 정오까지 일어나지 않는다. 그는 신경성 소화 불량에 시달리고, 프랑스의 그림을 수집하고 있다. 집에 체육관이 있고, 일주일에 두 번 정골整骨 의사에게 간다.

그는 독신이고, 이스트 72번가의 중층형 아파트에 살고 있으며, 우울할 때에는 '블루스'를 작곡하지 않는다.

1924년의 링컨 탄생일은 지금 음악 비평가들에 의해 현대 미국 음악사의 전환점 중 하나로 간주되고 있다. 그 이유는 무엇일까? 바로 그날, 눈이 내리는 바로 그날 오후에 세계가 조지 거슈인의 〈랩소디 인 블루〉를 처음 들었기 때문이다. 그리고 그것은 정말 청천의 벽력 같았다.

그것은 주로 우연의 결과로 작곡되었다. 폴 화이트먼이 거슈인에게 자신의 콘서트를 위해 품위 있는 재즈곡을 작곡해 달라고 부탁했다. 하지만 거슈인은 뮤지컬 코미디를 작곡하느라 바빴다. 그래서 그 일을 까맣게 잊어버렸다.

그러던 어느 날 그는 신문을 집어 들었다가 자신이 교향악을 작곡하고 있다는 기사를 읽고는 깜짝 놀랐다. 내가? 글쎄, 금시 초문인데. 하지만 그는 이렇게 혼잣말을 했다. "좋아, 하겠어. 건방진 비평가들에게 재즈도 얼마든지 품위를 갖출 수 있다는 것을 보여 주겠어." 그래서 그는 놀랄 만큼 빠른 속도로 저 유명한 〈랩소디 인 블루〉를 작곡했다. 다른 일을 뒤로 미루고 간신히 짬을 내어 몇 시간 사이에 이

곡을 작곡했다. 그리고 연주회 날이 되자, 사람들이 이올리언 홀에 들어가려고 아귀다툼을 벌였다. 야구 경기나 프로 권투 시합에서처럼 서로 잡아당기고 난폭하게 때려 상처를 입히고 쥐어뜯는 등 보통 난리가 아니었다.

콘서트는 마치 소동이 벌어진 듯했다. 사람들은 열렬한 박수 갈채로 이 콘서트를 맞이했다. 마침내 미국이 전통을 깨고 새로운 종류의 음악을 창조했다.

George Gershwin, 1898. 9. 26~1937. 7. 11. 뉴욕에서 태어났다. 소년 시절에 개인 교사에게 피아노와 화성학을 배우고, 16세 때 고등학교를 중퇴하고는 음악 출판사의 피아니스트로 작곡을 시작했다. 1924년에 폴 화이트먼이 위촉한, 재즈의 기법을 따른 피아노 협주곡 〈랩소디 인 블루〉를 작곡해 큰 성공을 거두었다. 대중적인 경음악을 작곡하면서 재즈 기교에 의한 수준 높은 관현악곡과 오페라를 창작하여 새로운 측면을 개척했다. 고전 음악과 경음악을 조화시킨 관현악곡, 오페라 외에도 많은 통속 희가극과 대중 음악, 영화 음악을 작곡했다.

차디찬 현실의 벽 앞에서도
나는 아름다움과 사랑을 꿈꾸리라

에드거 앨런 포

특이한 낭만적 아름다움을 추구한
추리 소설의 아버지이자
〈에너벨 리〉를 쓴 위대한 시인

에드거 앨런 포는 소네트를 쓰고 추리 소설을 꾸며 낸 인상적이고 낭만적인 천재 중 한 사람이었다. 그는 미국 문학사의 페이지를 우울한 거인처럼 활보하도록 운명지어져 있었다.

하지만 그는 정신을 못 차릴 정도로 도박과 술을 좋아해 버지니아 대학교에서 퇴학당했다. 그 후 그는 또 웨스트포인트 육군 사관학교에서도 군법 회의에 회부된 뒤 쫓겨났다. 모든 규율을 무시하고 연병장에 나가 총을 들고 훈련을 받아야 해야 할 때 내무실에 앉아 시를 썼기 때문이다.

포는 세 살도 안 된 유아 시절에 고아가 되어 영국 리치먼드의 부유한 담배 상인인 존 앨런의 양자가 되었다. 마침내 이 상인조차 양자를 등지고 지팡이로 때려 집에서 쫓아내고, 상속권을 박탈하고 유언장에 한 푼도 남겨 주려 하지 않았다.

10년에 걸쳐 썼지만 단돈 10달러에 팔린 《갈까마귀》

포의 결혼 이야기는 문학사상 가장 아름다운 이야기 중 하나이다. 그는 사촌 여동생인 버지니아 클렘과 결혼했다. 당시 그에게는 수중에 한 푼도 없었다. 그의 수중에 돈이 있어 본 적이 없었고, 앞으로도 돈이 없을 터였다. 그는 물을 타지 않은 주정을 마셨다. 하나밖에 없는 여동생은 미쳐 버렸고, 포 자신도 반미치광이라고 비난하는 사람도 있었다. 또한 그는 어린 아내보다 나이가 두 배나 많았다. 그는 스물여섯 살이었고, 그녀는 열세 살이었다. 모든 진부한 옛 속담이나 금언에 따르면 그들의 결혼 생활은 곧 확실한 실패로 끝나야 했다. 그러나 그렇게 되지 않았다. 로맨틱한 성공작이었다. 그는 이 어린 아내를 숭배하다시피 했다.

그녀에 대한 끝없는 사랑에서 영감을 받아 영문학을 풍요롭게 만든 더없이 아름다운 시 중 일부가 탄생했다.

에드거 앨런 포는 장차 이 세상의 문학상의 위업과 보물들 사이에 놓이게 될 단편 소설을 지어 내고 시를 창조했다. 하지만 그는 빵을 살 수 있는 돈을 받고 이 불후의 명작들을 팔 수 없었다. 예컨대 그는 불후의 작품이 된 다음과 같은 한 편의 시를 이 세상에 내놓았다.

그러고도 갈까마귀는 날아가지 않고 아직도 앉아 있네.
나의 침실문 바로 위

팔라스의 창백한 흉상 위에
아직도 앉아 있네.
그의 두 눈은 꿈꾸고 있는 악마의
온갖 기색을 다 담고 있고,
새 위에서 비치는 램프의 불빛이 마루 위에
그 그림자를 던져 주고 있네.

포는 《갈까마귀》를 쓰고 고쳐 쓰고 수정하며 10년 동안 간헐적으로 그 일을 종사했다. 하지만 그는 이것을 단 10달러에 팔았다. 1년당 1달러를 받은 셈이다. 영화 배우 존 배리모어는 할리우드에서 10분 동안 연기하는 대가로 그보다 많은 돈을 받고 있다. 시보다 영화 쪽에 돈이 더 많은 것 같다.

앞에서 말했듯이 포는 《갈까마귀》를 쓴 대가로 10달러를 받았다. 하지만 최근에 그 초고가 몇만 달러에 팔렸다. 어째서 우리는 천재들이 살아 있는 동안은 굶주리게 하고, 그 후 죽었을 때에는 그 육필 원고를 엄청난 돈을 주고 살까?

가난 속에서 꽃핀 아름다운 사랑 이야기

뉴욕의 그랜드 콩코스에 에드거 앨런 포와 버지니아가 살았던 작은 집이 있다. 포가 88년 전에 빌릴 때, 이 집은 바야흐로 산산 조각이 나려 하는 낡은 오두막에 지나지 않았다. 지금 이 집은 아파트들에 둘러싸여 있다. 하지만 그 당시에는 이 주변은 시골로 사과나무들 사이에 아늑하게 자리잡고 있었다. 그래서 봄이 남쪽에서 기어 올라오면, 공기에서 라일락과 벚꽃의 향긋한 냄새가 났다. 그리고 허공에서는 벌 떼의 웅웅거리는 소리가 났다. 아름다운 꿈과 같은 곳이었다.

포는 한 달에 3달러씩 주기로 하고 그 집을 빌렸다. 하지만 그 정도의 돈조차 벌 수 없었다. 대부분의 거주 기간 동안 집세를 전혀 내지 못했다. 그의 아내는 폐결핵을 앓고 있었다. 하지만 그는 그녀에게 식료품조차 사 줄 수 없었다. 그들은 때때로 먹을 것이 전혀 없이 몇 날 며칠을 견디기도 했다. 뒤뜰에서 민들레가 꽃을 피우기 시작하면, 그들은 날마다 그것을 따서 삶아 먹었다.

이웃 사람들이 포와 그의 아내가 실제로 굶어 죽기 직전에 놓여 있는 것을 발견하자 그들에게 먹을 것을 바구니에 담아 갖다 주었다. 비참했을까? 물론 그랬다. 그렇지만 그는 노래에 재능이 있었고, 그녀는 사랑에 재능이 있었다. 그래서 그들은 가난하지만 행복했다.

버지니아가 87년 전에 그곳에서 세상을 떠났다. 그녀는 몸을 따뜻하게 덥힐 수 있는 의복도 없이 몇 달 동안 짚으로 된 매트리스에 누워 있다가 사망했다. 그녀의 몸이 너무 차가워지자, 그녀의 어머니가 손을 문지르고, 포가 그녀의 발을 문질렀다. 포는 웨스트포인트에서 입었던 자신의 낡은 군용 외투로 와들와들 떨고 있는 그녀의 몸을 덮었다. 그리고 이날 밤 고양이를 달래어 그녀의 발 아래에서 자게 했다.

그녀가 죽었을 때, 포에게는 그녀를 묻을 수 있는 돈도 없었다. 한 이웃의 친절이 없었으면, 그녀는 공동 묘지로 보내졌을 것이다.

여러 해 전에 뉴욕 주가 이 작은 집을 사들인 뒤 성지로 만들었다.

그곳은 내게는 끊임없이 마음속에 떠오르는 우울한 추억으로 가득 찬 꿈의 오두막이다. 그래서 나는 좀처럼 그곳에서 발길을 뗄 수 없었다. 버지니아는 1월에 세상을 떠났다. 몇 달이 지나고, 봄이 오고, 사과나무들 위에 달이 떠오르고, 서쪽 지평선 위에서 별들이 반짝였다. 그러나 포는 앉아 몽상하며 버지니아를 한없이 그리워했다. 그리고 이런 그리움에서 아내에게 바치는 가장 아름다운 사랑의 찬사를 썼다.

달도 내가 아름다운 애너벨 리의 꿈을
꾸지 않으면 비치지 않네.
별도 내가 아름다운 애너벨 리의 빛나는 눈을
보지 않으면 떠오르지 않네.
그래서 나는 밤새 나의 사랑,
나의 사랑, 나의 생명, 나의 신부 곁에
누워만 있네,
바닷가 그곳 그녀의 무덤에서,
파도 소리 들리는 바닷가 그녀의 무덤에서.

Edgar Allan Poe. 1809. 1. 19~1849. 10. 7. 미국 시인 · 소설가 · 비평가. 보스턴 출생. 1826년 버지니아 대학에 입학하였으나 학비를 마련하기 위해 도박을 하여 큰 빚을 지게 되고 마침내 퇴학당했다. 1831년부터 4년간 숙모 클렘 모녀와 함께 볼티모어에서 가난한 생활을 하다가 단편 소설 현상 공모에 당선되었다. 〈모르그 가의 살인 사건〉, 〈마리 로제 사건의 불가사의〉, 〈도난당한 편지〉 등은 소설 영역과 추리 소설 장르를 확립한 것으로 뒤에 추리 소설의 모범이 되었다. 또한 그의 시는 〈헬렌에게〉에서 〈애너벨 리〉에 이르기까지 죽음 · 아름다움 · 우수를 주제로 한 음악적인 순수 서정시로서, 일종의 암울한 시적 아름다움을 훌륭하게 창조하였다. 가난 · 술버릇 · 정신 착란, 주위의 반감 속에서 짧고 불행한 생애를 보냈으나 근대 문학에 끼친 그의 영향과 공적은 매우 크다.

10년 동안 뼈빠지게 일하면
10분 내에 유명해질 수 있다

로버트 L. 리플리

놀랍고 기이하고 불가사의한
것들을 찾아 전 세계 곳곳을
누빈 〈믿거나 말거나〉의 창조자

이 세상에서 누가 가장 편지를 많이 받을 것 같은가? 클라크 게이블일까? 아니다! 여배우 매 웨스트일까? 아니다! 루디 발리(20세기 초반의 미국의 인기 가수 겸 배우, 밴드 리더. 오빠 부대 스타의 원조)일까? 아니다!

내가 아는 한 사람은 언제나 적어도 일 년에 백만 통의 편지를 받는다. 1932년에 그는 세계 각지로부터 300만 통의 편지를 받았다. 이것은 하루에 8천 통 이상을 받는다는 것을 의미한다. 당신이 이 한 문장을 읽는 순간에 그는 18통의 편지를 받는 셈이다.

지상 최대의 거짓말쟁이로 불리길 좋아하는 사나이

그에게 편지를 보내는 사람들 중 다수는 그를 온갖 종류의 빌어먹을 거짓말쟁이라고 부르고 있다. 그는 역사상 그 누구보다 많은 사람에 의해 거짓말쟁이로 낙인찍혔다. 그리고 그는 이렇게 불리길 좋아하고 있다.

그는 봉투에 전혀 이름이 없는 편지들도 받았다. 그 편지들은 '지상최대의 거짓말쟁이' 앞으로 보내지기만 할 뿐이고, 믿거나 말거나 우체국은 그 편지들을 로버트 L. 리플리에게 배달했다!

리플리는 사람들을 놀라 숨막히게 함으로써 생활을 꾸려 가고 있다. 그는 언젠가 인간의 피부 위에 씌어진 편지를 보여 주어 나를 놀라 자빠지게 만들었다. 또한 그가 어떤 사람이 인간의 머리카락 한 개에 써 놓은 메시지를 보여 주었을 때에도 나는 놀라 숨이 막힐 뻔했다. 나는 그 머리카락을 현미경 밑에 놓고 종이 위에 씌어진 것처럼 똑똑히 그 메시지를 읽을 때까지는 그것을 믿을 수 없었다. 거기에는 이렇게 씌어 있었다. "로버트 L. 리플리에 대한 가장 차디찬 환영의 인사."

리플리는 언젠가 수천 년 전에 고대의 바이킹족이 사용했던 룬 문자로 씌어진 편지를 받은 적도 있다고 내게 말했다. 그는 남북 전쟁 때 남부 동맹군의 스파이들이 사용했던 암호로 씌어진 또 다른 편지도 받았다.

펜실베이니아 주 아다라 출신의 한 남자가 리플리에게 쌀 한 톨에 메시지를 써 보냈다. 생각해 보라! 쌀 한 톨에 715개의 단어, 혹은 2860개의 글자를 써 넣은 것이다. 물론 육안으로는 이 글자들을 읽을 수 없다. 그러나 나는 현미경 아래에서 아주 쉽사리 읽었다.

나는 그가 워털루 전투가 워털루에서 벌어지지 않았고, 또 펜실베이니아가 윌리엄 펜(영국의 퀘이커교 지도자로서 유럽의 소수 종파들을 위한 도피처로서의 아메리카 펜실베이니아 연방의 설립을 감독했다)의 이름을 따서 지어진 것이 아니며, 버팔로 빌(윌리엄 F. 코디. 인디언의 주식을 없애야 한다며 어느 한 해에 버팔로를 4만 마리 이상 쏘아 죽여 이런 별명이 붙었다)이 버팔로(큰 들소)를 쏘아 죽이지 않았다고 말해 주는 것을 듣고 또 깜짝 놀랐다.

그는 또 이런 말을 해 나를 깜짝 놀라게 만들기도 했다. 즉 그가 한밤중에 나를 죽이고 그 이야기를 들은 사람들이 모두 12분 내에 다른 두 사람에게 말한다면, 동이 트기 전에 지구상의 모든 사람이 이 사실을 알게 되리라는 것이었다.

어느 날 리플리가 내게 말했다. "만약 집에서 저녁 식사에 15명의 손님을 초대했을 경우, 그 15명의 손님을 가능한 모든 방법으로 자리에 앉혀 보는 데 얼마나 시간이 걸릴 것 같습니까?"

나는 잠시 계산해 보고 나서 내 생각에는 2시간 이내에 가능한 모든 방법으로 착석시켜 볼 수 있을 것 같다고 말했다.

하지만 그가 내게 알려 준 바에 따르면 밤낮을 가리지 않고 1분마다 다르게 자리에 앉힌다 해도 모든 배합을 다 시험해 보는 데 거의 250만 년이 걸릴 것이라고 한다.(그때쯤 되면 손님 중 일부는 너무 늙어 움직이지도 못할 것이다.)

작은 한 가지 아이디어가 인생을 바꾸어 놓았다. 리플리 자신의 인생 이야기도 거의 그의 카툰만큼 믿어지지 않는다.

목수였던 리플리의 아버지는 그에게 예술가가 되면 굶어 주게 될 것이라고 경고했다. 그의 아버지는 어린 아들이 배관공이나 벽돌공이 되길 바랐다.

리플리는 일하던 처음 3개의 신문사에서 '해고되었다.' 하지만 그는 오늘날 그를 '해고한' 신문사를 소유하고 있는 사람들보다 더 많은 돈을 벌고 있다.

리플리는 그림 그리는 것을 배우지 않았다. 하지만 그는 세계에서 가장 널리 모방되고 있는 카툰 작가이다.

리플리는 노아에서 나폴레옹에 이르기까지 위대한 사람들의 무덤을 찾아보기 위해 세계 곳곳을 여행했다. 하지만 믿거나 말거나 그는 자신의 아파트에서 5킬로미터도 떨어져 있지 않은 곳(뉴욕의 리버사이드 공원)에 있는 그랜트 장군의 무덤을 한 번도 찾아가 본 적이 없다.

그는 언제나 쿠르디스탄(쿠르드족의 땅이란 뜻으로 아나톨리아 반도의 동남부인 이란, 이라크, 시리아, 아르메니아와 터키의 접경 지대를 이루는 산악 지대)이나 탕가니카(잔지바르와 함께 1964년에 탄자니아 연합 공화국이 된 나라)와 같은 꽤 멀리 떨어져 있는 곳으로 늘 달려가고 있지만, 믿거나 말거나 뉴욕에 있는 자신의 사무실에는 지난 6년 동안 단 세 번밖에 들르지 않았다. 그 이유는 무엇일까? 사무적인 세세한 일을 몹시 싫어하기 때문이다. 그는 그런 일들은 다른 사람들이 처리하도록 맡겨 놓고, 그 자신은 아틀리에에서 그림을 그린다.

당신도 그 아틀리에를 보아야 한다. 종이와 책, 그림, 선서 진술서, 골동품 등이 절망적일 정도로 여기저기에 제멋대로 어지럽게 쌓여 있었다. 나는 이렇게 무질서한 상태에서는 하루도 일할 수 없을 것이다. 나는 미쳐 버릴 것이다. 하지만 그는 예술가이다. 그래서 그는 이 것을 사랑한다. 그래서 파자마 바람으로 하루 종일 일을 한다.

보브 리플리는 언제나 스포츠에 큰 관심을 기울이고 있다. 그는 핸드볼에 관한 책도 쓰고, 권투에 대한 책도 펴냈다. 그 자신이 프로 야구 선수가 되기 위해 인생의 첫발을 내디뎠다. 그는 뉴욕 자이언츠와 계약을 맺었다. 그러나 피칭을 하다가 팔이 부러졌다. 그래서 그는 야구를 포기하고 스포츠 카툰을 그리기 시작했다.

1918년 12월의 어느 추운 겨울날, 딱 크리스마스 일 주일 전에 그는 사무실에 앉아 카툰의 아이디어를 생각해 내려 하고 있었다. 어느덧 한두 시간이 흘러갔다. 그는 아무것도 생각해 낼 수 없었다. 마감 시간이 다가오고 있었다. 그는 어떤 것이든 그리지 않으면 안 되었다. 그래서 필사적으로 운동 경기와 관련된 몇 가지 놀라운 사실을 찾아내고 〈챔피언과 바보〉라는 이름을 붙인 카툰을 그렸다. 그는 이 제목이 마음에 들지 않아 줄을 그어 지우고 〈믿거나 말거나〉라고 썼다.

그것이 그의 인생의 전환점이었다. 어느 흐리고 황량한 날 오후에 생각해 낸 한 가지 작은 아이디어, 그리고 빠르게 그는 전 세계적인 엄청난 성공을 향해 달려갔다. 하지만 그런 성공은 금세 이루어지지는 않았다.

그는 〈믿거나 말거나〉 카툰을 10년 동안 일 주일에 한 번씩 그렸다. 그리고 믿거나 말거나 비교적 큰 주목을 끌지 못했다. 10년 동안 그의 연재 만화는 실패의 가장자리에서 비트적거렸다. 리프(Rip)가 언젠가 내게 이렇게 말했다. "10년 동안 뼈빠지게 일해 봐요. 그러면

10분 안에 유명해질 것입니다."

바로 이런 일이 그에게 일어났다. 1928년 9월 어느 날 그가 백만 명의 독자를 깜짝 놀라게 하는 카툰을 그렸기 때문이다.

그가 린드버그는 대서양을 논스톱으로 비행한 67번째 사람이라고 말하자, 전국이 들끓으며 발칵 뒤집혔다. 사람들이 분개하며 들고일 어나 뻔뻔스럽고 무례한 거짓말을 철회할 것을 요구했다. 그러나 리플리는 린드버그의 소식을 듣기 여러 해 전에 브라운 중위와 올콕 대위가 목제 비행기로 1919년에 대서양을 횡단했다고 지적했다. 그리고 31명을 태운 영국의 비행선 R-34도 그랬고, 33명을 태운 독일의 비행선 ZR-3도 그랬다. 따라서 린드버그는 실은 67번째로 대서양을 무착륙 횡단했던 것이다.

윌리엄 랜돌프 허스트는 그 카툰을 보고 홀딱 반했다. 그래서 그는 리플리에게 〈믿거나 말거자〉 카툰을 날마다 자신의 신문들에 그릴 것을 강력히 요구했다.

그리고 리플리는 명성이 급상승하기 시작했다.

그가 가장 자주 질문받는 것은 자료가 고갈되지 않는 상태에서 날마다 그리는 카툰을 얼마나 오래 지속시켜 나갈 수 있느냐 하는 것이다. 그는 지금 평생 그릴 수 있을 만큼 충분한 자료를 갖고 있다. 또한 지금 이 순간에도 세계 곳곳에서 사람들이 보다 놀라운 사실들을 편지에 써서 그에게 보내 주고 있다. 리플리가 내게 말한 바에 따르면 백만 명에 이르는 사람들이 그를 위해 일하고 있다고 한다.

리플리는 아마도 세계의 어느 누구보다 놀라운 사실들에 대해 많이 알고 있을 것이다. 하지만 믿거나 말거나 그는 자신의 사무실 전화 번호도 모른다. 내가 최근에 그에게 그의 사무실에 전화를 할 필요가 있는 어떤 정보를 요청했다. 그는 전화기를 집어 들더니 헛기침을 하고 끙끙대다가 마침내 자기 사무실의 전화 번호를 알기 위해 비서에게 물어 보지 않으면 안 되었다.

Robert Leroy Ripley. 1893. 12. 25~1949. 5. 27. 기묘하고 비범한 모든 것을 모으고 추적한 카툰 작가, 탐험가, 인류학자, 방송인. 미국 캘리포니아 주 샌타로사 출생. 타고난 운동 선수로 프로 야구팀에서 투수로서의 경력을 쌓기를 간절히 바랐지만 준프로팀 소속으로 나선 첫 시합에서 팔이 부러지는 사고로 그의 스포츠 이력은 종지부를 찍었다. 〈뉴욕 글로브〉에서 스포츠 카툰을 그리던 리플리는 아이디어가 바닥나자, 기묘한 스포츠 관련 사실을 카툰 형식으로 구성해 보았다. 처음에 〈챔피언과 바보〉라는 이름을 달고 시작한 카툰은 〈믿거나 말거나〉로 바뀌었다. 리플리의 아이디어는 큰 인기를 끌어 비슷한 이야깃거리를 더 만들어 볼 것을 주문받았다. 그는 곧바로 인간, 자연과학, 정치, 역사, 동물 등 가능한 모든 부문에서 얻은 기묘한 사실을 덧붙였다. 주간 연재 카툰은 대박을 터트렸다. 곧바로 그는 기묘한 사실을 수집하기 위해 세계 각지로의 여행에 나섰다.

내 마음속은 적대하는 자들에
대한 투지로 넘쳐흐르고 있다

바이런 경

'만인의 연인'이었지만 담배를 씹고,
손톱을 물어뜯고, 인간의 해골로
포도주를 마셨던 엽기적인 대시인

백 년 전에는 '백마 탄 왕자'는 어떤 사람이었을까? 우리의 할머니들은 어떤 사람을 보면 가슴이 두근거렸고, 우리의 할아버지들은 어떤 유의 사람 때문에 난롯가에 앉아서 질투 섞인 불안감으로 얼굴을 실룩거렸을까? 그 옛날의 돈 후안, 발렌티노(체사레 보르자), 클라크 게이블은 누구였을까?

이 물음에는 쉽게 대답할 수 있다. 백 년 전에는 여성들에 관한 한 이 세상에 로맨틱한 조지 고든 바이런 경과 경쟁할 수 있는 사람은 아무도 없었다.

그는 당대 최고의 시인이었다. 그의 영향력으로 19세기 문학의 경향 전체가 바뀌어 버렸다. 그는 우리의 명시선에서 발견되는 것 가운데서 가장 정열적이고 로맨틱한 시와 가장 다감한 시 몇 편을 썼다.

그는 수십 명의 여성을 사랑했지만, 그 중에서 가장 기묘한 것은 이복 누이 오거스터 리를 사랑했다는 것이다. 그들의 사랑이 야기한 스캔들은 유럽을 충격 속으로 몰아넣고 그녀의 인생을 파멸시켰다. 헤어지게 된 뒤에 그는 그녀에게 그의 가장 아름다운 시 중 하나를 썼다.

오랜 세월 지난 뒤
그대 다시 만나면
말없이 눈물 흘리며
어떻게 인사를 해야 할까?

전 유럽의 여성이 그럼에도 불구하고 미친 듯이 그를 숭배했다. 그러나 악명이 높아질수록 여성들은 더욱더 그를 숭배했다. 그녀들은 그녀의 아내가 짐승 같은 애정 행각을 견뎌 낼 수 없다는 이유로 마침내 그의 곁을 떠나자 유럽의 절반의 여성이 그녀를 비난할 정도로 미친 듯이 그를 숭배했다. 이 여성들로부터 시와 연애 편지, 머리 타래 등이 쇄도했다. 부유하고 재기 넘치는 귀족이고, 런던의 여성은 누구나 다 가냘프고 고운 그녀의 발 아래 둘 정도로 아름다운 영국의 한 유명한 귀부인이 소년처럼 가장하고 세차게 비가 내리는 가운데 거리에 서서 몇 시간 동안 만인의 연인 바이런이 성스런 집에서 나오길 기다렸다. 어떤 여성은 그가 마침내 두 손 두 발을 다 들 때까지 영국에서 이탈리아까지 줄곧 그를 쫓아다니며 괴롭힐 정도로 완전히 그에게 빠져 버렸다.

이 위대한 연인의 귀감, 이 1세기 전의 발렌티노는 과연 어떤 인물이었을까? 그는 발이 기형이었다. 그래서 다리를 몹시 절었다. 또한 그는 손톱을 잘근잘근 물어뜯었다. 담배도 씹었다. 시카고의 갱처럼 장전된 여러 자루의 피스톨로 잔뜩 무장한 채 19세기 영국의 대낮에 허세를 부리며 돌아다녔다. 그는 성미가 고약했다. 사람들이 빤히 쳐다보면 혈압이 20밀리미터에치지쯤 올라갔다. 그들이 자신의 기형적인 발을 쳐다보고 있다고 생각했기 때문이다. 완벽한 로미오로 열렬한 지지를 받은 이 시인은 여성들을 고문하길 좋아했다. 결혼식이 끝나고 2시간이 지난 뒤에, 그는 신부에게 자신은 그녀를 싫어하며 단지 악의적인 마음에서 결혼했을 뿐이라고 알려 주고, 살다 보면 결국 자신을 처음 본 그날을 후회하게 될 것이라고 말했다. 그리고 그녀는 그렇게 되었다.

그들의 혼인 관계는 1년 동안 지속되었다. 확실히 그는 그녀를 때리지 않았지만, 가구를 때려 부수고 애인들을 집으로 데려왔다. 그의 아내는 마침내 그가 미친 것이 아닌지 알아보기 위해 의사들을 찾아갔다.

그의 대저택 인근에 사는 시골 사람들이 이상한 이야기를 했다. 그들은 그의 하인들은 모두 젊은 아가씨들, 즉 아름답고 붙임성이 있는 아가씨들이라고 말했다. 시골 사람들은 그와 그의 손님들이 어떻게 검고 긴 카속(성직자 등이 입는 검은 색 평상복)을 입고 수도사로 가장하고는 고대 바빌로니아의 마지막 왕인 벨사살의 만찬회가 '기독교 여성 절제회'의 아침 식사처럼 생각될 정도로 흥청망청 놀고 마시는 것을 즐겼는지 이야기했다. 상냥한 하녀들이 포도주를 권하고, 바이런과 그의 친구들은 '인간의 해골'로 그 포도주를 마셨다. 사막에 뜬 보름달처럼 환한 빛을 뿜어 낼 때까지 문지르고 광을 낸 해골이었다.

아름다운 몸매는 지독한 다이어트의 결과였다

날씬하고 우아한 바이런은 종종 '아폴로 벨베데레' 조각상(기원전 4세기 그리스 조각상을 본뜬 것으로 남성의 몸매가 이상적으로 표현되었다. 200년 전에는 전 세계에서 가장 유명한 예술 작품이었다)에 비유되었다. 그 피부는 숭배하는 여성들이 '안에서 빛이 비치는 아름다운 설화 석고 꽃병처럼' 보인다고 선언할 정도로 새하얬다. 하지만 그녀들은 그가 이처럼 보이게 하기 위해 얼마나 고통을 겪는지 깨닫지 못했다. 그들은 그의 하루하루가, 그가 보내는 한 시간 한 시간이 심신을 지치게 하고 애타게 하는, 끊임없는 살찌는 것과의 싸움이라는 것을 알지 못했다. 날씬하고 매력적인 몸매를 유지하기 위해 그는 할리우드도 생각해 내지 못할 정도로 지독한 다이어트를 견뎌 냈다.

예를 들어 그는 하루에 한 끼밖에 먹지 않았다. 그리고 그 한 끼 식사도 그 위에 식초를 뿌린 약간의 감자나 쌀로만 이루어져 있었다. 식단을 바꾸고 싶으면 한 줌의 바삭바삭한 크래커를 우둑우둑 먹고 한 컵의 소다수를 마셨다. '안에서 빛이 비치는 설화 석고'라니 말도 안 된다! 그가 기근 지역의 피골이 상접한 중국인처럼 보이지 않았던 것이 기적이다. 살찌는 것을 몹시 싫어했기 때문에 그것을 막기 위해 그는 펜싱이나 권투, 승마, 수영 등을 좋아했다. 당대 최고의 시인이었던 이 남자는 자신이 불멸의 시를 쓴 것보다 헬레스폰트 해협(다르다넬스 해협)을 헤엄쳐 건넌 사실을 훨씬 더 자랑스러워했다. 크리켓을 할 때에는 일곱 벌의 속옷을 입었다. 하지만 일곱 벌의 속옷으로도 살찌는 것을 막을 수 없었다. 그래서 그는 일 주일에 세 번씩 증기 목욕탕에서 스스로 주먹으로 연타해 상처를 입혔다.

이런 지독한 다이어트로 그의 소화 기능이 망가졌다. 그 결과 그의 침실이 환약과 물약, 매약 냄새로 가득 찼다. 세계에서 가장 멋진 연인의 유혹적인 내실보다는 약국 같아 보였다.

그는 아편제에 의존할 정도로 악몽에 몹시 시달렸다. 그러나 아편제조차 악몽을 막지 못했다. 그래서 그는 장전된 피스톨 두 자루를 침대 곁에 놓아 두었다. 고요한 밤중에 그는 소리를 지르고 뿌드득뿌드륵 이를 갈며 깨곤 했다. 그리고 피스톨과 단검을 휘두르며 급한 발걸음으로 방 안을 왔다갔다했다.

그러면 《참된 고백》 지(1922년에 창간)에 정말 재미있는 이야기를 쓸 수 있었을 것이다. 《경험의 소리》조차 그의 신부의 문제들로 쩔쩔맸을 것이다.

바이런 경이 악몽을 꾼 오래된 대저택에는 한때 그곳에 살다가 오래 전에 수수께끼처럼 사라진 수도사의 유령이 출몰했다. 바이런은 이 검은 두건을 쓴 유령이 종종 복도에서 거역하기 어려운 눈빛을 하고 그 앞을 지나 유유히 걸어갔다고 주장했다. 그는 불행한 결혼 직전에 이 무서운 유령을 보았다. 여러 해 뒤에 이탈리아에서 그는 시인 셸리가 숲 속으로 걸어 들어가는 것을 보았다고 주장했다. 셸리 자신은 그 순간에 몇 킬로미터 떨어진 곳에 있었다. 그리고 바이런은 이것을 알고 있었다. 기묘하게도 셸리가 실제로 머잖아 폭풍우를 만나 호수에 빠져 사망했다. 그래서 바이런이 직접 자기 손으로 화장용 장작을 쌓아 올리고 그의 시신을 불태웠다.

그는 다른 미신에도 사로잡혀 있었다. 언젠가 집시 점쟁이가 37세가 되면 죽을 것이라고 그에게 경고했다. 그는 서른일곱 번째 생일을 맞이하고 나서 석 달이 지난 뒤에 세상을 떠났다. 바이런은 자신의 모든 가족에 운명지어져 있는 불길한 저주를 믿었다. 그는 자신의 혈족의 경우에는 서른여섯 번째 생일날이 죽음을 가져온다고 주장했다. 현대의 일부 전기 작가들은 그의 의견에 동의하는 경향조차 보이고 있다. 바이런의 아버지도 서른여섯 살 때 사망하고, 아버지와 수명이 거의 똑같았던 바이런의 딸도 서른여섯 번째 생일날 직전에 세상을 떠났기 때문이다.

George Gordon Byron, 6th Baron Byron. 1788. 1. 22~1824. 4. 19. 영국 낭만파 시인. 반속적反俗的인 천재 시인. 런던 출생. 1798년 제5대 바이런 남작이 죽음으로써 제6대를 상속하여, 조상 대대로 내려오는 노팅엄 셔의 낡은 뉴스테드 애비의 영주가 되었다. 이듬해 런던에 올라와 예비 칼리지를 거쳐 해로 스쿨에 다녔다. 그 후 케임브리지의 트리니티 칼리지에 입학했다. 미남인 젊은 독신 귀족이라 하여 런던 사교계의 총아로 등장했다. 주요 작품으로 《카인》, 《사르다나팔로스》, 《코린트의 포위》 등이 있다. 그의 비통한 서정, 습속에 대한 반골, 날카로운 풍자, 근대적인 내적 고뇌, 다채로운 시간 등은 전 유럽을 풍미하기도 했다. 한국에서도 일찍부터 그의 작품이 널리 애송되었다.

어디에서나 환영받는다면
그가 곧 성공한 사람이다

하워드 서스턴

기차에 잘못 올라탔다가
전 세계적으로 유명한 마술가가
되어 버린 의료 선교사 지망생

반세기 이상 전의 어느 추운 날 밤에 시카고의 맥비커즈 시어터에서 군중이 쏟아져 나오고 있었다. 군중은 소리내어 웃으며 행복해하고 있었다. 당시의 위대한 마술사인 알렉산더 허먼의 공연을 즐긴 군중이었다.

한 신문팔이 소년이 와들와들 떨며 인도에 서서 군중에게 《시카고 트리뷴》지를 팔려 하고 있었다. 하지만 그는 호된 변을 겪고 있었다. 오버코트도 없고, 집도 없고, 숙박비를 치를 돈도 없었다. 그날 밤 군중이 사라진 뒤에 그는 신문지로 몸을 감싸고 극장의 뒷골목에 있는, 지하실의 난로에 의해 약간 덥혀져 있는 쇠창살 위에서 잠을 잤다.

그곳에 굶주린 채 와들와들 떨면서 누워 있을 때, 그는 언젠가 꼭 마술가가 되겠다고 다짐했다. 그는 군중의 박수 갈채를 받고, 모피로

안감을 댄 코트를 입고, 여자들이 무대 출입구에서 기다리게 하고 싶었다. 그래서 그는 유명한 마술사가 되면 이 극장으로 돌아와 스타로서 공연하겠다고 엄숙하게 맹세를 했다.

바로 이 소년이 하워드 서스턴이었다. 20년 뒤에 그는 맹세했던 것을 실천에 옮겼다. 공연을 마친 뒤에 그는 골목길로 나가 배고프고 집 없는 신문팔이 소년이었던 4분의 1세기 전에 극장 뒤편에 자신이 새겨 놓았던 자신의 이니셜을 발견했다.

1936년 4월 13일 세상을 떠날 때, 하워드 서스턴은 널리 인정받고 있는 원로 마술사, 마술의 왕이었다. 마지막 40년 동안 그는 환상을 만들어 내고, 관객을 감쪽같이 속이고, 사람들이 놀라 숨을 멈추게 하면서 전 세계 곳곳을 자주 여행했다. 600만 명 이상의 사람이 그의 마술 쇼를 보려고 입장권을 샀고, 그가 올린 수익은 200만 달러에 가까웠다.

용기와 열망이 있으면 무엇이든 할 수 있다

세상을 떠나기 직전에, 나는 무대 옆의 빈칸에서 공연하는 것을 지켜 보면서 서스턴과 함께 극장에서 저녁을 보냈다. 그 후에 우리는 그의 분장실로 올라갔고, 그는 몇 시간 동안 흥미진진한 모험담을 이야기해 주었다. 이 마술사의 생애와 관련된 숨김 없는, 있는 그대로의 진실은 거의 그가 무대에서 창조해 내는 환상만큼이나 놀랍다.

어린 소년일 때, 그의 아버지가 한 무리의 말을 너무 빨리 몰았다는 이유로 잔인하게 매질을 했다. 끓어오르는 분노로 눈이 뒤집혀 버린 그는 집 밖으로 달려 나간 뒤 문을 쾅 닫고 고함을 지르며 거리를 뛰어 내려가 종적을 감추어 버렸다. 그의 어머니와 아버지는 5년 동안 다시는 그를 보지도 못하고 그로부터 연락도 받지 못했다. 그들은 그가 죽지 않았을까 걱정했다.

그도 자신이 살해되지 않은 것이 기적이라고 인정했다. 부랑자가 되어 유개 화차에 올라타고 구걸을 하고, 훔치고 헛간이나 건초 더미, 황폐한 건물에서 잠을 잤기 때문이다. 그는 수십 번 체포되고 쫓기고, 욕설을 듣고 걷어차이고, 열차에서 내던져지고 저격당했다.

그는 경마의 기수와 도박사가 되었다. 17세 때 문득 정신을 차리고 보니 수중에 한 푼도 없고 친구도 없는 채 뉴욕에서 오도 가도 못하는 신세가 되어 있었다. 그 후 중대한 일이 일어났다. 그는 우연히 얼떨결에 종교 집회에 참석해 복음 전도자가 〈당신 안에 사람이 있다〉라는 구절을 제목으로 설교하는 것을 들었다.

깊은 감동을 받고 살아오면서 한 번도 이런 일이 없었을 정도로 흥분한 그는 자신의 죄를 확신했다. 그래서 그는 제단으로 걸어 올라간 뒤 뺨에 눈물을 흘리면서 회개했다. 2주일 뒤에 이 예전의 부랑자가 밖으로 나가 차이나타운의 거리 한모퉁이에서 설교를 하고 있었다.

그는 그 어느 때보다 행복했다. 그래서 복음 전도자가 되기로 결심하고 매사추세츠 주의 노스필드에 있는 무디 성경 학교에 등록했다. 그리고 식대와 방세를 내기 위해 잡역부로 일했다.

당시 그의 나이는 18세였고, 그때까지 그는 평생 6개월 이상 학교에 간 적이 없었다. 그는 유개 화차의 문 틈으로 철로 가에 있는 간판

들을 보고 그것이 무엇을 뜻하는지 다른 무숙자들에게 물어 보면서 읽는 법을 배웠다. 그는 쓰거나 계산하거나 철자할 줄 몰랐다. 그래서 수업을 들으러 성경 학교에 가서 낮에는 그리스어와 생물학을 공부하고, 밤에는 읽고 쓰는 것과 산수를 배웠다.

무엇보다 관객을 사랑하는 마음이 그를 정상에 올려놓았다

그가 마침내 의료 선교사가 되기로 결심하고 펜실베이니아 대학교에 출석하러 가는 도중에, 그의 인생 행로를 완전히 바꾸는 작은 사건이 일어났다.

매사추세츠에서 펜실베이니아로 가는 도중에 그는 올버니에서 기차를 갈아타야 했다. 기차를 기다리는 동안, 그는 얼떨결에 극장에 들어가 알렉산더 허먼이 마술을 부리는 것을 지켜 보았다. 관객들은 놀라 눈이 휘둥그레졌다.

서스턴은 언제나 마술에 관심을 두고 있었다. 그는 늘 카드로 요술을 부리려 했다. 그는 자신의 우상이자 영웅인 위대한 마술가 허먼에게 말을 걸고 싶었다. 그는 호텔로 가서 허먼의 옆방을 얻었다. 그는 열쇠 구멍에 귀를 대고 듣고, 노크할 수 있는 용기를 쥐어짜 내면서 복도를 왔다갔다했다. 하지만 그는 노크하지 못했다.

다음날 아침에 그는 기차역까지 유명한 마술사를 쫓아갔다. 그리고 무언의 경외심을 갖고 그에게 감탄하며 서 있었다. 마술가는 시러큐스(올버니와 버펄로 중간에 위치)로 갈 예정이었다. 서스턴은 뉴욕으로 갈 예정이었다. 적어도 그는 이렇게 생각했다. 그는 뉴욕행 기차표를 요구할 생각이었다. 하지만 실수로 그도 시러큐스행 기차표를 요구했다.

그 실수가 그의 운명을 바꾸어 놓았다. 그 실수로 그는 의료 선교사 대신 마술사가 되었다.

명성이 최고조에 이르렀을 때, 서스턴은 마술 쇼로 하루에 1천 달러를 벌었다. 하지만 나는 종종 그가 인생에서 가장 행복했던 시절은 의약품 선전 판매 쇼를 위해 카드로 요술을 부리며 하루에 1달러를 벌고 있었을 때라고 말하는 것을 들었다. 그의 이름이 나부끼는 깃발을 가로지르며 타는 듯한 붉은 글자로 씌어지고, 그가 '북부의 마술가 서스턴'으로 광고되었다. 그는 오하이오 주의 콜럼버스 출신이었다. 하지만 텍사스 출신에게는 그곳은 북쪽이다.

서스턴은 자신만큼 마술에 대해 잘 알고 있는 사람이 많이 있다는 것을 인정했다. 그렇다면 그의 성공 비결은 무엇이었을까?

그의 성공은 적어도 다음과 같은 두 가지에 기인했다. 우선 먼저 그에게는 자신의 개성이 각광을 받게 할 수 있는 능력이 있었다. 그는 탁월한 흥행사이고 인간의 성질을 잘 알고 있었다. 그리고 그는 마술사에게는 이런 자질이 마술에 대한 지식만큼 중요하다고 말했다. 그가 하는 모든 것, 심지어 목소리의 억양이나 눈썹이 올라가는 것조차 신중히 사전 연습을 거친 것이고, 그의 행동은 몇 분의 1초까지 시간이 정해져 있었다.

둘째로 그는 관객을 사랑했다. 막이 올라가기 전에, 그는 무대 옆의 빈칸에 서서 자신을 흔들어 충분히 일깨우기 위해 펄쩍펄쩍 뛰었다……. 그리고 계속 이렇게 말했다. "나는 관객을 사랑한다. 나는 그들을 즐겁게 해 주는 것이 좋다. 나는 위대한 직업을 얻었다. 나는 아주 행복하다. 나는 아주 행복하다."

그는 자신이 행복하지 않으면 다른 사람들도 행복하지 않으리라는 것을 알고 있었다.

Howard Thurston. 1869. 7. 20~1936. 4. 13. 미국의 마술사. 마술 역사상 최대 규모의 마술 쇼를 이끌었다. 이동하는 데 8개의 철도 차량이 필요할 정도였다고 한다. 원래 카드 조작가였던 그는 1904~07년에 '저녁 쇼(full-evening show)'로 세계 순회 공연을 했다. 미국으로 돌아온 뒤에는 미국 마술의 최고 권위자인 해리 켈러(Harry Kellar)의 후계자가 되었다. 20년 이상이나 3시간짜리 마술 쇼로 순회 공연을 가졌는데 특히 사람을 공중에 띄우는 묘기로 유명했다. 1931년에는 자신의 프로그램을 단축하여 영화관에서 무대 공연으로 선보여 인기를 끌었다. 저서로는 《나의 마술 인생》(1929)이 있다.

사람은 재주가 없어서라기보다는
목적이 없어서 실패한다

빌리 선데이

프로 야구 선수 출신으로 백만 명
이상의 사람이 발심해 구원에
이르도록 인도한 세계적인 부흥사

기독교의 설교 역사상 가장 인기있는 설교
자는 프로 야구 선수이자 대주가大酒家였던 빌리 선데이였다.

남녀 노소를 불문하고 미국 인구의 3분의 2인 8천만 명이 임시 변
통적이고 매우 시끄러운, 그의 죄와 구원의 메시지를 듣기 위해 떼지
어 몰려왔다.

그가 애호하는 자랑거리는 바로 35년에 걸쳐 악마를 질타하는 동
안 백만 명 이상의 영혼이 빛을 향해 발심發心하도록 인도했다는 것이
다. 그리고 아마도 금주禁酒에 관한 한 그는 개인으로서는 가장 큰 힘
을 지니고 있을 것이다.

정력적인 인간 발전기

나는 빌리 선데이를 여러 번 보았다. 그는 광포한 사람, 바지를 입

은 인간 발전기였다. 나는 그가 자신의 가슴을 탕탕 치고는 서둘러 넥타이를 풀고 상의와 와이셔츠를 벗어던지고 나서 의자에서 벌떡 일어나고는 설교단에 한 발로 선 뒤 야구 선구가 홈플레이트로 슬라이딩하는 것을 흉내내며 바닥을 향해 몸을 던지는 것을 보았다.

빌리 선데이의 말을 들으면서 조는 사람은 아무도 없었다. 그의 설교는 서커스만큼 재미있었다. 그는 피지컬 트레이너를 동반하고 다니면서 안마와 마사지를 받지 않는 날이 하루도 없을 정도로 격렬하게 설교했다.

그는 피츠버그에서 8주일 동안 설교했고, 신문들이 날마다 요란한 헤드라인과 함께 그의 집회를 보도했다. 도시 전체가 흥분의 도가니에 빠졌다. 큰 백화점들은 고용인들을 집단적으로 보내 그의 설교를 듣게 했다. 공장에 다니는 여성들도 떼지어 정오 집회에 참석했다. 어느 날 10명의 경찰관이 1만 5천 명의 청중 앞으로 나와 자신들은 주님 편에 서 있다고 선언했다.

대부분의 복음 전도자와 달리 빌리 선데이는 주로 남성들에게 호소했다. 그는 이렇게 말하곤 했다. "나는 촌뜨기 중의 촌뜨기입니다. 헛간 앞마당의 냄새가 아직도 내게 남아 있습니다. 나는 거위 기름으로 머리에 기름을 바르고, 난로의 검댕으로 부츠에 검은 칠을 하고 있습니다. 삼베 수건으로 늙은 내 코를 닦고, 받침 접시로 커피를 마시고, 칼로 음식을 먹습니다. 나는 '그 일을 했어요'라고 말해야 할 때 '그 일을 했지라우'라고 말하고, '본 적이 있어요'라고 말해야 할 때 '본 적이 있당게요'라고 말합니다. 하지만 그럼에도 불구하고 나는 하늘 나라에 가리라 믿고 있습니다."

술고래가 계시를 받고 하루 아침에 새 사람으로

그는 아이오와 주의 통나무집에서 태어나고 고아원에서 자랐다. 그는 15세가 되었을 때 학교의 잡역부로 취직했다. 이 일로 그는 한 달에 25달러를 벌고, 또 교육을 받을 수 있는 기회도 얻었다. 그가 해야 하는 일은 새벽 2시에 일어나 14개의 난로가 있는 곳으로 석탄을 나르고, 낮 동안에 14개 난로의 불이 모두 잘 타오르게 하고, 마루를 청소하고 닦고 나서 공부가 뒤처지지 않게 하는 것뿐이었다.

그가 처음으로 얻은 본격적인 일자리는 아이오와 주에 있는 마셜타운의 장의사 조수 자리였다. 그는 바로 이 일을 할 때 야구 선수로서 유명해지기 시작했다.

그는 시카고 화이트 삭스의 구단주인 팝 앤슨이 그에게 사람을 보낼 정도로 빨리 베이스를 돌 수 있었다. 그리고 빌리 선데이는 21세가 되기 전에 메리저 리그의 스타 플레이어가 되었다. 그는 늘 이렇게 말하곤 했다. "나는 14초에 그 베이스를 돌 수 있었습니다. 이 기록은 아직 한 번도 깨지지 않았습니다."

장의사의 가게를 떠나고 나서 5년이 지난 뒤에, 그를 술고래 야구선수에서 존 웨슬리 이래 금세 빠져들게 하는, 가장 매혹적인 설교자로 바꾸어 버린 신의 계시가 내려졌다.

빌리 선데이 자신의 말을 인용하면 그 경위는 다음과 같다.

"1887년 어느 날, 나는 몇몇 유명한 야구 선수들과 함께 시카고의 어느 거리를 걸어 내려가고 있었습니다. 우리는 술집으로 들어갔습니다. 일요일 오후였고, 우리는 몹시 취해 있었습니다. 그래서 들어가 한쪽 구석에 앉았습니다. 길 건너편에서 일단의 남녀가 호른과 플루트, 슬라이드식 트럼본 등의 악기를 연주하고 있었습니다. 그리고 다른 사람들은 먼 옛날에 아이오와 주의 통나무집에서 늘 어머니가 부르시는 것을 들었던 복음 성가들을 부르고 있었습니다. 나는 흐느끼며 울고 또 울었습니다. 그 후 한 젊은이가 바깥쪽으로 나와 이렇게 말했습니다. '우리는 태평양 복지 선교부로 가고 있습니다. 이리 와서 우리와 함께 태평양 복지 선교부로 가지 않으시겠습니까? 여러분이 도움을 받으리라 확신합니다. 여러분은 술고래들이 자신들이 어떻게 구제받는지 이야기해 주는 것도 듣고, 또 여성들이 자신들이 어떻게 홍등가에서 구제받는지 말해 주는 것도 듣게 될 것입니다.'

나는 일어나 친구들에게 말했습니다. '나는 지쳤어. 나는 예수 그리스도께 갈 거야. 우리는 이제 여러 길이 놓여 있는 갈림길에 이르렀어.' 그러고는 나는 그들에게 등을 돌렸습니다. 일부는 소리내어 웃고, 일부는 나를 조롱했습니다. 하지만 그 중 한 사람은 나를 격려해 주었습니다."

그는 이와 같이 자신이 개종하게 된 과정을 설명해 주었다.

회의론자들과 냉소가들이 단지 돈벌이만을 위해 종교적으로 굶주린 사람들을 착취하고 있다고 빌리 선데이를 비난하곤 했다. 하지만 실은 그는 한 달에 87달러를 받고 YMCA를 위해 일하기 위해 프로 야구 선수로서 한 달에 500달러씩 받는 급료를 포기했다. 그리고 때로는 이 돈조차 받는 데 6개월이 걸렸다!

나는 빌리 선데이가 1917년에 뉴욕에 왔을 때를 기억하고 있다. '허드슨 강의 바빌론'으로 불리는 그 도시는 그 이전은 물론, 그 이후에도 이처럼 격앙된 종교적 흥분 상태를 경험한 적이 없었다. 몇 달 전에 그가 도착한다는 것이 예고되었다. 그가 오는 것에 대비해 적어도 2만 회에 걸쳐 기도 모임이 열렸다. 168번가와 브로드웨이에서 400명의 노동자가 2만 명이 앉을 수 있는 임시 거처를 마무리짓기 위해 맹렬히 일했다. 그리고 화차 4대 분량의 톱밥이 저 유명한 발심의 길(영어로 톱밥이 깔린 길을 뜻하는 sawdust trail)을 위해 바닥에 뿌려졌다. 2천 개의 의자가 성가대만을 위해 연단에 놓여졌다. 그리고 각기 700명씩 교대로 일하는 2천 명의 안내원이 신자들의 좌석을 안내하는 영광을 누리기 위해 자원하여 일을 맡았다.

빌리 선데이는 뉴욕에 머무르는 동안 125만 명에게 설교했다. 그리고 거의 10만 명의 죄인이 앞으로 나와 자신의 부도덕한 삶의 길을 단념했다.

William Ashley(Billy) Sunday, 1862. 1. 22~1935. 4. 19. 20세기 초에 30여 년 동안 미국에서 가장 인기 있는 복음 전도자였다. 1883년부터 1891년까지 메이저 리그의 유명한 프로 야구 선수였던(도루 기록이 오늘날에도 남아 있을 정도이다) 그는 1886년에 복음을 듣고 기독교인이 되고, 5년 뒤에 시카고에 있는 YMCA에서 일하게 되었다. 1893년부터 1896년까지 윌버 채프먼과 함께 일하고, 1896년에 복음 전도사로 독립했다. 1903년에는 장로교 사역에 임명되고, 2년 뒤에는 도시 전역을 누비는 복음 캠페인을 시작했다. 그는 엄청난 군중을 매료시키며 믿음으로 인도했다.

인생의 힌트

초판 1쇄 발행 | 2008년 11월 20일

지은이 | 데일 카네기   옮긴이 | 박광순
펴낸이 | 윤형두   펴낸곳 | 종합출판 범우(주)
교 정 | 김영석 · 김지선   디자인 | 김왕기
등록번호 | 제406-2004-000012호.(2004년 1월 6일)
          413-756 경기도 파주시 교하읍 문발리 525-2 출판문화정보산업단지
대표전화 | 031-955-6900   팩 스 | 031-955-6905

홈페이지 | www.bumwoosa.co.kr   이메일 | bumwoosa@chol.com

ISBN 978-89-91167-43-8

• 책 값은 뒤표지에 있습니다.
• 잘못된 책은 교환해 드립니다.

156권
▶계속 출간

▶크라운변형판
▶각권 7,000원~15,000원
▶전국 서점에서 낱권으로 판매합니다

★ 서울대 권장도서
● 연고대 권장도서
◆ 미국대학위원회 추천도서

21 **마가렛 미첼** 1-3 바람과 함께 사라지다(전3권) 송관식·이병규
22 **스탕달** 1 적과 흑 김봉구
23 **B. 파스테르나크** 1 닥터 지바고 오재국 ◆
24 **마크 트웨인** 1 톰 소여의 모험 김병철
　　　　　　　　2 허클베리 핀의 모험 김병철 ◆
　　　　　　　3·4 마크 트웨인 여행기(전2권) 박미선
25 **조지 오웰** 1 동물농장·1984년 김회진 ◆
26 **존 스타인벡** 1-2 분노의 포도(전2권) 전형기 ◆
　　　　　　3·4 에덴의 동쪽(전2권) 이성호
27 **우나무노** 1 안개 김현창
28 **C. 브론테** 1-2 제인 에어(전2권) 배영원 ◆
29 **헤르만 헤세** 1 知와 사랑·싯다르타 홍경호
　　　　　　　2 데미안·크눌프·로스할데 홍경호
　　　　　　3 페터 카멘친트·게르트루트 박환덕
　　　　　　4 유리알 유희 박환덕
30 **알베르 카뮈** 1 페스트·이방인 방곤 ◆
31 **올더스 헉슬리** 1 멋진 신세계(외) 이성규·허정애 ◆
32 **기 드 모파상** 1 여자의 일생·단편선 이정림
33 **투르게네프** 1 아버지와 아들 이철 ◆
　　　　　　　2 처녀지·루딘 김학수
34 **이미륵** 1 압록강은 흐른다(외) 정규화
35 **T. 드라이저** 1 시스터 캐리 전형기
　　　　　　2·3 미국의 비극(전2권) 김병철 ◆
36 **세르반떼스** 1 돈 끼호떼 김현창 ★●◆
　　　　　　2 (속) 돈 끼호떼 김현창
37 **나쓰메 소세키** 1 마음·그 후 서석연 ★
　　　　　　　2 명암 김정훈
38 **플루타르코스** 1-8 플루타르크 영웅전(전8권) 김병철
39 **안네 프랑크** 1 안네의 일기(외) 김남석·서석연
40 **강용흘** 1 초당 장문평
　　　　　2 동양선비 서양에 가시다 유영
41 **나관중** 1-5 원본 三國志(전5권) 황병국
42 **귄터 그라스** 1 양철북 박환덕 ★●
43 **아쿠타가와류노스케** 1 아쿠타가와 작품선 진웅기·김진욱

44 **F. 모리악** 1 떼레즈 데께루·밤의 종말(외) 전채린
45 **에리히 M.레마르크** 1 개선문 홍경호
　　　　　　　2 그늘진 낙원 홍경호·박상배
　　　　　　3 서부전선 이상없다(외) 박환덕 ◆
　　　　　　4 리스본의 밤 홍경호
46 **앙드레 말로** 1 희망 이가형
47 **A. J. 크로닌** 1 성채 공문혜
48 **하인리히 뵐** 1 아담 너는 어디 있었느냐(외) 홍경호
49 **시몬 드 보봐르** 1 타인의 피 전채린
50 **보카치오** 1-2 데카메론(전2권) 한형곤
51 **R. 타고르** 1 고라 유영
52 **R. 롤랑** 1-5 장 크리스토프(전5권) 김창석
53 **노발리스** 1 푸른 꽃(외) 이유영
54 **한스 카로사** 1 아름다운 유혹의 시절 홍경호
　　　　　　　2 루마니아 일기(외) 홍경호
55 **막심 고리키** 1 어머니 김현택
56 **미우라 아야코** 1 빙점 최현
　　　　　　　2 (속)빙점 최현
57 **김현창** 1 스페인 문학사
58 **시드니 셀던** 1 천사의 분노 황보석
59 **아이작 싱어** 1 적들, 어느 사랑이야기 김회진
60 **에릭 시갈** 1 러브 스토리·올리버 스토리 김성렬·홍성표
61 **크누트 함순** 1 굶주림 김남석
62 **D.H.로렌스** 1 채털리 부인의 사랑 오영진
　　　　　　2·3 무지개(전2권) 최인자
63 **어윈 쇼** 1 나이트 워크 김성렬
64 **패트릭 화이트** 1 불타버린 사람들 이종욱

1 수필 피천득
2 무소유 법정
3 바다의 침묵(외) 베르코르/조규철·이정림
4 살며 생각하며 미우라 아야코/진웅기
5 오, 고독이여 F.니체/최혁순
6 어린 왕자 A.생 텍쥐페리/이정림
7 톨스토이 인생론 L.톨스토이/박형규
8 이 조용한 시간에 김우종
9 시지프의 신화 A.카뮈/이정림
10 목마른 계절 전혜린
11 젊은이여 인생을… A.모르아/방곤
12 채근담 홍자성/최현
13 무진기행 김승옥
14 공자의 생애 최현 엮음
15 고독한 당신을 위하여 L.린저/곽복록
16 김소월 시집 김소월
17 장자 장자/허세욱
18 예언자 K.지브란/유제하
19 윤동주 시집 윤동주
20 명정 40년 변영로
21 산사에 심은 뜻은 이청담
22 날개 이상
23 메밀꽃 필 무렵 이효석
24 애정은 기도처럼 이영도
25 이브의 천형 김남조
26 탈무드 M.토케이어/정진태
27 노자도덕경 노자/황병국
28 갈매기의 꿈 R.바크/김진욱
29 우정론 A.보나르/이정림
30 명상록 M.아우렐리우스/최현
31 젊은 여성을 위한 인생론 펄벅/김진욱
32 B사감과 러브레터 현진건
33 조병화 시집 조병화

34 느티의 일월 모윤숙
35 로렌스의 성과 사랑 D.H.로렌스/이성호
36 박인환 시집 박인환
37 모래톱 이야기 김정한
38 창문 김태길
39 방랑 H.헤세/홍경호
40 손자병법 손무/황병국
41 소설·알렉산드리아 이병주
42 전락 A.카뮈/이정림
43 사노라면 잊을 날이 윤형두
44 김삿갓 시집 김병연/황병국
45 소크라테스의 변명(외) 플라톤/최현
46 서정주 시집 서정주
47 사람은 무엇으로 사는가 L.톨스토이/김진욱
48 불가능은 없다 R.슐러/박호순
49 바다의 선물 A.린드버그/신상웅
50 잠 못 이루는 밤을 위하여 C.힐티/홍경호
51 딸깍발이 이희승
52 몽테뉴 수상록 M.몽테뉴/손석린
53 박재삼 시집 박재삼
54 노인과 바다 E.헤밍웨이/김회진
55 향연·뤼시스 플라톤/최현
56 젊은 시인에게 보내는 편지 R.릴케/홍경호
57 피천득 시집 피천득
58 아버지의 뒷모습(외) 주자청(외)/허세욱(외)
59 현대의 신 N.쿠치키(편)/진철승
60 별·마지막 수업 A.도데/정봉구
61 인생의 선용 J.러보크/한영환
62 브람스를 좋아하세요… F.사강/이정림
63 이동주 시집 이동주
64 고독한 산보자의 꿈 J.루소/염기용
65 파이돈 플라톤/최현
66 백장미의 수기 I.숄/홍경호

67 소년 시절 H.헤세/홍경호
68 어떤 사람이거나 김동길
69 가난한 밤의 산책 C.힐티/송영택
70 근원수필 김용준
71 이방인 A.카뮈/이정림
72 롱펠로 시집 H.롱펠로/윤삼하
73 명사십리 한용운
74 왼손잡이 여인 P.한트케/홍경호
75 시민의 반항 H.소로/황문수
76 민중조선사 전석담
77 동문서답 조지훈
78 프로타고라스 플라톤/최현
79 표본실의 청개구리 염상섭
80 문주반생기 양주동
81 신조선혁명론 박열/서석연
82 조선과 예술 야나기 무네요시/박재삼
83 중국혁명론 모택동(외)/박광종 엮음
84 탈출기 최서해
85 바보네 가게 박연구
86 도왜실기 김구/엄항섭 엮음
87 슬픔이여 안녕 F.사강/이정림·방곤
88 공산당 선언 K.마르크스·F.엥겔스/서석연
89 조선문학사 이명선
90 권태 이상
91 내 마음속의 그들 한승헌
92 노동자강령 F.라살레/서석연
93 장씨 일가 유주현
94 백설부 김진섭
95 에코스파즘 A.토플러/김진욱
96 가난한 농민에게 바란다 N.레닌/이정일
97 고리키 단편선 M.고리키/김영국
98 러시아의 조선침략사 송정환
99 기재기이 신광한/박헌순

100 홍경래전 이명선
101 인간만사 새옹지마 리영희
102 청춘을 불사르고 김일엽
103 모범경작생(외) 박영준
104 방망이 깎던 노인 윤오영
105 찰스 램 수필선 C.램/양병석
106 구도자 고은
107 표해록 장한철/정병욱
108 월광곡 홍난파
109 무서록 이태준
110 나생문(외) 아쿠타가와 류노스케/진웅기
111 해변의 시 김동석
112 발자크와 스탕달의 예술논쟁 김진욱
113 파한집 이인로/이상보
114 역사소품 곽말약/김승일
115 체스 · 아내의 불안 S.츠바이크/오영옥
116 복덕방 이태준
117 실천론(외) 모택동/김승일
118 순오지 홍만종/전규태
119 직업으로서의 학문 · 정치 M.베버/김진욱(외)
120 요재지이 포송령/진기환
121 한설야 단편선 한설야
122 쇼펜하우어 수상록 쇼펜하우어/최혁순
123 유태인의 성공법 M.토케이어/진웅기
124 레디메이드 인생 채만식
125 인물 삼국지 모리아 히로시/김승일
126 한글 명심보감 장기근 옮김
127 조선문화사서설 모리스 쿠랑/김수경
128 역옹패설 이제현/이상보
129 문장강화 이태준
130 중용 · 대학 차주환
131 조선미술사연구 윤희순
132 옥중기 오스카 와일드/임헌영
133 유태인식 돈벌이 후지다 덴/지방훈
134 가난한 날의 행복 김소운
135 세계의 기적 박광순
136 이퇴계의 활인심방 정숙
137 카네기 처세술 데일 카네기/전민식
138 요로원야화기 김승일
139 푸슈킨 산문 소설집 푸슈킨/김영국
140 삼국지의 지혜 황의백
141 슬견설 이규보/장덕순
142 보리 한흑구
143 에머슨 수상록 에머슨/윤삼하
144 이사도라 덩컨의 무용에세이 I.덩컨/최혁순
145 북학의 박제가/김승일
146 두뇌혁명 T.R.블랙슬리/최현
147 베이컨 수상록 베이컨/최혁순
148 동백꽃 김유정
149 하루 24시간 어떻게 살 것인가 A.베넷/이은순
150 평민한문학사 허경진
151 정선아리랑 김병하 · 김연갑 공편
152 독서요법 황의백 엮음
153 나는 왜 기독교인이 아닌가 B.러셀/이재황
154 조선사 연구(草) 신채호
155 중국의 신화 장기근

156 무병장생 건강법 배기성 엮음
157 조선위인전 신채호
158 정감록비결 편집부 엮음
159 유태인 상술 후지다 덴/진웅기
160 동물농장 조지 오웰/김회진
161 신록 예찬 이양하
162 진도 아리랑 박병훈 · 김연갑
163 책이 좋아 책하고 사네 윤형두
164 속담에세이 박연구
165 중국의 신화(후편) 장기근
166 중국인의 에로스 장기근
167 귀여운 여인(외) A.체호프/박형규
168 아리스토파네스 희곡선 아리스토파네스/최현
169 세네카 희곡선 세네카/최 현
170 테렌티우스 희곡선 테렌티우스/최 현
171 외투 · 코 고골리/김영국
172 카르멘 메리메/김진욱
173 방법서설 데카르트/김진욱
174 페이터의 산문 페이터/이성호
175 이해사회학의 카테고리 막스 베버/김진욱
176 러셀의 수상록 러셀/이성규
177 속악유희 최영년/황순구
178 권리를 위한 투쟁 R 예링/심윤종
179 돌과의 문답 이규보/장덕순
180 성황당(외) 정비석
181 양쯔강(외) 펄 벅/김병걸
182 봄의 수상(외) 조지 기싱/이창배
183 아미엘 일기 아미엘/민희식
184 예언자의 집에서 토마스 만/박환덕
185 모자철학 가드너/이창배
186 짝 잃은 거위를 곡하노라 오상순
187 무하선생 방랑기 김상용
188 어느 시인의 고백 릴케/송영택
189 한국의 멋 윤태림
190 자연과 인생 도쿠토미 로카/진웅기
191 태양의 계절 이시하라 신타로/고평국
192 애서광 이야기 구스타브 플로베르/이민정
193 명심보감의 명구 191 이응백
194 아큐정전 루쉰/허세욱
195 촛불 신석정
196 인간제대 추식
197 고향산천 마해송
198 아랑의 정조 박종화
199 지사총 조선작
200 홍동백서 이어령
201 항문의 집 안인희
202 목련초 오정희
203 친구 송영
204 쫓겨난 아담 유치환
205 카마수트라 바스야야나/송미영
206 한 가닥 공상 밀른/공덕룡
207 사랑의 샘가에서 우치무라 간조/최현
208 황무지 공원에서 유달영
209 산정무한 정비석
210 조선해학 어수록 장한종/박훤

211 조선해학 파수록 부묵자/박훤
212 용재총화 성현/정종진
213 한국의 가을 박대인
214 남원의 향기 최승범
215 다듬이 소리 채만식
216 부모 은중경 안춘근
217 거룩한 본능 김규련
218 연주회 다음 날 우치다 핫켄/문희정
219 갑사로 가는 길 이상보
220 공상에서 과학으로 엥겔스/박광순
221 인도기행 H. 헤세/박환덕
222 신화 이주홍
223 게르마니아 타키투스/박광순
224 김강사와 T교수 유진오
225 금강산 애화기 곽말약/김승일
226 십자가의 증언 강원룡
227 아네모네의 마담 주요섭
228 병풍에 그린 닭이 계용묵
229 조선책략 황준헌/김승일
230 시간의 빈터에서 김열규
231 밖에서 본 자화상 한영상
232 잃어버린 동화 박문하
233 붉은 고양이 루이제 린저/홍경호
234 봄은 어느 곳에 심훈(외)
235 청춘예찬 민태원
236 낙엽을 태우면서 이효석
237 알랭어록 알랭/정봉구
238 기다리는 마음 송규호
239 난중일기 이순신/이민수
240 동양의 달 차주환
241 경세종(외) 김필수(외)
242 독서와 인생 미키 기요시/최현
243 콜롬바 메리메/송태효
244 목축기 안수길
245 허허선생 남정현
246 비늘 윤흥길
247 미켈란젤로의 생애 로맹 롤랑/이정림
248 산딸기 차주환
249 상식론 토머스 페인/박광순
250 베토벤의 생애 로맹 롤랑/이정림
251 얼굴 조경희
252 장사의 꿈 황석영
253 임금 노동과 자본 카를 마르크스/박광순
254 붉은 산 김동인
255 낙동강 조명희
256 호반 · 대학시절 T.슈토름/홍경호
257 맥 김남천
258 지하촌 강경애
259 설국 가와바타 야스나리/김진욱
260 생명의 계단 김교신
261 법창으로 보는 세계명작 한승헌
262 톨스토이의 생애 로맹 롤랑/이정림

www.bumwoosa.co.kr TEL 031)955-6900 범우사